U0115881

福建師範大學文學院百年學術論叢　第六輯

閩臺區域社會研究

汪毅夫　著

本成果受「開明慈善基金會」資助

第六輯
總序

庚子之歲，正值「露從今夜白」的秋季，福建師範大學文學院又邁出兩岸學術交流的堅執步伐，與臺北萬卷樓圖書公司繼續聯手，刊印了本院「百年學術論叢」第六輯。

學科隊伍的內外組合、旁通互聯，是高校學術發展的良好趨勢。我發現，本輯十部專書的十位作者，有八位屬於文學院的外聘博士生導師及特聘教授。他們或聘自本校其他學院，或來自省內外各高教、出版、科研部門，或是海峽彼岸遠孚眾望的學術名家。儘管他們履踐各殊，而齊心協力，切磋商量，共為本學院「百年學術」增光添彩的目標則無不一致。這種大學科團隊建設的新形態，充滿生機，令人欣悅。

泛觀本輯十種著作，其讜論之謹嚴，新見之卓犖，蓋與前五輯無異。茲就此十書，依次稱列如下：其一，劉登翰《中華文化與閩臺社會》，採用文化地理學和文化史學交叉的研究方法，提出閩臺文化是從內陸走向海洋的多元交匯的「海口型」文化重要觀點；其二，林玉山《漢語語法教程》，系統性地引證綜論漢語之語法學，以拓展語法研究者的學術窺探視野；其三，林繼中《王維——生命在寂靜裡躍動》，勾畫出唐代文藝天才王維的深廣藝術影響，揭示其詩藝風格之奧秘；其四，顏純鈞《中斷與連續——電影美學的一對基本範疇》，研討電影美學的核心理論問題，提出「中斷與連續」這一對新的美學範疇，稽論此新範疇與其他傳統範疇之間的關係；其五，林慶彰《圖書考辨與文獻整理》，辨析臺灣「戒嚴時期」出版大陸「違禁」著述的情實，兼涉經史研究、日本漢學、圖書文獻學之多方評識，用力廣博周詳；其六，汪毅夫《閩臺區域社會研究》，從社會、文化和文學三個部分，分析閩臺文化的同一性和差異性，並及中華文化由中心向閩臺的漪動情狀；其七，謝必震《明清中琉交往中的中國傳統涉外制度研究》，結合中琉交往中相關的中國涉外制度作多方梳理，揭明中國封建王朝的對外思想、對外政策的本質特徵，以及對世界格局的影響作用；其八，管寧《文藝創新與文化視域》，把脈世紀之交文學與消費社會及大眾傳播之間的關係，分析獨具視角，識見精審；其九，謝海林《清人宋詩選與清代文化論稿》，全面梳理有清一代宋詩選本，對於深化宋詩研究乃至清代詩學研究有一定的參考價值；其十，周雲龍《別處另有世界在——邁向開放的比較文學形象學》，在不同類型的文本中擷取有關異域形象的素材，以跨文化、跨學科的視角，對其中的話語構型進行解析，探究中西、歐亞在現代性話語中的遭遇。從學科領域觀之，這十種著作已廣泛涉及文學、歷史、語言、區域文化、電影美學等不同學科，其抒論角度、方法、觀點之新穎特出，尤使人於心往神馳的學術享受中獲得諸多啟迪。

晚清黃遵憲詩云：「大千世界共此月，今夕只照人兩三」（《人境廬詩草》卷一），句中透露著無奈的孤獨感。藉此比照今日兩岸學術文化溝通交流的情景，我們無疑已經遠離了孤獨，迎來了眾所共享的光風霽月。我校文學院「百年學術論叢」在臺灣印行到第六輯，持續受到歡迎稱道，兩岸學者相與研磨，便是切實的印證。我感受到，在清朗的月色下，海峽兩岸的學術合作之路，將散發出更加迷人的炫彩。

福建師範大學汪文頂

西元二〇二〇年歲在庚子仲夏序於福州

陳序

多年來，作者潛心於閩臺社會文化的研究，已經連續出版了幾部著作。我在《閩臺歷史社會與民俗文化》一書的序言中曾經寫道：「毅夫始終在這塊土地上默默地耕耘著，不斷擴大，不斷深入」。本書就是在同一領域的「耕耘」和「發掘」中所收穫的一個新的成果，也是作者有關閩臺區域社會文化研究這一大課題的一個組成部分。

同樣的課題，有人主要從宏觀角度進行研究，作者則擅長從微觀入手，精心發掘各種罕見的資料，進行深入細緻的探索，見微知著，往往得出很有意義的結論。如果你閱讀作者已經發表的著作，不難看出這個特點。

本書大體上分為社會、文化、文學三個部分，作者的本行是文學研究，後來，正如他的導師俞元桂教授所說的「重點顯然向文化方面轉移」；近年來，我覺得他更加重視閩臺社會的比較研究。這樣，不斷地擴大視野，同時又固守自己的研究領域，看來他是有意要完成一項巨大的「工程」，這可能是作者的計劃，也是同行朋友們的期待。

本書有關閩臺鄉約的研究，引起我的興趣，這是對明清兩地社會的基礎性研究之一。作者運用豐富的史料，論證自己的觀點。例如，他通過福建、臺灣民間鄉約的研究，說明鄉約制度「從來是在『國家之法』允許的範圍之內運作，『里老聽訟』所依據的民間俗例即民間習慣法，具有禮和非禮的雙重取向。因此我們不應該認為鄉土社會是『無法』的社會或『禮治』的社會。」並且認為「禮治兼施」是閩臺社會的傳統。這使我想起臺灣學者戴炎輝的《清代臺灣之鄉治》一書，其中有關於「村規族約」、「村莊之契約」、「莊規」、「莊之裁判」

以及「耆老、董事、族長、頭人」的研究，這都可以與福建進行比較，從中發現它們的異同。如果有人對此有興趣，估計可以完成一個很好的課題。

作者不僅研究各地鄉約的共同性，而且注意閩臺地區的特殊性。他認為除了息訟彌盜、敦厚風俗、守望相助、和睦鄉里等共同性之外，閩臺鄉約有如下特殊性：鄉約與宗族勢力聯繫緊密；鄉約與神明威懾力量緊密結合；鄉約的基層自衛防禦功能突出。這是前人未曾提出的獨到見解。此外，作者還利用張士箱家族文件進行深入的研究，說明民間習慣法在「分爨析產」中的作用。臺灣學者也曾對這個家族做過研究，可以進行學術交流，互相促進。有關臺灣進士、《漳郡會館錄》兩篇文章，提到不少臺灣進士、舉人的籍貫是福建，這固然與臺灣移民主要來自福建有關，同時，我還考慮到一個問題：本來規定不是臺灣省籍的人不能在臺灣參加考試，可是乾隆年間內地有許多人去臺灣「冒籍」應試，這種情況究竟嚴重到什麼程度，對臺灣社會有什麼影響，似乎也值得探討。

用文學作品解釋歷史，是作者的特長。本書〈從劉家謀詩看道咸年間臺灣社會之狀況〉一文也引起我的興趣，早在四十多年前，我看過《海音詩》，對它的注特別喜歡，因為劉家謀的詩注留下了許多當時社會的具體事實，那是一般史料記載所沒有的。現在作者把它「發掘」出來，從方言、歷史、民俗、班兵、營制、錮婢、皂隸、吏治、風災、海盜、械鬥、海上交通、兩岸貿易、對外貿易等等方面，提供許多有用的史料，從而說明當年的社會狀況，對加深了解這個時期的歷史很有好處。

本書中有三篇是有關廈門大學國學研究院的文章，我作為廈門大學的教師應當感謝作者為廈大校史做出的貢獻。不過應當指出，他已經成為廈大的一員，因為二〇〇〇年他受聘為廈門大學臺灣研究中心兼職研究員。

每當我為他作序或寫評論文章時，都會為他的學者本色感到欣慰。作者從政多年，始終不忘學術研究，能夠利用公餘時間，進行精細扎實的研究，勤奮治學，嚴謹自律，自覺完成「兼職研究員」的任務，這是十分難能可貴的。祝願他「百尺竿頭，更進一步」。

陳孔立

二〇〇三年十一月二十七日

目次

明清鄉約制度與閩臺鄉土社會

一

中國鄉約制度的歷史可以上溯到久遠的上古時代，如近年出土的泉州〈重修溪亭約所碑記〉[1]所記：

> 古者鄉黨閭里各有董正之官、約束士民之所，凡以教孝、教悌，俾人知睦婣任恤之風，而無嚚凌詬誶之習也。是故，里則有門，每弟子旦出暮入，長老坐而課督之。唐宋以後，雖不如古，而城中約所之設猶是，三代教民遺意也。

從斷代研究的角度看，在明清兩代，鄉約制度的推行乃始於、並且始終繫於「老人之役」和耆老之設。

明代閩人何喬遠《閩書》記：

> 老人之役：凡在坊在鄉，每里各推年高有德一人，坐申明亭，為小民平戶婚、田土、鬥毆、賭盜一切小事，此正役也。[2]

明代福建惠安知縣葉春及《惠安政書》記：

---

1 〈重修溪亭約所碑記〉碑，道光七年（1827）勒石，一九九六年出土於泉州市區某建築工地。引文據陳健鷹：〈讀碑三題〉，載《閩臺民俗》創刊號（1997年12月）。

2 何喬遠：《閩書》第1冊（福州市：福建人民出版社，1994年），頁961。

> 國家之法，十戶為甲，甲有首。一百一十戶為里，里有長。……又於里中，選高年有德、眾所推服者充耆老，或三人，或五人，或十人，居申明亭，與里甲聽一里之訟，不但果決是非，而以勸民為善。[3]

又記：

> 本里有難決事，或子弟親戚有犯，須會東西南北四鄰里，分老人里甲，公同議決。許用竹篦荊條，量情決打。不許拘集。[4]

明代閩人蔡獻臣〈里老總保〉記：

> 國朝民差有正有雜。里甲、老人謂之正差。……《大明律》載，合設耆老，須於本鄉年高有德、眾所推服內選充。《教民榜》文云：民間婚姻、田土、鬥毆、相爭一切小事需要經本里老人、里甲決斷。若係姦盜、詐偽、人命重事，方許赴官陳告。而戶部申明老人、里甲合理詞訟條目，即鬥毆、爭占、竊盜、賭博、私宰、邪術，里老亦得與聞。[5]

清代閩人李世熊《寧化縣志》亦記：

> 左為亭曰申明，以辨爭訟，亦書邑人之惡者以癉之。明初以老人坐亭內，凡平婚、田土、鬥毆、賭竊諸細事皆主之。右為亭

---

3 葉春及：《惠安政書》（福州市：福建人民出版社，1987年），頁328。

4 葉春及：《惠安政書》，頁329。

5 蔡獻臣：《清白堂稿》（明崇禎間刻本），卷17，頁13。

曰旌善，以勸風化，亦書邑人之善者以彰之。[6]

明初以來的「老人之役」和耆老之設，在清代也得到法律的確認，清之戶律規定：

凡各處人民，每一百戶內，議設里長一名，甲首一十名，輪流應役，催辦錢糧，勾攝公事。……其合設耆老，須由本鄉年高、有德，眾所推服人內選充。不許罷閒吏卒，及有過之人充任。[7]

至於實際推行的情形，福建清代文獻也有相關的記錄。如，清代澎湖通判胡建偉《澎湖紀略》記：

舊志稱，澎民聚居，推年大者為長。至今澳中凡有大小事件，悉聽鄉老處分。以故，鼠牙雀角，旋即消息。[8]

從上記資料可以看到：作為「老人之役」這一特殊役種或社會義工的應承者，里老（耆老）是「正役」或「正差」，而不是「鄉官」或「鄉吏」，質言之，里老（耆老）保持有鄉土社會成員的身分；里老（耆老）的義務是「勸民為善」和「聽一里之訟」即《明史》上所記的「導民善、平鄉里爭訟」[9]，里老（耆老）也有相應的權力，如「勸民為善」方面行使申誡罰（「書邑人之惡者以癉之」即提出告誡

6 李世熊：《寧化縣志》（福州市：福建人民出版社，1989年），頁37。

7 轉引自戴炎輝：《清代臺灣之鄉治》（臺北市：聯經出版事業公司，1979年），頁168。

8 胡建偉：《澎湖紀略》（新北市：大通書局《臺灣文獻史料叢刊》本，1987年），頁149。

9 《明史》〈食貨一〉，《二十五史》第10冊（上海市：上海古籍出版社、上海書店，1986年），卷79，頁206。

和譴責)、行為罰(責令作為或不作為)和人身罰(「許用竹篾荊條,量情決打」)的某些權力,「聽一里之訟」方面「果決是非」的仲裁、調解、裁量和審判的某些權力;里老(耆老)有的由鄉民推舉(如何喬遠所謂「每里各推」),有的聽官府選定(如上記葉春及所謂「於里中選」),有的則可能是鄉民推舉、再經官府批准的(如下文將要引述的〈青陽鄉約記〉所記「舉方塘莊子於官,莊□辭未獲」),而「眾所推服」乃是里老(耆老)資格的認定原則。

總而觀之,作為鄉土社會裡「眾所推服」的成員,當里老(耆老)從道德和法律兩個方面來履行和行使其約束鄉民的義務和權力,里老(耆老)對鄉民的約束也就具有自治的性質、鄉民的受約也就合於自願的原則,鄉約關係於是成立、鄉約制度行焉。

二

里老(耆老)對鄉民的約束和鄉民出於自願的受約畢竟只是鄉約關係和鄉約制度的一個方面,鄉民的自約和互約也必須倡行。明代洪武年間,有人直接向明太祖指出:

> 古者善惡鄉鄰必記。今雖有申明、旌善之舉,而無黨庠鄉學之規、互知之法,雖嚴訓告之,方未備。臣欲求古人治家之禮、睦鄰之法,若古藍田呂氏之鄉約、今義門鄭氏之家范,布之天下。[10]

指出這一點是很重要的。使鄉土社會諸成員不僅是鄉約之客體、並且是鄉約之主體,使鄉民人人不僅受約、而且自約和互約,以保障鄉土

10 《明史》〈解縉傳〉,《二十五史》第10冊,卷147,頁428。

社會全體成員的共同生活和共同進步，這才是鄉約關係的初衷、這才是鄉約制度之本義。

明太祖對此有何反應，《明史》上未見記載。然而，我們在福建（包括臺灣）的明清文獻裡看到了從各個方面著力以使鄉民受約、自約和互約的事蹟。例如：

> 明代洪武二年，順昌縣丞楊惟德建順昌縣治街西申明亭，事見明正德版《順昌邑志》卷之二；[11]
>
> 明代永樂年間，泉州府城建溪亭約所，事見〈重修溪亭約所碑記〉，碑存泉州市閩臺關係史博物館；
>
> 明代宣德年間，龍岩舉人蔣輔「與鄉人講行《藍田鄉約》」，事見何喬遠《閩書》卷之一百十九，又見清乾隆版《龍岩州志》卷之十一；[12]
>
> 明代正統年間，龍岩蘇克善「隱居山中，與邱存質、蔣永迪講藍田鄉約、文公家禮」，事見清乾隆版《龍岩州志》卷之十一；[13]
>
> 明代弘治十四年，順昌知縣李震重修順昌縣治街西申明亭，事見明正德版《順昌邑志》卷之二；[14]

---

11 馬性魯：《順昌邑志》〈公署志〉（南平市：順昌縣志編纂委員會，1985年），卷2，頁24。

12 何喬遠：《閩書》第4冊，頁3598-3599；張廷球：《龍岩州志》〈人物下〉（福州市：福建地圖出版社，1987年），卷11，頁271。

13 張廷球：《龍岩州志》〈人物下〉，卷11，頁280。

14 馬性魯：《順昌邑志》，頁24。

明代正德年間，王守仁在漳贛巡撫任上於龍岩頒行《鄉約教諭》凡十四章，史稱「王文成公之教」(語見葉春及《惠安政書》)，文收清乾隆版《龍岩州志》卷之十三；[15]

明代嘉靖五年，黃懌在安溪知縣任上「舉行明六諭，輯《呂氏鄉約》、陳氏訓詞，附列教條為十四禁，以防民止汰，月立長、副董之，善有記、惡有書而考成焉」，事見清乾隆版《安溪縣志》卷之五；[16]

明代嘉靖三十二年，湯相在龍岩知縣任上「立保甲，行鄉約」，事見清乾隆版《龍岩州志》卷之五；[17]

明代嘉靖年間，李思寅在建陽知縣任上「教民行朱子鄉約」，事見清道光版《建陽縣志》卷之九；[18]

明代嘉靖年間，王士俊在泉州知府任上推行鄉約，並「以約正之名，委重於士夫」，泉州進士莊用賓任泉州青陽鄉約之約正，事見〈青陽鄉約記〉碑，碑存泉州青陽石鼓廟；

明代嘉靖年間，龍岩生員曹文燁、曹鳴鳳兄弟〈請分設寧洋縣議〉議及「申明亭之費」，略謂：「里坊之民行誼純潔者，每圖公報三名，充為老人，歲時朔望，遍歷里社，申明鄉約，誘勸

---

15 張廷球：《龍岩州志》〈藝文志〉，卷13，頁330-333。

16 莊成：《安溪縣志》〈宦績〉(廈門市：廈門大學出版社，1988年)，卷5，頁173。

17 張廷球：《龍岩州志》〈秩官志〉，卷5，頁165。

18 江遠青：《建陽縣志》〈職官志〉(南平市：建陽縣地方志編纂委員會，1986年7月)，卷9，頁347。

歸善，亦化民成俗之一端也」，事見清乾隆版《龍岩州志》卷之十三；[19]

明代隆慶元年，董良佐在寧洋知縣任上「教民行鄉約，與士子講王文成公之學」，「立鄉約，申聖諭，刊布家鄉禮纂，蓋一時四面響風焉」，事見《閩書》卷之六十五，又見清乾隆版《龍岩州志》卷之五、卷之十五；[20]

明代隆慶至萬曆年間，葉春及在惠安知縣任上建申明亭、推行鄉約，並撰《惠安政書》九〈鄉約篇〉，事見葉春及《惠安政書》；

明代萬曆年間，黃承玄在福建巡撫任上頒行〈約保事宜〉，文收黃承玄《盟甌堂集》卷二九；[21]

明代萬曆四十年，蔡獻臣在同安撰〈里老總保〉，文收蔡獻臣《清白堂稿》卷十七；[22]

明代崇禎年間，周之夔在閩縣撰〈藤山馮巷鋪保甲冊序〉、〈藤山大廟鋪保甲冊序〉、〈藤山睹橋鋪保甲冊序〉等文，論及鄉約之事，文收周之夔《棄草二集》卷之二；[23]

---

19 張廷球：《龍岩州志》〈藝文志〉，卷13，頁340。

20 何喬遠：《閩書》第2冊，頁1917；張廷球：《龍岩州志》〈秩官志〉、〈藝文志三〉，卷5、15，頁167、457。

21 參見鄭振滿：〈明後期福建地方行政的演變〉，《中國史研究》1998年第1期。

22 蔡獻臣：《清白堂稿》，卷17，頁13。

23 周之夔：《棄草集》第3冊（揚州市：江蘇廣陵古籍刻印社，1997年3月），頁1373-1382。

清代康熙年間，龍岩舉人鄭政在鄉輯「《呂氏鄉約》等書，以教後進」，事見清乾隆版《龍岩州志》卷之十一；[24]

清代康熙年間，藍鼎元隨軍入臺，在臺灣頒布〈諭閩粵民人〉，明確告諭臺灣的閩籍和粵籍「民人」（臺灣的開發主要是由閩、粵移民實現的，因而閩、粵移民及其後裔構成了臺灣人口的主要部分）：「世之良民，或有言語爭競，則投明鄉保耆老，據理勸息，庶幾興仁讓之風」，文收藍鼎元《東征集》；[25]

清代康熙五十五年、五十六年，李光地在安溪制定《同里公約》、《丁酉還朝臨行公約》，文收李光地《榕村別集》卷五；[26]
清代道光七年，泉州府城重修溪亭約所，事見〈重修溪亭約所碑記〉，碑存泉州市閩臺關係史博物館；

清代道光年間，泉州「南安陳氏」購置陳宏謀輯錄的《訓俗遺規》（道光十年新刊本），書收陳宏謀序（乾隆七年撰）、〈司馬溫公居家雜儀〉、〈朱子增損呂氏鄉約〉、〈陸梭山居家正本制用篇〉、〈倪文節公經鉏堂雜誌〉、〈陳希夷心相篇〉、〈袁氏世範〉等文，書藏泉州市閩臺關係史博物館；[27]

清代道光至咸豐年間，徐宗幹在分巡臺灣兵備道任上勵行鄉約，曾頒布《諭各屬總理鄉約》，文收丁日健編《治臺必告

---

24 張廷球：《龍岩州志》〈人物下〉，卷11，頁283。

25 藍鼎元：《東征集》（臺北市：文海出版社《近代中國史料叢刊續輯》本，1997年），卷5，頁239-242。

26 李光地：《榕村全書》（道光九年〔1829〕刊本）。

27 陳宏謀輯錄：《訓俗遺規》（道光十年〔1830〕新刊，培遠堂藏版），書之正文第一頁上端有「南安陳氏家藏」印記。

錄》。[28]

上記資料裡，「藍田鄉約」和「呂氏鄉約」稱名兩異而實為一指，即《藍田呂氏鄉約》；而「朱子鄉約」則指經朱熹修訂而成的《朱子增損呂氏鄉約》。

從福建（包括臺灣）的實際情況來看，《藍田呂氏鄉約》（包括其修訂版《朱子增損呂氏鄉約》）是明清各個時期、各個地方鄉約關係和鄉約制度的範本。

在《訓俗遺規》一書裡，陳宏謀為《朱子增損呂氏鄉約》所撰的按語指出：

> 藍田（縣名）呂氏兄弟皆從學於伊川、橫渠兩先生，德行道藝萃於一門，為鄉人所敬信，故以此為鄉人約。可見古人為學，不肯獨善其身、亦不必居官始可以及人也。

這裡所謂「為鄉人所敬信，故以此為鄉人約」事關鄉民受約和鄉約的自願原則，「不肯獨善其身、亦不必居官始可以及人」則語涉鄉民自約、互約和鄉約的非官方即自治的性質。

《藍田呂氏鄉約》從「知」（主管人員）、「制」（行為準則和辦事規則）兩方面就鄉約的主管人員（約正、約副和直月即值月人員）、行為準則（「德業相勸」、「過失相規」、「禮俗相交」、「患難相恤」及其細則）和辦事規則（「置三籍，凡願入約者入於一籍，德業可勸者書於一籍，過失可規者書於一籍」、「右件德業，同約之人各自進修、互相勸勉。會集之日，相與推其能者，書於籍」、「右件過失，同約之

28 丁日健：《治臺必告錄》（新北市：大通書局《臺灣文獻史料叢刊》本，1987年），頁361。

人各自省察，互相規戒。小則密規之，大則眾戒之，不聽則會集之日，直月告於約正，約正以義理誨諭之，謝過請改則書於籍以俟，其爭辨不服與終不能改者，聽其出約」等）均有明細的規定。

明清福建（包括臺灣）的鄉約在「知」、「制」兩方面從《藍田呂氏鄉約》直接取益，以「知制具存」[29]來確保鄉民的受約、自約和互約。例如，明代王守仁在龍岩頒行的《鄉約教諭》規定：

> 同約中推年高有德、為眾所敬服一人為約長，二人為約副，又推公直果敢者四人為約正，通達明察者四人為約史，精健廉幹者四人為知約，禮儀習熟者二人為約贊。置文簿三扇。其一扇，備寫同約姓名及日逐出入所為，知約司之；其二扇一書彰善，一書糾過，約長司之。[30]

清代李光地在安溪制定的《丁酉還朝臨行公約》也規定：

> 約正須置功過簿一冊，寫前後所立規條於前，而每年分作四季，記鄉里犯規□□□及約中懲責者於後，務開明籍貫、姓名並因何事故以備日後稽考，或能改行，或無悛心，俱無遁情也。[31]

其他的鄉約也幾乎都有類似的規定。

在臺灣，鄉約的主事者另有「總理」之稱，由官府頒給「戳記」。王凱泰〈臺灣雜詠〉有詩並註云：

> 宰官頒戳各鄉承，約長居然總理稱。執版道旁迎與送，頭銜笑

---

29 語見葉春及：《惠安政書》，頁16。

30 引自張廷球：《龍岩州志》，頁330。

31 李光地：《榕村別集》，卷5，（道光九年〔1829〕刊本）頁15。

看兩門燈（鄉約名總理，地方官給戳記，門口懸大燈，亦總理銜。）[32]

何竟山〈臺陽雜詠〉亦有句云：「鄉承約長耀門燈」[33]。唐贊袞《臺陽見聞錄》則記：

鄉約名總理，地方官給戳記，門口懸大燈，亦書總理銜。[34]

鄉約的主事者、董事者則合稱「鄉約人等」，語見清乾隆版《臺灣府志》卷七〈典禮〉、〈鄉約〉。

通過鄉民受約、自約和互約來保障鄉土社會成員的共同生活和共同進步是一個理想。

按照社會學家的解釋，「社會問題就是社會全體或一部分人的共同生活或進步發生障礙的問題」。[35]社會問題的發生有社會內部、也有社會外部的各種原因；就社會內部而言，又有各個方面、各個層面的原因。正當的鄉約在一定條件下或可收一時一地之效，卻不可能排除鄉土社會所有的問題；不當的鄉約本身就是一個社會問題、並且可能引發更多的社會問題。洪富〈青陽鄉約記〉謂：

每歲莊姓偕諸巨姓各二人，分董其事，務在相勸、相規、相

32 王凱泰：〈臺灣雜詠〉，見《臺灣雜詠合刻》（新北市：大通書局《臺灣文獻史料叢刊》本，1987年），頁42。

33 何竟山：〈臺陽雜詠〉，見《臺灣雜詠合刻》，頁66。

34 唐贊袞：《臺陽見聞錄》（新北市：大通書局《臺灣文獻史料叢刊》本，1987年），頁143。

35 孫本文：《現代中國社會問題》（上海市：上海商務印書館，1947年第3版），轉引自《社會學概論》編寫組編：《社會學概論》（天津市：天津人民出版社，1984年），頁308。

> 友、相恤，有善者與眾揚之，雖微不棄；有犯者與眾罰之，雖親不貸。抑強而扶弱，除奸而禦盜，解紛而息爭，由是眾子弟以禮相軌，僮僕以法相檢，鄉族賴以睦，雞犬賴以寧，百穀果木賴以蕃，溝渠水利賴以疏。[36]

這裡記錄了青陽鄉約的績效、也記錄了鄉約的理想。然而，我們從中還是看到了鄉約本身可能引發的社會問題：「莊姓偕諸巨姓」及其鄉約董事者恃強壓制諸小姓的問題。蔡獻臣〈里老總保〉也曾指出不當的鄉約造成的社會問題：

> 今老人不由德舉，半係罷閒吏卒及無良有過之人。縣官一有差委，即圖攢錢。

當然，歷史上為推行正當的鄉約、為鄉約的理想而努力的人事畢竟是值得記取的。

三

葉春及《惠安政書》九〈鄉約篇〉謂：

> 惟皇制建府、置縣、劃鄉、分里，以奠民庶，乃立耆老，以佐令敷政教。

朝廷命官，至縣級乃止，縣以下無職官建置，所以說「建府、置縣、劃鄉、分里」；而鄉約制度實際上是地方行政制度的一個補充，所以

36 引文據廈門大學人類學研究所郭志超教授提供的〈青陽鄉約記〉抄本。

說「佐令敷政教」。從縣級職官行政權力的角度來看，有人又視之為縣級職官的「權柄下移」或與民「共治」，即地方行政制度的延伸。如洪富〈青陽鄉約記〉所謂「有司以權柄下移為諱」和葉春及《惠安政書》九〈鄉約篇〉所謂「知縣願與共治」。

葉春及《惠安政書》九〈鄉約篇〉又謂：

> 凡老人里甲，於申明亭議決。坐，先老人，次里長，次甲首，論齒序坐。如里長長於老人，坐於老人之上。

里老（耆老）同里長、甲首合作、鄉約制度同里甲（保甲）制度配套。周之夔也曾指出這種合作和配套的關係：「鄉約以訓迪之，保甲以稽察之」[37]，「彼保甲者與鄉約相表裡」[38]。

作為地方行政制度的補充和延伸，作為里甲（保甲）制度的配套，鄉約也有其辦理公共事務的場所即約所。

明代洪武年間，各地多建申明亭和旌善亭以為約所；明代洪武年以後，申明亭和旌善亭廢多存少，各地或修建舊亭、或新創約所。

清代顧炎武《日知錄》於「申明亭」條下有註云：

> 宣德七年正月乙酉，陝西按察僉事林時言：洪武中，天下邑里，皆置申明、旌善二亭，民有善惡，則書之，以示勸懲，凡戶婚、田土、鬥毆常事，里老於此剖決。今亭宇多廢，善惡不書，小事不由里老，輒赴上司，獄訟之繁，皆由於此。[39]

---

37 周之夔：《棄草集》第3冊，頁1373、1378。

38 周之夔：《棄草集》第3冊，頁1373、1378。

39 引自顧炎武著，黃汝成集釋：《日知錄集釋》（長沙市：岳麓書社，1994年），頁284。

這裡記錄的是明代宣德年間所見的大致情況：「申明、旌善二亭」，邑里皆置而多廢。

我們從明嘉靖版《清流縣志》卷之三〈古蹟〉裡也看到了「申明、旌善二亭，……故址猶存」的記載[40]。我們從葉春及《惠安政書》裡看到的是更為詳備的印證。

《惠安政書》一〈圖籍問〉記：「父老所居旌善、申明亭，匪邑然也，里皆有之，今廢久矣」；《惠安政書》二〈地理考〉亦記：「（邑）作旌善、申明亭，又各都皆建亭」；《惠安政書》四至八列表說明惠安境內下埔、盤龍、瓊田、下浯、驛坂、承天、下江、前黃、前塗、上郭、尹厝、舉厚、峰前、仙塘、後鄭、東張、袁厝、吳厝、通津、前塘、象浦、員莊、前頭、梁山兜、白崎、里春、下安、大拓、黃田、揚宅、蘇坑、鳳洋、許塘、烏石、倉邊、赤厝、許山頭、劉厝、張坑、大吳、坑北、前莊、上莊等四十三個鄉村置有申明亭。《惠安政書》將申明亭分別登記為「今申明」、「舊申明」和「申明」三類。「今申明」應指當時新創並使用的申明亭，葉春及在惠安知縣任上有「創亭以為約所」的記錄[41]，「今申明」當是他在這方面的政績；「舊申明」應指已廢置不用的舊約所，「申明」則可能或用或廢也。

明代崇禎年間，周之夔〈藤山大廟鋪保甲冊序〉也記錄了「往時」各有約所、當時仍有約所的情形：「往時馮巷、睹橋二鋪各有約所，後以湫隘匯歸大廟（約所）」。[42]

明代洪武年以後新創的約所往往以寺廟為之。如王守仁《鄉約教諭》謂：「立約所，以道里均平之處、擇寺觀寬大者為之」；[43]又如葉

---

40 陳桂芳：《清流縣志》〈古蹟〉（福州市：福建人民出版社，1992年），卷3，頁74。

41 語見葉春及：《惠安政書》，頁328。

42 周之夔：《棄草集》第3冊，頁1377。

43 轉引自張廷球：《龍岩州志》〈藝文志一〉，卷13，頁330。

春及《惠安政書》一〈圖籍問〉記：「乃行鄉約，多棲佛老之宮、叢祠之宇」。[44]

泉州〈重修溪亭約所碑記〉記：

> 其建於溪亭者，自前明永樂間始。舊制兩宮俱一落，左祀天上聖母。聖母，水神所化生者，前人之塑像於此，蓋謂此地正南方，離火之位，故欲以水勝之，非偶然崇奉已也。至其右，祀田都元帥，則所籍以為一方之鎮、一境之主。[45]

洪富〈青陽鄉約記〉記：

> 吾鄉有石鼓廟，舊宇傾圮。莊子捐已貲而一新之，於是崇明黜幽，遷佛像於其東西傍，而中為眾會之所。

周之夔〈藤山大廟鋪保甲冊序〉記：

> 大廟墩者，全城之最高處也。祠文昌而翼士谷，故名焉。代多顯人。予大父與先子兩預修葺之任，又拓其宇以飲射讀法，彬彬如也。往時馮巷、睹橋二鋪各有鄉約所，後以湫隘匯歸大廟。[46]

清乾隆版《安溪縣志》卷之十〈寺觀〉記：

> 顯應廟，在縣南厚安村。神姓陳名潼，唐時人。大順中，長官

---

44 語見葉春及：《惠安政書》，頁16。

45 引文據陳健鷹：〈讀碑三題〉，《閩臺民俗》創刊號（1997年12月）。

46 周之夔：《棄草集》第3冊，頁1377。

> 廖儼招集流民以神為都將，戍溪南。既沒，民就舊宅祀之。宋嘉定十六年錫今額。嘉熙三年重修，邑人余克濟記。即今之鄉約所也。[47]

又記：「獅子宮，在龍山下，即今鄉約所。」[48]又記：「官橋宮，為宣講鄉約所。」[49]又記：「科名庵，里中講約所。」[50]類似的例證尚可枚舉。

約所以寺廟為之，其主要用意蓋在於借助神明的威懾以強化鄉約的社會控制效能。葉春及《惠安政書》十〈里社篇〉對此有相當生動的記錄：

> 父老聽一鄉之訟，如戶婚、田土、財貨、交易等不肯輸服，與凡疑難之事，皆要質於社而誓之。凡誓，鳴鼓七響，社祝唱：跪。誓者皆跪。社祝宣誓詞曰：「某人為某事，若有某情，敬誓於神，甘受天殃，惟神其照察之！」誓畢，誓者三頓首而退。[51]

周之夔亦記：藤山「大廟既為鄉約公所」，「然則衣冠之所集、禮法之所施、父兄之所教、子弟之所率，與夫官師之所材、鬼神之所福，咸取斯地」。[52]

---

47 莊成：《安溪縣志》〈寺觀〉（廈門市：廈門大學出版社，1988年），卷10，頁314-317。

48 莊成：《安溪縣志》〈寺觀〉，卷10，頁314-317。

49 莊成：《安溪縣志》〈寺觀〉，卷10，頁314-317。

50 莊成：《安溪縣志》〈寺觀〉，卷10，頁314-317。

51 葉春及：《惠安政書》，頁349。

52 周之夔：《棄草集》第3冊，頁1377-1378。

四

關於「里老（耆老）聽訟」的實體和程序法原則，葉春及在《惠安政書》九〈鄉約篇〉裡，「欽遵聖制」即遵照「國家之法」有所闡述。歸結起來，為如下八項。

其一，里老（耆老）資格的公眾認定原則。「選高年有德、眾所推服者充耆老」，「眾所推服」不是里老（耆老）本身具備的資格，而是公眾對其資格的認定。

其二，「里老（耆老）聽訟」權的不可處分原則。在里老（耆老）的受案範圍內，「一切小事，務由本管里甲老人理斷。不由者，不問虛實，□杖六十，發回」，「已經老人里甲處置停當，頑民不服，展轉告官，捏詞誣陷，正身處以極刑，家遷化外」；對不經或不服「里甲老人理斷」的越訴者，「官吏不即杖斷，稽留作弊，詐財取物」或「不察所以，一概受理」，罪之；而「里甲老人不能決斷，致令赴官紊煩者，亦杖六十，仍著果斷」。

其三，「里老（耆老）聽訟」的受案範圍原則。此原則有兩方面的規定性，一是受案的地域限於本里，「事干別里，須會該里老人里甲」；一是受案的性質限於民事，「以十有九章聽民訟：一曰戶婚；二曰田土；三曰鬥毆；四曰爭占；五曰失火；六曰竊盜；七曰罵詈；八曰錢債；九曰賭博；十曰擅食園林瓜果；十有一曰私宰耕牛；十有二曰棄毀器物稼穡；十有三曰畜產咬殺人；十有四曰卑幼擅用財；十有五曰褻瀆神明；十有六曰子孫違犯教令；十有七曰師巫邪術；十有八曰畜踐食禾稼；十有九曰均分水利」。至於刑事案件，「姦盜、詐偽、人命重事，方許赴官陳告」；

其四，「里老（耆老）聽訟」的自訴原則。訴訟當事人「自來陳告，方許辯理。聞風勾引者，杖六十。有贓者，以贓論」；

其五，「里老（耆老）聽訟」的合議原則。此原則包括本里之事由本里老人與里甲「公同議決」、「事干別里，須會該里老人里甲」；

其六，「里老（耆老）聽訟」的決斷原則。「一切小事，務由本管里甲老人理斷，」、「里甲老人不能決斷，……仍著果斷」；

其七，「里老（耆老）聽訟」的適用調解原則。「小事不平，父老同眾勸戒，」使「訟者平之，相揖而退」。

其八，「里老（耆老）聽訟」的錯案責任追究原則。「循情作弊，顛倒是非，依出入人罪律論」。

上記原則乃出於「平訟息爭」的考量，是為實現「里老聽訟」的有效性而設置的。

王守仁、黃承玄、蔡獻臣、李光地等人也或先或後、或多或少地闡述了上記原則。如黃承玄〈約保事宜〉謂：

> 紀善戒惡之後，凡有彼此爭競及冤抑不伸者，俱以實告，約正詢之保長，參之輿論，以虛心剖其曲直，以溫語解其忿爭，務令兩家心服氣平。……如有重大事情須白官府者，亦必先經約會，然後告官。[53]

這裡集中地闡明「里老（耆老）聽訟」的自訴原則、合議原則、適用調解原則、受案範圍原則等。又如，李光地《丁酉還朝臨行鄉約》謂：

> 諸鄉規俱照去歲條約遵行。我已囑託當道，凡係人倫風俗之事，地方報聞，務求呼應作主。但恐我輩用心不公、處事不當，或心雖無私而氣不平、事雖無錯而施過甚，則亦於仁恕之理有乖，皆未足以服人心而取信於官長也。嗣後舉行舊規，必酌其事之大小輕重，可就鄉約中完結者，請於尊長會鄉之耆

53 轉引自鄭振滿：〈明後期地方行政的演變〉，《中國史研究》1998年第1期。

> 老，到約完結。必須送官者，亦請尊長會鄉之耆老，僉名報縣懲治。如事關係甚大，而有司呼應未靈者，鄉族長老僉名修書入京，以便移會當道。最忌在班白退縮，袖手緘喙。[54]

這裡亦語涉錯案責任、受案範圍、合議和不可處分等原則。

「里老（耆老）聽訟」的合理性則端賴於「合依常例」即遵從先例的判例法原則。

常例也稱民間俗例，指在一定地域內通行的、不成文的民間習慣法。

民間俗例是鄉土社會成員遵守的常例，也是「里老（耆老）聽訟」遵從的先例。

舉例言之。王守仁《鄉約教諭》就「里老（耆老）聽訟」受案範圍內的「錢債」一項有如下規定：

> 本地大戶，異境客商，放債收息，合依常例，毋得磊算。[55]

所謂「毋得磊算」即「利息不得滾入母金」。這是閩臺民間俗例之一種，在南京國民政府司法行政部編的《民事習慣調查報告錄》一書裡見有報告[56]。作為民間俗例，「毋得磊算」是債權人、債務人雙方應知的「常例」，也是「里老（耆老）聽訟」必遵的先例。王守仁要求構成債權、債務關係的當事人「合依常例」，而里老（耆老）則當遵照判例法原則、遵從先例做出判決。當判決合於「毋得磊算」的民間俗例，「里老（耆老）聽訟」也就取得了合理性。

在「里老（耆老）聽訟」受案範圍內的「錢債」項下，又有「大

54 李光地：《榕村別集》，卷5，頁12。

55 張廷球：《龍岩州志》，頁330-331。

56 見《民事習慣調查報告錄》下冊（北京市：中國政法大學出版社，2000年），頁635。

孫頂尾子」、「嫡全庶半」、「父債子還」、「麻燈債」、「新正不討債」等民間俗例，鄉民的做法合於民間俗例則視為合理，里老（耆老）做出的判決亦以合於民間俗例為合理。

民間俗例即民間習慣法具有明顯的禮和非禮的雙重取向。

葉春及《惠安政書》九〈鄉約篇〉據禮制定了各項規定，試圖將鄉土社會納入禮治的軌道。他並且自稱：「知縣嘗上書於朝曰：國家制禮，達乎庶人」[57]。葉春及很好地表達了官府的意圖和意見，官府的意圖和意見也部分地得到實現和貫徹。鄉約的行為準則「德業相勸、過失相規、禮俗相交、患難相恤」完全合於禮的精神。民間俗例即民間習慣法也包括了禮的內容、也具有禮的取向。

然而，民間俗例民間習慣法並不盡合於禮的規定，還包含有非禮的部分、具有非禮的傾向。

例如，葉春及《惠安政書》九〈鄉約篇〉據禮規定「不得匿喪成婚」，而在福建（包括臺灣），「居喪百日內可以成婚」卻是可以公然言之、公然行之的民間俗例。

又如，長幼有序是禮的基本規定，而「在厝論叔侄，在外論官職」的民間俗例將這項基本規定大打折扣。李光地《丁酉還朝臨行公約》規定：

> 約正於族行雖卑幼，然既秉鄉政，則須主持公道。自後鄉鄰曲直有未告官而投訴本鄉者，除尊長發與約正調停者，則為從眾訊實，覆命尊長而勸戒之。其餘年少未經事者，雖分為叔行，不得役約正。如奴隸約正，（約正）亦不得承其意指，顛倒是非以壞風俗。[58]

57 葉春及：《惠安政書》，頁330。

58 李光地：《榕村別集》，卷5，頁14。

上文簡要描述了「里老（耆老）聽訟」的實體、程序和判例法原則及民間俗例即民間習慣法的禮和非禮的雙重取向。

從「里老（耆老）聽訟」的原則和民間俗例即民間習慣法的取向可以看到：具有自治性質的鄉約制度從來是在「國家之法」允許的範圍之內運作；「里老（耆老）聽訟」所依據的民間俗例即民間習慣法具有禮和非禮的雙重取向。因此，我們不應認為鄉土社會是「無法」的社會或「禮治」的社會。從區域研究的角度看，「禮法兼施」即所謂「禮法之所施」[59]乃是閩臺鄉土社會的傳統。

二〇〇一年一月三日於福州寓所

之涵悅齋

59 語見周之夔：《棄草集》第3冊，頁1377。

試論明清時期的閩臺鄉約

鄉約作為中國古代鄉治領域的一個重要內容，在封建基層社會管理組織力圖把鄉土社會活動納入正常化發展軌道的過程中，曾發揮了不可忽視的作用。因此，有關鄉約的研究一直是晚近國內外學界關於中國基層社會史學術探討的一個重要方向，所取得的成果令人矚目[1]。鄉約的訂立及其推行，是與當時、當地的社會歷史背景緊密聯繫在一起的。而以往一些研究，比較強調鄉約的整體性，對鄉約推行的地域背景則有所忽視。因此，針對特定歷史時期鄉約在某一區域社會的推行情況，做深入的考察也很有必要[2]。本文擬遵循這種學術思路，在以往學者研究的基礎上，對明清時期鄉約在閩臺區域推行的情況做一番初步探討，文中不當之處，敬祈方家批評指正。

1 參見王蘭蔭：〈明代之鄉約與民眾教育〉，載《師大月刊》1935年第21期；楊開道：《中國鄉約制度》（山東鄉村服務訓練處，1937年）；曹國慶：〈明代鄉約發展的階段性考察〉，《江西社會科學》1993年第8期、〈明代鄉約推行的特點〉，《中國文化研究》1997年春之卷、〈明代鄉約研究〉，《文史》第46輯。

2 這方面的文章主要有鈴木博之：〈明代徽州府的鄉約研究〉，載《山根幸夫教授退休紀念論叢》；陳柯雲：〈略論明清徽州的鄉約〉，載《中國史研究》1990年第4期；Kandice Hauf, “The Community Covenant in Sixteenth Century Ji’an Prefecture, Jiangxi,” *Late Imperial China* Vol.17, NO.2（December 1996）；楊念群：〈論十九世紀嶺南鄉約的軍事化〉，載《清史研究》1993年第3期；朱鴻林：〈明代中期地方社區治安重建理想之展現：山西河南地區所行鄉約之例〉，載《中國學報》第32輯；〈明代嘉靖年間的增城沙堤鄉約〉，載《燕京學報》新8期（2000年）。

一　明清閩臺鄉約推行的情況

關於明代鄉約始行時間，目前學界大多認為以正統三年（1438）廣東潮州知府王源在任內所推行鄉約活動為最早。王源，字啟澤，福建龍岩人，永樂二年進士，史載其在潮州任上，「刻《藍田呂氏鄉約》，擇民為約正、約副、約士，講肆其中，而時偕寮宗董率焉」[3]。近年在福建泉州出土的道光七年（1827）所勒〈重修溪亭約所碑記〉，對研究明清泉州府溪亭地方鄉約的源起、變遷等很有幫助。〈碑記〉云：「（鄉約所）其建於溪亭者，自前明永樂間始。」[4]可見溪亭推行鄉約，是在正統三年之前。碑文中雖未論及當時所講鄉約的具體內容，但據史載，明成祖曾經取《藍田呂氏鄉約》列於性理成書，頒行天下，令人誦行。可以推斷，永樂年間泉州府溪亭所講鄉約也應為《藍田呂氏鄉約》，其舉動可以看作是泉州地方官紳對成祖諭旨的一種響應。以往一些學者認為成祖頒布鄉約之舉，只是停留在文字和口頭上，終未能付諸實踐。但〈重修溪亭約所碑記〉，似可驗證明成祖所頒鄉約的舉措，在地方上是得到了貫徹執行的。此外，正統以前在福建推行鄉約的還有其他記載，例如，宣德年間，龍岩舉人蔣輔嘗「與鄉人講行《藍田鄉約》」。[5]蔣輔，字廷佐，曾授廣安州學正，歷金溪訓導、蒿城、吉水教諭、寧國府教授等職。他後來被列入鄉賢祠崇祀，似乎與其在家鄉熱心鄉治不無關係。這些都是在明朝初年舉行鄉約的例子，可見福建是明代鄉約推行較早的地區。

正統以後，鄉約在各地推行的情況日漸增多，福建地方也如此。如前述之王源，正統年間致仕歸里後，仍繼續在龍岩家鄉倡行鄉約。同時期的龍岩鄉紳蘇克善，也曾與「邑人邱存質、蔣永迪講《藍田鄉

3　民國《龍岩縣志》〈王源傳〉，卷25。

4　〈重修溪亭約所碑記〉，一九九六年出土於泉州，碑存泉州市閩臺歷史博物館。

5　何喬遠：《閩書》〈英舊志〉（福州市：福建人民出版社，1995年），卷119。

約》、《文公家禮》」於鄉中，[6]文中所指蔣永迪，字雲山，與蘇克善、邱存質相友善，三人同為龍岩豪紳，對地方事務多有插手。如鄧茂七民軍攻龍岩時，「范都督雄召迪與蘇克善至軍前晝第，寇賴以平」[7]。邱存質則直接「令子興輸粟一千石」以佐軍餉。[8]而蔣永迪子即為前述蔣輔。這種父子二人相繼舉行鄉約的例子在歷史上似不多見。蔣氏父子二人在正統年間還聯手進行一系列以修族譜、建祠堂為中心的整合宗族活動，「稽漢立祠堂之制，效宋儒去墓管於家之義，而建祠堂於居第之右，輪奐一新」[9]。在成化八年（1473）以前，上杭邑人梁崧、李穎也有在鄉推行鄉約的舉動，民國《上杭縣志》保存有一篇成化年間邑人丘弘為梁氏所行《杭川鄉約》所撰序文，文中記述了梁崧《杭川鄉約》的緣起、主旨、效果：

> 鄉之有約，所以順人情因土俗，酌事理之，宜而約之，於禮法之中者也。一鄉之中，爾家我室，貧富不齊，奢侈儉嗇志趣不一，必有禮以約之，而後一鄉之人心一焉，風俗同焉。先人制禮以辨上下，定民志，其以是歟！我朝建國制度云為酌古准今，尊卑上下各有定分，禮法之行，民俗淳厚，最為善矣。杭川風俗世稱淳樸，比年以來流為奢侈，俗日以偷。凡禮法之行，惟事賁飾，日積月累，漸習成風。富者極有餘之奢，貧者以不及為恥，噫！是蓋徒事其末節，顧其本，安在哉！邑之梁氏崧，傷世俗之流弊，慨然有感於心，於是，合眾人之見，通眾人之情，條其冠婚喪祭慶慰酬酢之俗，汰奢為儉，損過就中，儀章簡約，品節詳明，名之曰「鄉約」。請予序其首。予

6　乾隆《龍岩州志》〈人物下〉，卷11。
7　光緒《龍岩州志》〈義行列傳〉，卷12。
8　何喬遠：《閩書》〈英舊志〉，卷119。
9　民國《蔣鍾英族譜》〈族譜引傳〉，卷1。

> 謂鄉約之行，而一鄉之禮關焉。然禮有本有文，貴於得中為善，苟或過焉，則文滅其質；或不及焉，則質勝而野。二者偏廢，豈先王制禮之意哉！今梁氏鄉約，切於事理，曲盡人情，大抵以不違國制為先，以敦化厚本為尚，無非欲人從儉約守禮法，而無流蕩之失。質之經傳，殆周公所謂束帛，賁於丘園，孔子所謂禮與其奢也，寧儉之意歟。以是約而謀諸邑之士大夫，皆曰善焉；謀諸鄉之富者貴者，皆曰善焉；謀諸貧者，亦無不曰善焉。將見人咸便之，服而行之，厚其本而抑其末，財不竭而用之舒，淳厚之風日興，禮讓之俗日作，則梁氏是約其有關於世教，豈淺鮮哉！予素有志於禮之本者也，於是請，喜而為序之，以為鄉人之勸云。[10]

李穎，字嗣英，曾任開封府教授，晚居梅坡，人稱「梅隱先生」，有《杭川風雅集》行於世。李氏鄉居時，「慨邑俗奢靡成風，服食競美，嘗著鄉約以垂勸戒」[11]。可見，梁、李二人所行鄉約以整頓風俗為主要內容。弘治三年（1491），上虞人潘府以進士知長樂縣事，到任後，「改邑內諸佛宮為鄉約堂，遵行朱子損益藍田呂氏鄉約，以正風俗」[12]。弘治初，浙江天臺舉人姜鳳由舒城教諭擢升歸化縣知縣，其人「為政剛果，有循吏風，一以化民易俗為首務，梓《藍田鄉約》以訓民，身率而行之，民風丕變。」[13]以上二人所行鄉約，可以說是較早的官辦鄉約。

正德、嘉靖以後，鄉約在福建的推行日益普遍，這與全國的趨勢是一致的。其時，政府統治危機逐漸加深，里甲毀壞，社學失修，政

---

10 民國《上杭縣志》〈藝文志〉，卷23。

11 民國《上杭縣志》〈文苑傳〉，卷27。

12 民國《長樂縣志》〈名宦傳〉，卷21。

13 康熙《歸化縣志》〈秩官〉，卷23。

府對基層的控制日益削弱，民間風習開始從整體上由明初的淳樸轉趨浮華，社會秩序出現混亂局面。在這樣的歷史背景下，一些官僚士紳希望能夠利用推行鄉約來恢復社會秩序，重建淳厚世風，心學大師王守仁就是其中突出的代表人物。正德十一年（1516），王氏以左僉都御史巡撫南贛汀漳等地，越二年，他開始在南贛地方倡行鄉約，「此中丞陽明公參酌藍田鄉約，以協和南贛山谷之民也」[14]。隨後，《南贛鄉約》亦推行於閩西南汀、漳等地。與《南贛鄉約》一同推行的，還有《十家牌法條約》，二者構成了王守仁鄉治計劃的基本部分。王守仁在閩西南所行鄉約，強調與保甲法輔助而行，這是針對汀、漳一帶社會動亂局面而採取的鄉治措施。他的這種做法對其後鄉約在該地域的推行有相當的影響，其精神基本上為後世閩西南地方的鄉約所沿襲下來。例如，明嘉靖年間曾任詔安知縣的何春，就繼承了王氏的講約活動：

> 何春者，豫章雩都人，王文成公弟子也。嘉靖中以名孝廉，首綰令符，為開創循良第一。其為政也，行鄉約，禁圖賴，毀淫祠，教民習文公家禮。每以簿書之□詣明倫堂，與諸生論所以為學之要，當縣治草創之初，百制未備，春雍容絃歌，次第修舉，蓋將大明姚江之學，以化民成俗為己任者。[15]

可以說，嘉靖、隆慶、萬曆三朝是明代福建鄉約推行的高潮階段。此期間，閩中各地多有推行鄉約的活動。如嘉靖五年（1526）黃懌在安溪知縣任上，「舉行明六諭，輯《呂氏鄉約》、《陳氏訓詞》，附列教條為十四禁，以防民止汰，月立長、副董之，善有記，惡有書而

14 鄒守益：《東廓鄒先生遺稿》，清刻本，卷9。

15 康熙《詔安縣志》〈職官志〉〈宦績〉，卷9。

考成焉」[16]。黄氏所行鄉約共包含四個程序：首讀聖諭，次讀藍田呂氏鄉約，次又讀古靈陳氏教詞，最後是本縣禁約。[17]嘉靖二十三年（1544），致仕官員莊用賓在泉州晉江青陽推行鄉約，邑人洪富曾撰〈青陽鄉約記〉以敘其事，並鐫為碑石，至今立於青陽石鼓廟前。嘉靖三十二年（1553），歸善舉人湯相任龍岩知縣，「恤里甲，均傜役……新廟學，修鄉賢名宦祠，表揚孝義、貞節。立保甲，行鄉約，皆有條理」[18]。嘉靖末，潮陽人李思寅以進士知建陽縣事，任職期間，「教民行朱子鄉約，邑大治」[19]。同時期，泉州安平皇恩鄉居民立鄉約，退職官員蔡存省為之作序文，力讚此舉，認為該約內容「有近於聖人教人以孝之意。」[20]隆慶元年（1567）玉山舉人董良佐任寧洋知縣，時寧洋縣初創，董氏除積極構造城郭外，還「教民行鄉約，與士子講王文成公之學」，使「士民漸知向化」。[21]隆慶四年（1570）至萬曆二年（1574），歸善舉人葉春及任惠安知縣，到任後，「參列聖之典，從簡易之規，創亭為約所。推擇耆老為約正副，余咸屬之」[22]。葉氏所行鄉約，是與明初里甲老人制度相連結的。他非常重視里甲老人的作用，不僅恢復了明初的木鐸老人，在「每鄉每里各置木鐸，於本里內，選年老，或殘疾不能生理之人，或瞽目者，令小兒牽引持鐸，徇行本里。令直言教喚孝順父母六句，使眾聞之，勸其為善，毋犯刑憲」。而且在具體的講約過程中，耆老的角色也十分突出，僅次於知縣。此外，葉春及還以鄉約統於保甲，以加強地方防衛，「故予

---

16 乾隆《安溪縣志》〈官績〉，卷5。

17 嘉靖《安溪縣志》〈輿地志〉〈鄉里〉，卷1。

18 光緒《龍岩州志》〈政績志〉，卷19。

19 民國《建陽縣志》〈循吏傳〉，卷11。

20 安海鄉土史料編輯委員會校註：《安平志》（北京市：中國文聯出版社，2000年），頁361。

21 光緒《龍岩州志》〈政績志〉，卷19。

22 葉春及：《惠安政書》〈鄉約編〉（福州市：福建人民出版社，1987年），卷9，頁328。

於鄉約之眾，甲而編之，即以責之巡警，而統於保長」。葉氏所行的鄉約可以說是一種保甲鄉約。[23]實際上，隨著明後期地方財政危機日漸加深，福建地方行政職能也不斷萎縮，在這樣的背景下，官方更加註重利用民間力量來對社會進行有效控制，因此，明後期歷任的福建巡撫都積極推行這種將保甲與鄉約連結在一起的鄉治措施。[24]例如，萬曆二十年（1592），時任福建巡撫許孚遠在《頒正俗編行各屬》中指出：「禁奸戢亂，則保甲為急；維風善俗，則鄉約為要。」[25]萬曆四十三年（1615）的福建巡撫黃承玄在其所撰〈約保事宜〉中，也提出了將鄉約與保甲統於一體，以建構一個鄉村自治體系的施政綱領。[26]此外，崇禎年間，閩縣藤山地方編制保甲，亦反映出鄉約統於保甲的情況。[27]明後期這種鄉約與保甲的聯盟趨勢是我們研究明代鄉約值得注意的地方。

入清以後，鄉約之講作為清政府加強城鄉統治的一項政治措施被沿襲下來。順治六年（1649），清政府頒布了六諭臥碑文，十六年（1659），令直省、府、州、縣舉行鄉約，於每月朔望日聚集公所宣讀。康熙九年（1670），頒行上諭十六條。雍正初年，欽定聖諭廣訓萬言書，刊刻頒行府、州、縣、村，令生童誦讀，每月朔望，地方官聚集公所，逐步宣講。在這種形勢下，福建各地多有講鄉約的舉措。如康熙三十年（1691）湖州人沈荃在寧洋知縣任上，厲行鄉約，「親為解釋，簡質明白，使秀樸可共曉。每月朔望之日，躬臨城內公所宣講。復擇各村落適中之處有廟宇者，即就其地為公所，無者仍議捐構，共一十二處，造冊申報」。這十二處鄉約所分布於縣屬三里，其

23 葉春及：《惠安政書》，卷9，頁329、363。

24 參見鄭振滿〈明後期福建地方行政的演變〉，《中國史研究》1998年1期。

25 許孚遠：《敬和堂集》〈公移〉（萬曆刻本），卷8。

26 黃承玄：《盟甌堂集》〈公移〉〈約保事宜〉，明刻本，卷29。

27 周之夔：《棄草集》第3冊（揚州市：江蘇廣陵古籍刻印社，1997年3月），頁1373-1382。

中集寧里四所：赤水一、赤澗橋一、小溪墟一、羅畲一；聚寧里四所：南豐一、賜福亭一、城口一、溪口一；永寧里四所：上石一、三溪口一、蘇家山一、大陶隔頭一。由此形成了一個鄉村教化網絡。[28]此外，康熙年間閩中舉鄉約的還有龍岩人鄭政，鄭氏為康熙二十九年（1690）舉人，「除三水令，有循聲……在任十二年，以母老乞歸。生平崇尚正學，兼工詩古文詞，嘗編輯《程氏日程》、《呂氏鄉約》等書，以教後進」[29]。

康熙五十五年（1716），曾任大學士的李光地在居留家鄉安溪期間，針對當地社會風習中存在的一些問題，撰成《同里公約》五條，頒行鄉間。其內容如次：

一、鼠竊狗偷，即大盜之漸，每有慣徒，竄伏鄉井，能使人無寧居。以後須自相挨察，其有素行不端與匪類相出入者，家甲公舉逐出鄉井。如事已發覺，則拘執送官，永除患害。

二、倫理風俗所關，姦淫為甚，為士者犯之，尤不齒於人類。以後如有淫蕩男女，不顧人倫，大壞風俗者，察知素行，立逐出鄉。如有容留，即係約正、鄰右之責。其以犯奸聞者，務鬚髮覺送官，不得於約所薄懲塞責。

三、賭博廢業啟爭，乃盜賊之源，鄉里此風尤盛，以後須嚴察嚴拿，送官按律究治。

四、盜牽耕牛於別處私宰者，固當以盜賊論，即買牛屠宰，亦犯禁條，並當送官究治。

五、山澤之利，節宣生息，則其利不窮；摧殘暴殄，其餘有

28 光緒《寧洋縣志》〈建置志〉，卷3。

29 民國《龍岩縣志》〈列傳〉，卷25。

> 幾。鄉俗動輒放火焚山，遂至大陵廣阿，經冬如赭。林藪無資，樵蘇何賴，若乃長溪深潭，一經毒害，微鯢絕種，民俗貧薄，此其一端。以後須立厲禁，察出主名，合鄉究治。[30]

從文中可以看出，李光地此處所行公約，亦屬於鄉約範疇，只是名稱稍異而已。文中的「里」，指的是李氏家鄉安溪湖頭，「同里公約」，顧名思義指的是推行於湖頭鄉里的一種規約，該公約立有約正，建有約所，與一般鄉約的性質是一致的。李氏在公約前言中云：「鄉俗自當年寇亂以來，習染最深，今雖泰平三十餘年，流風猶在。吾家子弟及他姓土著，寓居之人，不肖無賴，實繁有徒，除逆犯人倫及抵干官府文法者，另有禁約外，合將目前顯為鄉里害者，摘出數條，公行嚴禁，嗣後如不悛再犯，分別懲治。」[31]由此可見，除《同里公約》外，在李氏操持下，湖頭地方另外還曾有針對「逆犯人倫及抵干官府」的禁約。李光地似乎對鄉治極為關注，在訂立《同里公約》的次年，即康熙五十六年（1717），已是年逾七旬的他應召入京，臨行前他又撰成一份公約，作為對前年所行《同里公約》的補充規定，該公約共五條，以《丁酉還朝臨行公約》名稱收於《榕村別集》中，茲撮其相關要目如下：

> 一、諸鄉規俱照去歲條約遵行，我已囑託當道，凡係人倫風俗之事，地方報聞，務求呼應做主……嗣後舉行舊規，必酌其事之大小輕重，可就鄉約中完結者，請於尊長，會之耆老，到約完結；必須送官者，亦請尊長會鄉之耆老，僉名

30 李光地：《榕村別集》《同里公約》（道光九年刊本），卷5。

31 李光地：《榕村別集》《同里公約》，卷5。

報縣懲治。如事關係甚大，而有司呼應未靈者，鄉族長老僉名修書入京，以便移會當道……今四海清平，寥寥數惡少，將安逃命，諸父老不能正色仗義，共扶鄉里公道，而畏之如虎，遂使橫行，以至種種惡習，有加無已，甚無謂也。

一、清家甲一事，乃絕匪類之根源，況經地方上司頒示、申嚴，則奉行不為無籍。此事我行後，約正可稟尊長，一面報聞有司，立為規條，著實舉行。做事久而倦者，不特徇情避咎，皆自己本無心之故也。

一、約正於族行雖卑幼，然既秉鄉政，則須主持公道。自後鄉鄰曲直，有未告官而投訴本鄉者，除尊長發與約正調停者，則為從公訊實，覆命尊長而勸懲之。其餘年少未經事者，雖分為叔行，不得役約正如奴隸，約正亦不得承其意指，顛倒是非，以壞風俗。

一、宰耕牛一件，斷乎不可，我已禁止本鄉一年，但發價頗須微費。今除舊存外，我臨行再發交貯，並向好義之家題助，再力行一年以遲我歸可也。

一、約正須置功過簿一冊，寫前後所立規條於前，而每年分作四季，記鄉里犯規經送官及約中懲責者於後，務開明籍貫姓名，並因何事故，以備日後稽考。或能改行，或無悛心，俱無遁情也。[32]

從這些規約內容可以看出，李光地所行公約，其出發點是欲以李氏家族為中心，建立一個綜合其他小姓在內的比較完善的鄉治體系；其主觀目的在於借助李氏宗族父老力量，來約束湖頭鄉里子弟的行為

32 李光地：《榕村別集》《丁酉還朝臨行公約》，卷5。

舉止，以敦厚鄉里風俗。李氏公約與清代其他鄉約相比，具有懲惡揚善等相類似的一面，但它更注重的是實際效用，約中並沒有宣讀聖諭之類程序，諸條規皆是有的而發，其中浸染的是李氏作為性理大師的個人意志。例如他把男女之防列為僅次於為盜為匪而加以申誡，正體現了程朱理學思想在鄉治理念中的滲透。

清代福建鄉約比較典型的還有行於道光七年（1827）的長樂梅花里鄉約。梅花里位於長樂縣東北角，明清以來就是「海邦巨鎮」，清嘉、道年間，梅花一地人口約有七百餘戶，大姓數十。早在嘉慶時，鑒於當地存在著「大凌小，眾欺寡，強侵弱，爭競不休，頹風日盛」的情況，鄉紳吳國榮、吳士英就曾籌劃講約法以端風俗，但最終成效十分有限。如吳國榮「集鄉父老於調羹境廟講說聖諭，勸教愚頑，時和之者寡，舉行數次而止」[33]。迨至道光七年正月十九日，鄉紳池春雷、孫雲錦、劉占梅、吳蘊玉等偕耆老孫文霖並黃、胡、吳、張、周等姓族長僉議舉鄉約立規，並集資買地，籌建鄉約所、忠賢祠。次年，鄉約所、忠賢祠告竣，「每月朔望齊集衿耆甲董，講解聖諭廣訓，兼說鄉規及雜書因果之報，明白曉暢。令甲內子弟從旁觀聽，知敬老尊賢，恪守憲典，型仁講讓」[34]。梅花里鄉約共計二十二條，傅衣凌先生曾將其中前二十一條分為七種類型，計有關於修身的規約；關於賭博菸酒的規約；關於治安盜竊防火的規約；關於學田產業及公有地的規約；關於繳納租稅的規約；關於鄉族爭議及訴訟的規約；關於鄉董職責的規約。[35]其未計入的第二十二條內容是，對有關扎實履行鄉約者另於忠賢祠西畔建立報功祠，為之立祿位以垂不朽的規定。[36]長

33 佚名：〈鄉行〉，載道光《長樂梅花志》（廈門大學圖書館藏抄本），頁22。

34 佚名：〈梅花鄉約所忠賢祠碑記〉，載《長樂梅花志》，頁42。

35 傅衣凌：〈記清代福建長樂的鄉約〉，載《傅衣凌治史五十年文編》（廈門市：廈門大學出版社，1989年），頁80-85。

36 《鄉約二十二條》，載《長樂梅花志》，頁15。

樂梅花里鄉約無疑是一種典型的民間自辦鄉約，該鄉約沒有設立約正職務，而是將里內民戶劃分為十甲，「舉齒德兼（備）十人為長，精壯端方十人為董，勤慎敏事二十人副之。」[37]除甲董外，另以族長、士人、澳甲作為輔助，其主要操作權掌握在以池春雷、孫文霖等人為首的所謂鄉衿、耆老手中。池、孫等人在序文中，提到了實行鄉約的目的，是要在梅花里建立一個「父與父言慈，子與子言孝，兄與兄言友，弟與弟言恭，毋恃富以欺貧，毋倚貴以凌賤，毋飾智以驚愚，毋藉強以凌弱。十甲數百家，家家可喻；一族數十戶，戶戶可風之家室和平、風俗淳厚、古道可復」的鄉間社會秩序。[38]為了使鄉約更具權威性，道光八年十一月，池、孫等人還聯名具文，呈請時任縣令王履謙加蓋印銜，予以確認。[39]

康熙二十三年（1683），清政府統一臺灣，在臺灣設立一府三縣，隸屬福建省，其後隨閩、粵民人及土著的辛勤開發，臺灣逐漸擴至三府，一直隸州、十一縣、三廳。隨著清中央政府統治在臺灣的確立，封建城鄉教化體系也隨之在臺灣府縣建立。清初，在如何治理臺灣的問題上，一些有識官員認識到鄉約在敦厚風俗、維持秩序方面的作用，積極倡導推行。如以治臺聞名的藍鼎元，就曾在列舉了當時臺灣社會存在的一系列不良風氣後，指出講鄉約是改正陋習的有效措施：「宜設立講約，朔望集紳衿耆庶於公所，宣講聖諭廣訓萬言書及古今善惡故事，以警動顓蒙之知覺。臺屬四縣及淡水等市鎮村社多人之處，多設講約，著實開導，無徒視為具文，使愚夫愚婦皆知為善之樂，則風俗自化矣。講生就本地選貢、監生員，或村莊無有，則就其鄉之秀者，聲音洪亮，善能講說，便使為之。」[40]藍鼎元所宣導的講

37 《鄉約二十二條》〈附記〉，載《長樂梅花志》，頁16。

38 《鄉約二十二條》〈序〉，載《長樂梅花志》，頁11。

39 《鄉約二十二條》〈附記〉，載《長樂梅花志》，頁16。

40 藍鼎元：《鹿州文集》〈與吳觀察論治臺灣事宜書〉（光緒六年重刊本），卷1。

約活動，以宣講聖論訓詞為主的，而這種講約活動，在清初臺灣府縣多有舉行，如清初澎湖地方「每月朔望會同協營各官，在媽祖宮公所恭設香案，請上論牌位，行三跪九叩禮畢，分班東西階坐，講生登講席，宣講二章。先用官音宣講一遍，次為土音，細為詳講，俾環聽民人咸盡通曉。又平時令各澳社師，將《廣訓》十六章，教令蒙童自動熟讀，俾家喻戶曉焉」[41]。此類鄉約應當說是官辦鄉約，其目的意義與在大陸各府縣所推行的並無區別。

在清代臺灣地方，更多的是民間自發成約，如清初苑裡地方，「（鄉約）苑裡各屬亦有踵行者。每年孟冬之月，鄉約首集鄉人宴而約之，大約以和睦鄉里，防禦寇盜，守望相助等事為主旨，亦聯庄保甲防冬之意也」[42]。樹杞林地方的記載也與此類似。由於臺灣是個移民社會，其初期移民主要由漳、泉、潮州等地人組成，這些地方民風原本強悍，移居臺灣後，相互之間常常爭鬥；此外，隨著人口日繁，社會矛盾加劇，民因無業可執而淪為盜賊的也很多。在這樣的社會背景下，為了加強統治，臺灣地方政府廣泛推行保甲制，並制定了一些規章條約，要求民間遵守，與此相適應，民間也紛紛圍繞著各自居住的街、庄等地域組織起來，訂立約章，聯手自衛，由此出現了諸多名目的庄規禁約，這些名目繁多的規約從內容上看，實際上也屬於鄉約的範疇，只是其名稱稍異而已。

總體說來，清代臺灣官民之間所推行的帶有鄉約色彩的規約主要有如下幾類：一、官立規約。其設立原因主要在於地方官府為整頓地方風俗、禁止民間不合法舉動或綏靖地方而直接插手地方鄉治，屬於官府禁約。如道、咸間徐宗幹在分巡臺灣兵備道任上先後頒布的《中元約》、《全臺紳民公約》、《禁煙公約》，其中《中元約》是對臺灣中

41 《澎湖廳志》〈職官〉，《臺灣文獻史料叢刊》第164種，卷6。

42 《苑裡志》〈典禮志〉〈鄉約〉，《臺灣文獻史料叢刊》第48種，卷下。

元節鋪張浪費的現象進行規勸，《全臺紳民公約》是禁止在臺北淡水、雞籠一帶挖煤以保風脈，而《禁煙公約》則是勸戒民間吸食鴉片。[43]道光十六年任淡水知府的婁雲所頒布的《庄規禁約》也屬於官立規約。該規約包含兩部分內容，前面是庄規四則，要求庄中首腦約束庄眾，和睦鄉鄰；後面是禁約八條，要求各庄民人安分守己，不得為匪為盜，或是窩藏不良；佃戶按時完佃、業主按時交納錢糧正供。[44]

二、民間立約。其設立原因主要是民間出於防盜自衛而共同簽定協議。其名稱不一，主要有合約、規約、條約等三種，前者如道光年間淡水《竹南三保吞霄街庄合約》、咸豐年間《中港閩粵總局聯庄合約》等。這類合約是與道光以後臺灣地方政府推行的清庄聯甲政策緊密聯繫在一起的，可以看作是民間在官方條諭指導下所採取的整肅鄉里、防範侵略的措施。如《竹南三保吞霄街庄合約》序文云：

> 同立合約，竹南三保吞霄街庄總理、各庄正副、鋪民人等，為遵奉憲諭，清庄聯絡，防拿盜匪，備御英逆，肅靖地方事。茲蒙分憲諭，飭該保內清庄聯絡，團練壯勇，防禦盜匪英逆，良法美意等因。……惟是官有正條，民須約議，遵即於街公所齊集，總理、各庄正副、鋪民人等，公同僉議，酌約防拿盜匪，備禦英逆條匯，各聲敘分明，妥洽機宜，開列於左。既約以後，該保內總理、正副、鋪民人等，務須凜遵。[45]

《竹南三保吞霄街庄合約》計開條目有十一條，內容都是圍繞著如何防範「盜匪搶劫，以及英逆侵擾」[46]。《中港閩粵總局聯庄合約》內容

43 參見丁日健：《治臺必告錄》，《臺灣文獻史料叢刊》第17種，頁361-365。

44 《新竹縣志初稿》，《臺灣文獻叢刊》第61種，頁235-238。

45 《淡新檔案選錄行政初集》（下），《臺灣文獻叢刊》第295種，頁439。

46 《淡新檔案選錄行政初集》（下），頁440-442。

與此相似，該合約序文云：

> 同立合約字，內外庄閩粵總理葉廷祿、溫勝芳、保正林定元、鍾捷和、徐振福，暨各庄正副、殷鋪戶等，為遵諭聯庄，以保地方事。竊得中港乃通港大路，上通淡水、新、艋，下通大甲、府、鹿，每有匪徒藉稱過往住宿，竊劫、搶掠、造謠、分類，以致生民塗炭，父母、昆弟、妻子離散，皆遭匪徒所累。前車既覆，後車當鑑。予等召集環庄殷戶，公同酌議，務要設立章程，無分閩粵，好人連為一家，設局公舉妥人，募帶鎮勇梭織巡邏，一遇竊劫、搶掠、造謠、分類、一切惡俗，公舉圍拿、解究。[47]

這類合約地方官員例有批示，並加蓋戳記。如道光二十三年，吞霄街總理劉振德稟繳聯庄合約給淡水分府後，該官員批示：「據稟清庄聯約條款，極為允協，務宜持之以實，永久遵行，毋得始勤終怠，是為切要。」[48]此外，還有一種合約是為了抗拒外來敲詐勒索之類行為而制定的，如光緒九年大溪乾地方民戶為對抗鹽館哨丁的需索，訂立了《庄眾合約》：「爰集庄眾公同妥議，同立合約規條……以十家為一甲，無論何人，實被哨丁架禍，及到家圖詐擾害者，約內甲首諸人，務宜出首救護。如從官司，應即公同保結，毋許觀望不前。應開諸費，不論何款，約內有名人等，殷實有田業者，應鳩出番銀五元；璞田耕作者，應鳩出銀三元；無田業、無耕作者，應鳩出銀一……自約之後，各宜同心協力，趨前勿後，守望相助，臨難相扶，願約內諸人世守勿替。」[49]至於規約，也很常見，如光緒十年所訂立的《芝蘭三

47 《淡新檔案選錄行政初集》（下），頁450。

48 《淡新檔案選錄行政初集》（下），頁438。

49 《淡新檔案選錄行政初集》（下），頁560。

保庄內規約》、光緒十一年後訂立的《大康榔堡聯庄公議規約》等，其內容也主要是防盜厚俗，守望相助。而條約的例子也不少，如光緒年間臺南地方的《內外新豐里條約》，該條約目的在於同心協力，編造保甲以防盜，同時興辦義學、舉惠政等。並設有約首、耆老以督導。[50]

在清代臺灣，這些合約、規約往往統於總理攝行，如前述《吞霄庄合約》、《中港聯庄合約》。所謂總理，實際上是清代臺灣基層的鄉職，其下有董事、街、庄正等。陳盛韶《問俗錄》云：「經理各庄謂董事，統理數庄謂總理。皆有廳縣親筆花押官戳得以紅呈。稟事不遵狀式，一縣官戳不下數百。而總理尤尊，官臨鄉迎於道左，公館謁見，分庭抗禮，抵掌談民間事。」[51]由於臺灣地方合約、規約多是以街、庄為單位而制定，所以統轄這些街、庄的首腦總理常常被視為是所制定約法的當然代表者或執行人，故而在臺灣，總理成為「鄉約」的代名詞。如王凱泰〈臺灣雜詠〉詩云：「宰官頒戳各鄉承，約長居然總理稱。執版道旁迎與送，頭銜笑看兩門燈（註：鄉約名總理，地方官給戳記，門口懸大燈，亦總理銜）。」[52]徐宗幹所頒《諭各屬總理鄉約》也是以總理與鄉約並列，實際指的都是前者。[53]

二　明清閩臺鄉約的地域性特點

明清時期閩臺地區所推行的鄉約，與同時期推行於全國其他地方的鄉約多有相同之處，秉承的都是息訟彌盜、敦厚風俗的原則，所體

---

50 參見戴炎輝：《清代臺灣之鄉治》，《臺灣研究叢刊》本（臺北市：聯經出版事業公司，1979年），頁64-65。

51 陳盛韶：《問俗錄》〈鹿港廳〉〈總理〉（北京市：書目文獻出版社1983年），卷6，頁132。

52 王凱泰：〈臺灣雜詠〉，載《臺灣雜詠合刻》，《臺灣文獻史料叢刊》本，頁42。

53 丁日健：《治臺必告錄》，頁361。

現的也不外是守望相助、和睦鄉里的基本理念。在操作方式上，也包含了官辦、官督民辦、鄉民自辦等主要形式。可以說，明清時期閩臺的鄉約在主導思想上是與國內其他區域所行鄉約相一致的。

儘管如此，我們在研究閩臺地區鄉約的過程中，還是可以看出閩臺地區的鄉約具有許多比較獨特的地域性特徵。首先，鄉約與宗族勢力之間的聯繫異常緊密。明清時期福建宗族組織的發展已達到相當嚴密的程度。宗族在城鄉地區勢力的擴張運作深刻表現在對基層社區權力的支配上。因此，鄉約的維持離不開地方宗族勢力，反之，地方宗族勢力則依賴鄉約來把持鄉治。如推行於嘉靖年間的晉江《青陽鄉約》，地方巨族操持的現象非常明顯。據〈青陽鄉約記〉云：「至朔望，偕巨姓四十人抵其所而申明焉。分為十甲，每歲莊姓偕諸諸巨姓各二人，分董其事，務在相勸、相規、相友、相恤，有善者與眾揚之，雖微不棄；有犯者與眾罰之，雖親不貸。」[54]莊姓為青陽望族，莊用賓既是族內權威，又以退職官員身分為鄉里敬重，他之發起、充當約正，使莊姓在青陽鄉約中占據了主導地位。莊用賓其後在地方的事功，應該說是與他在鄉約中的地位相關的。其曾孫莊際昌在追述先祖功績時認為莊用賓：「修譜之功在吾族；石鼓約社，浚修水利之功在通鄉；守城開南門，活命之功在生靈；招安平倭之功在朝廷。」[55]萬曆十六年（1588），青陽地方重鐫〈青陽鄉約記〉碑，落名碑上的仍以莊、蔡二姓族人為主，由此不難推斷，其後青陽鄉約的推行仍繼承了大族意志。[56]在這一點上，《青陽鄉約》與同時期推行於廣東增城沙堤的鄉約非常相似，增城沙堤鄉約也是由以湛若水為主的湛氏家族把持的。[57]此外，康熙年間的李光地在鄉制定的公約，也體現了這種

54 〈青陽鄉約記〉，載晉江市歷史文化研究會編：《閩臺石鼓廟文化學術研討會論文集》，1998年，頁211。

55 民國《青陽莊氏族譜》。

56 〈青陽鄉約記〉，見於《閩臺石鼓廟文化學術研討會論文集》，頁234-236。

57 參見朱鴻林：〈明代嘉靖年間的增城沙堤鄉約〉，載《燕京學報》2000年新8期。

情況。湖頭李家是當地主要宗族之一，「吾族聚居於此，十有餘世，根衍枝繁，人丁眾伙」[58]。勢力十分龐大，是當地鄉村社會的權威。李光地通過制定《同里公約》，在當地建立一個以李氏家族為核心的，旁及其他宗族的鄉治體系，而這個鄉治體系的維持、運轉，都是圍繞著《公約》的規定來進行的。道光年間長樂梅花里鄉約，則體現了大小宗族共同分享地方事務的一面。由於梅花里是個雜姓為主的鄉鎮，主要的四十四姓中並無能夠權傾鄉里的角色，因此，他們採取了族間聯合的做法，把四十餘姓編成十甲，「其鄉長即一族之族長也，其甲長即一族之房長也」[59]。各個宗族都能通過鄉約的制定、實行分享地方權力。例如，鄉約初創，在集資籌建忠賢祠時，有四十二個當地宗族的開基元祖牌位就得以置於忠賢祠中奉祀[60]。其後，在鄉約的名義下，梅花里開展了一系列鄉村建設，創立和羹書院，置學田[61]，「訐訟積數十年弗得理究」的梅花蛭埕也在鄉約的族間協調下得以修復[62]。而通過鄉約的制定，鄉族勢力得到了增強[63]。清代臺灣地方的聯庄合約也體現了這種約規與宗族勢力相互依託的現象，特別是到了清中期後，隨著清王朝放寬渡臺限制，閩、粵移民接踵而來，他們投親靠友，使原來的小血緣聚居不斷擴大[64]。在這些以宗族血緣為紐帶而組成的聚居街庄裡，各種合約的訂立無疑是離不開宗族勢力的影響的。

明清時期地方政府為了加強對基層社會的控制，也鼓勵這種鄉約與宗族的聯盟，希望借助宗族勢力來維持地方秩序。例如，當梅花里紳士池春雷、耆老孫文霖等人上呈新訂鄉約，希望能夠得到官方支持

58 李光地：《本族公約》，載《榕村別集》，卷5。
59 佚名：〈梅花鄉約所忠賢祠碑記〉，載《長樂梅花志》，頁42。
60 佚名：〈梅花鄉約所忠賢祠碑記〉，載《長樂梅花志》，頁42。
61 佚名：〈梅花鄉約所忠賢祠碑記〉，載《長樂梅花志》，頁17。
62 佚名：〈梅花鄉約所忠賢祠碑記〉，載《長樂梅花志》，頁27。
63 傅衣凌：〈記清代福建長樂的鄉約〉，《傅衣凌治史五十年文編》，頁84。
64 參見林國平主編：《閩臺區域文化研究》（北京市：中國社會科學出版社，2000年），頁83。

時，時任知縣王履謙馬上給予照辦，並寫了一段熱情洋溢的批示，以示對梅花里鄉族聯盟的讚許：

> 查長邑邇來俗染囂凌，民多頑梗，孝友睦婣之風不講，暴戾奸詐之事滋生，本縣回任以來，訪悉地方情形，深為蹙額。當今懇切曉諭在案，據呈，建設鄉約所，舉鄉族長董事，並議明約束規條，每月之朔望群集公所講究開導，使子弟族人有所遵循法守，剋期明善復初，洵為美舉，實堪嘉尚。茲將鄉規煙戶冊一本蓋印發領，該鄉都衿士等務宜躬率力行，始終實踐，弗致日久懈弛，必令鄉族中家喻戶曉，咸知孝悌為先，禮讓是務，行見和氣致祥，頹風力挽，化頑為淳矣，本縣深有厚望焉。勉之。[65]

其後，長樂教諭陳元機親臨梅花鄉約所宣講，並為之題匾曰「淑氣薰蒸」，雙方可說是一拍即合。

其次，鄉約與神明的威懾力量緊密結合。信巫尚祀是明清閩臺民間社會的普遍現象，海峽兩岸民間禮拜的神靈成千上萬，數不勝數。在閩臺民間的社會觀念中，神靈的力量與世俗力量常常纏繞在一起，二者都可左右黎民生活。正因為如此，明清時期閩臺地區的鄉約推行往往要借助民間信仰的力量。最明顯的表現是，明清時期閩臺鄉約多有約所附設祠廟或是直接將約所設於寺廟的現象。如泉州溪亭地方，永樂年間所建約所，「舊制兩宮俱一落，左祀天上聖母。聖母，水神所化者，前人之塑像於此，蓋謂此地正南方，離火之位，故欲以水勝之，非偶然崇奉已也。至其右，祀田都元帥，則所藉以為一方之鎮、一境之主」[66]。其中所奉田都元帥，是明清時期閩南、興化一帶十分

65 《鄉約二十二條》〈附記〉，載《長樂梅花志》，頁15-16。

66 〈重修溪亭約所碑記〉，泉州市閩臺歷史博物館存。

流行的神祇，常常被作為某一境所崇祀的「境主公」，溪亭鄉約所供奉聖母及田都元帥，無疑有借助境主神以增強鄉約對民間的約束力之意。清時安溪地方，鄉約所多設於鄉間祠廟，如顯應廟，「在縣南厚安村。神姓陳名潼，唐時人……民就舊宅祀之……嘉靖三年重修，邑人余克濟記。即今之鄉約所也」。獅子宮，「在龍山下，即今鄉約所」。官橋宮，「為宣講鄉約所」。科名庵，「里中講約所」。源口宮，「里中講約所」。高平庵，「里中講約所」。海潮庵，「為里中講約所」[67]。道光年間，廈門的外關帝廟，「每月朔望讀法於此」，圓山宮，「朔望讀法於此」[68]。諸如此類例子很多。清代臺灣，隨著墾區村莊的形成，閩、粵等地移民也把他們在大陸的民間信奉神靈移植進來，設立村、莊廟以供奉之。當地鄉老召集鄉民立公約，調停民間糾紛，懲惡揚善，也均於鄉民所皈依、崇奉的這些神祠、廟宇進行。[69]在祠廟中宣講鄉約、對善惡加以仲裁，顯然是與閩臺地方民間信仰興盛，民人尊奉神明的思想觀念有關，其用意蓋在於借助神明的威懾以強化鄉約的社會控制效能。由此，閩臺地區寺廟逐漸成為民間社區的管理中心，「大廟既為鄉約公所……然則衣冠之所集、禮法之所施、父兄之所教、子弟之所率，與夫官師之所材、鬼神之所福，咸取斯地」[70]。

此外，閩臺地方的鄉約在基層自衛防禦方面的功能也異常突出。明清時期，鄉約與保甲聯成一片的現象各地皆有，例如，王守仁《南贛鄉約》就是與十家牌法一起實行的；葉春及在處理惠安基層鄉治時，也是將鄉約納入保甲範圍內，然而，明清閩臺部分地區鄉約與保甲的聯繫之緊，令人吃驚。清初臺灣所實行的聯庄保甲，即是採用了將街、庄居民以聯庄合約之形式組織起來，形成基層自衛系統的做

---

67 乾隆《安溪縣志》〈寺觀〉，卷10。

68 道光《廈門志》〈分域略〉〈祠廟〉，卷2。

69 參見戴炎輝：《清代臺灣之鄉治》，頁181。

70 周之夔：《棄草集》第3冊，頁1377-1378。

法，具有相當的軍事化色彩。在閩南詔安，這種鄉約軍事化的現象則更為明顯。康熙年間，詔安地方推行鄉約，以保甲與鄉約並行，形成了集教化、武功一體的約寨組織：「約寨之所，即前朝保甲耆巷之制，一以宣文教，一以寓武功，相併行者也。」[71]全縣皆統於鄉約，約下設寨，層層設防。茲列其約寨如下：

二都六社：金溪社、四甲社、南陂社（內分河東西二約）、九甲社、官陂社以上五社各設約正，共六人，與三四都同

三都十八約：（每約設約正一人）

東關約（七寨）、西關約（四寨）、南關約（三寨）

北關約（五寨）、胡厝陂約（八寨）、德新約（十寨）、舍英約（六寨）、東沈約（十一寨）、溪南約（十寨）、官牌約（十三寨）、白石約（十六寨）

浮山約（十一寨）、平路約（二寨）、寶橋約（六寨）、後嶺約（十寨）

溪東約（十六寨）、長田約（六寨）、西潭約（七寨）、長埔約（十三寨）

西都七約：（每約設約正一人）

菜園埔約（十一寨）、懸鐘約（十二寨）、廣約（十寨）、大興約（五寨）

上湖約（六寨）、梅州約（十一寨）、梅山約（九寨）

五都十六堡：（每堡設堡長一人）堡略[72]

---

71 康熙《詔安縣志》〈建置志〉〈約寨〉，卷4。

72 康熙《詔安縣志》〈建置志〉〈約寨〉，卷4。

無疑，這種鄉約與保甲的緊密結合是當地盜匪出沒無常惡劣社會環境的產物。從明正統以降到康熙十三年間，詔安地方記入縣志的「寇犯」事件就不少於三十五次之多，既有饒平一帶民軍，又有海盜、倭寇，屢行攻擾，因此，當地官民推行的鄉約完全變得軍事化了。[73]實際上，明清時期推行於閩南、閩西以及臺灣的鄉約都帶有很強的防禦性，這與明清時期當地經常處於不穩定局面有很大關聯。

三　明清閩臺鄉約推行的社會效果

明清時期，鄉約在閩臺地區的較普遍推行，收到了一定的社會成效。首先，閩臺某些地區的社會風俗得到一定程度上的整頓。明清時期，閩臺等地所推行的鄉約，大多包含了敦厚風俗的目的。以現有材料來看，此時期閩臺鄉約推行比集中的地方如閩西南、沿海地帶以及臺灣移民社會，因種種原因存在許多陋習惡俗。閩西南，地處三省交界，山巒疊障，民風強悍易鬥，常常是匪盜淵藪[74]，而且賭博、盜宰耕牛等陋習亦不乏見，因此，在這些地方推行鄉約，通過講約法、行懲罰，在一定程度上能夠對這些陋習起到矯正作用。如前述弘治年間姜鳳在歸化梓《藍田鄉約》以訓民，身率而行之，民風丕變；嘉靖時黃懌在安溪推行鄉約，其中所列十四禁中，對賭博、盜賣耕牛、好訟等不良風氣都有明文規定。李光地所定《同里公約》及《丁酉還朝臨行公約》中也對鄉族中子弟的不良行為進行約束。同樣，道光年間的長樂梅花里鄉約也起到這樣的作用。據《長樂梅花志》〈風俗〉條記載說，鄉約推行後，長樂梅花里地方「俗鮮爭訟，人知廉恥。」甚至當地的一口水井，往年因為民俗不淳而「變得混濁」，在僉議舉鄉約

73 康熙《詔安縣志》〈武備志〉〈兵燹〉，卷7。

74 嘉靖《安溪縣志》〈文章類〉，卷7。

後，「水色澄清，味轉甘淡，人以為易俗之驗」[75]。這當然是附會的說法，但是，從中也折射出了民間對鄉約在移風易俗方面起到作用的某種希望。

其次，鄉約在重建閩臺地方社會秩序上也發揮了一定的作用。明清時期，閩西南地方社會在相當長時期內處於動盪不安的狀態，而鄉約在這些地方的推行，具有穩定當地社會秩序、敦睦鄉里的作用。例如推行於龍岩地方、寧洋地方的鄉約，在安定當地社會上就收到了較好效果。臺灣地方也是如此，清代臺灣號稱難治，其中一個重要原因即在於由於人地矛盾緊張，從而導致社會上游手人員增多，形成了諸如「羅漢腳」之類的無業人員，這些人在生活無著的情況下，極易為匪為盜。同時，由於移居臺灣的民眾在進入一個新的墾區時，在利益的重新分配上往往存在許多矛盾，由此形成許多不穩定因素。再加上閩粵兩地民風強悍、易鬥，因此，有清一代，臺灣地區大規模的械鬥持續不斷，聯庄合約的制定，則在某種程度上能起到維持新定居點社會秩序的作用，例如竹南三保吞霄街庄同立合約中就有清庄聯絡，防拿盜匪的規定。這在一定程度上彌補了封建政府鄉治力量的不足。

最後，清代臺灣合約在反對外國勢力侵略方面也起到了一定作用。如鴉片戰爭期間，英軍圖謀侵臺，臺灣民間紛紛組織起來，訂立合約，防範英軍入侵。其後，在中法戰爭、中日戰爭期間，臺灣地方都曾借助合約，組織民軍，抵抗外國武裝勢力對臺灣的侵略，為保衛祖國領土完整而頑強戰鬥。

作者附記：本文寫作過程中得到林金水、張先清君的幫助，特此致謝！

75 《長樂梅花志》〈風俗〉。

分爨析產與閩臺民間習慣法

——以《泉州、臺灣張士箱家族文件彙編》為中心的研究

一

一九九九年，王連茂先生、葉恩典先生將他們在福建發現的張士箱家族文件整理為《泉州、臺灣張士箱家族文件彙編》，交由福建人民出版社出版。在我看來，這是世紀末福建學術界和出版界在閩臺區域研究方面最為重要的發現和貢獻之一。

《泉州、臺灣張士箱家族文件彙編》（以下簡稱《張家文件》）收有張士箱家族（以下簡稱張家）分爨析產的合約和鬮書凡十三種。茲以時為序、編列文號如下：

一、〈張方高兄弟分關同立鬮書〉，乾隆二十三年（1758）；

二、〈張方高兄弟分關同立合約〉，乾隆二十三年（1758）；

三、〈張母黃氏為張植栩兄弟立分關鬮書〉，乾隆四十五年（1780）；

四、〈張植栩兄弟立分關合約〉，乾隆四十五年（1780）；

五、〈張母李氏為張源俊兄弟立分關鬮書〉，乾隆四十九年（1784）；

六、〈張源俊兄弟分關同立合約〉，乾隆四十九年（1784）；

七、〈張母黃氏為張植槐兄弟姪分關鬮書〉；嘉慶三年（1798）；

八、〈張植槐兄弟姪分關鬮書〉，嘉慶五年（1800）；

九、〈張植槐兄弟淡水租業分管合約〉，嘉慶六年（1801）；

十、〈張源價與房孫分鬮合約〉，嘉慶十八年（1813）；

十一、〈張炳煥兄弟分鬮合約〉，道光二十年（1840）；

十二、〈長房鬮書〉，同治六年（1867）；

十三、〈二房鬮書〉，光緒二年（1876）。

上列文件在年代、朝代和世代上分別跨越從十八世紀五十年代到十九世紀七十年代的一一八年、清代六朝和張家六代，涉及的物權、債權和親屬關係則地跨閩、臺。然而，我們從中所見關於分釁析產的某些說法和做法乃是一成不變、兩地通行的。民間習慣法屬於不成文法、繫於民事習慣、通行於一定區域，因此，我們也可以說，我們從中所見的乃是閩臺民間習慣法關於分釁析產之規定。

下文擬從一號文、三號文和十一號文入手，兼及其他各文，分析和歸納閩臺民間習慣法有關分釁析產之規定，說明和證明閩、臺兩地文化上的共同性。

二

一號文屬於張家首次分釁析產的文件。其時（乾隆二十三年即1758年），張士箱已先在乾隆六年（1741）卒於漳州府學訓導任上，張士箱三子張方遠亦已逝世。遵照張士箱遺囑，張方高（長子）、張方升（二子）、張源枋（三房張方遠長子）、張方大（四子）和「宗孫」張源德（長房張方高長子）兄弟姪以「敦請服親，焚香敬告祖、父之前，公同拈鬮，按股登載」的方式，將張士箱在閩、臺兩地的遺產，除提留部分為祀田、贍田外，「作五股勻分」。[1]

1 王連茂、葉恩典整理：《泉州臺灣張士箱家族文件彙編》（福州市：福建人民出版社，1999年9月），頁2。

一號文落款處有各關係人「親填筆跡」，另有「服親」多人留名為「知見」。

「服親」一類人物參與鬮書、合約等「字據」的制定，在閩、臺民間稱「公親做字」。

林耀華教授《閩村通訊》（1937）報告：

> 公親是村落間有力的活動的分子，時常和人家排難解紛的。公親沒有什麼組織可言，係隨時隨地跟著條件而發生的。比方說我與我的兄弟因財產紛爭，彼此各執一詞、莫衷一是，我們的叔父、伯父，我們的房長、支長，我們的共同親屬，大家皆可出面勸導調解，共負仲裁的責任。如果雙方條件接近，約定立字據，註明哪一部分財產屬於我的，哪一部分財產屬於我的兄弟的，字據下面由我和我的兄弟畫押，其他公親係在見的證人或擔保人，都必一一畫押或簽字。自是以後，這個公親團體無形中管著我們兄弟的財產關係，我們兄弟間無論任何一方挑戰發難，或不遵從字據契約，對方即可訴諸在見的公親，由這公親團體質問或管束挑戰的一方。[2]

如林耀華教授報告，「公親」是「隨時隨地跟著條件而發生的」。各關係人共同的親屬（如叔、伯等「服親」即五服以內的親屬）、親戚（如母舅、功叔即從叔、族叔、房親等），各關係人共同認可的、於各關係人有公信力的人物，都可以擔任「公親」；「公親做字」即「公親」參與字據的制定，是為字據（主要是涉及各關係人權利的字據）的真實性和有效性而設的規定程序。

在此一方面，張家分爨析產文件是一個集體的證明。

2　林耀華：《從書齋到田野》（北京市：中央民族大學出版社，2000年9月），頁292。

張家分鬟析產文件裡，二號文和六號文均是各關係人就「公產」管理和「公事」承辦義務訂立的合約，並不涉及創設物權、債權和親屬繼承權的問題，因而僅有各關係人、而無「公親」的簽字畫押；五號文有「敦請服親」和「爾等兄弟共遵母命，親押花號」的記錄，卻未見落款、亦未見「服親」和各關係人的簽字畫押，應是抄件或殘件。其他各文都涉及關係人的權利創設問題，因而都有「公親」人士「一一畫押或簽字」：一號文的「知見」者為「胞叔士籠，功弟方茂、方吾」，「執筆書鬮」者為「表叔林其祥」；三號文和四號文均有「房親大功叔祖方美，大功叔源俊、源信，大功兄弟植發、植華、植因」畫押；七號文經「知見丁煥新、粘龍光、黃捷起，叔祖方鈞，功弟植柄、植楠」一一畫押；八號文有「執筆母舅黃新世」、「在場知見丁近光、粘龍光、丁煥新、張德明、黃廷瑞」，以及「族叔張鈞觀，功弟張植柯，功弟張植楠」等多人畫押；九號文由「在場知見丁煥新、丁近光、粘龍光、黃捷起、張德明、黃廷瑞」，以及「族叔祖方鈞」、「功弟植柯、植楠」一一畫押；十號文有「知見人蔡爾怡、游騰、世含、亦元」和「代書人植泱」畫押；十一號文有「知見功兄紹基、鴻藻，功弟鼎銘，功姪坤厚」和「書約宗兄維荄」畫押；十二號文有「公親宗叔希正老、樞仲老，知見永興長房復瑞」和「在場見庶母張宋氏」、「代筆人房叔遜珪」畫押；十三號有「代筆姻親蔡爾瀛、公親同譜希正、族親堂伯炳賞」畫押，並有「知見功弟石溪」以「海山莊業主張同榮記」印記為證。

在分鬮析產案例裡，「母舅」（如「母舅黃捷起」、「母舅黃新世」）於各關係人而言往往是具有公信力的「公親」，即閩臺俗謂「天上天公，地上母舅公」也。「母舅做公親」也是值得注意的閩臺民事習慣。

一號文記：

父在臺時，舌耕粒積。置有泉、臺各業。及父司漳鐸（按：指赴漳州府學訓導任），喚高兄弟等面命曰：「吾沒後，汝兄弟分爨，將泉、臺田屋作五股均分。高從幼追隨海外，備嘗甘苦，且居長，應得二股，方升得壹股，方遠得壹股，方大得壹股」。高兄弟領命。……因遵父母遺命，將泉、臺產業，除充祀田壹佰肆拾畝，並無出之庶母洪氏贍田貳拾伍畝外，其餘作五股勻配。方高仍得貳股，方升、方大及方遠長男源枋等，各得壹股。[3]

長房「得貳股」的安排和實現，遵從的是「大孫抵尾子」的規定。在一號文的落款處，長房、貳房、三房、肆房的「親填筆跡」之後有「奉父命代拈宗孫源德」字樣，這說明張源德作為「宗孫」即「大孫」也參與拈鬮和分配遺產。張家後人對此亦有記曰：「憶汝父分鬮時，諸伯父及長孫俱作五股分配」。[4]與此相關和相近，五號文也有「半股貼長男，以為長孫植晳之業」的記載，也參照執行「大孫抵尾子」的規定。

三

三號文是張源仁（張方高次子）妻張黃氏為張源仁子張植㭽、張植槐、張植東兄弟主持制定的「分鬮鬮書」，其後又有七號文和八號文作為補充文件。

三號文和七號文分別涉及「繼子」和「婢妾」問題。

關於「繼子」，三號文記：

3 王連茂、葉恩典整理：《泉州臺灣張士箱家族文件彙編》，頁1。

4 王連茂、葉恩典整理：《泉州臺灣張士箱家族文件彙編》，頁11。

> 爾父未生男時，以植椆承繼為嗣。後側室李氏生男植槐，吳氏生男植東，辜氏生女[5]。

據此可知，張植椆為繼子。

另據七號文和八號文，乾隆四十七年（1782）三月，張植東病殤，張黃氏「念側吳氏，從幼服待汝父及吾，一旦因東夭歿，無所依倚，心甚不忍。因於是年九月將栶（按，指張植栶）入繼，撥歸吳氏撫養」。[6]嘉慶四年（1799）十二月，張黃氏於病中留言：「東英（按：『東英』應為『植東』）為側吳氏所出，既非成立，無用議繼。雖設主位，未便隨吾及汝父，付汝等三支輪當。其墳墓、忌辰，應隨吳氏歸栶照顧奉祀。……」[7]

張植椆作為繼子，與親子張植東平等分得張源仁遺產之「一股」（另一親子張植槐「多得一股」，主要理由乃是「邇年以來，泉、臺公私各事，賴其撐持」）[8]；及張植東病殤，張植栶作為張源仁的又一繼子，接受了張植東名下分得的財產。張植椆和張植栶作為繼子，先後依照閩臺民間「繼子視同親子」的規定分得財產。

閩臺民間又有為死者「議繼」的做法。張植東屬於未成年而死（舊以十九至十六歲為長殤，十五至十二歲為中殤，十一至八歲為下殤，八歲以下為無服之喪。），所以八號文有「既非成立，無用議繼」之語。

隨帶言之，閩臺民間對繼子的條件有同姓、同輩之規定。此一規定完全合於《儀禮》的規定：「無子者，聽養同宗於昭穆相當者」。「昭穆相當」即同輩也。

5 王連茂、葉恩典整理：《泉州臺灣張士箱家族文件彙編》，頁71。
6 王連茂、葉恩典整理：《泉州臺灣張士箱家族文件彙編》，頁79。
7 王連茂、葉恩典整理：《泉州臺灣張士箱家族文件彙編》，頁92。
8 王連茂、葉恩典整理：《泉州臺灣張士箱家族文件彙編》，頁72。

關於「婢妾」，七號文謂吳氏「從幼服侍汝父及吾」，其幼為婢、長作妾的身分顯而易見。

「婢妾」是閩臺鄉土社會裡常見的歷史現象。婢女收房為妾，仍然保留了「婢」的身分，「婢妾」在閩、臺民間統稱「安姐」(「姐」的讀音近於普通話之「這」，但不捲舌)，對具體個人，如吳氏則冠其姓稱「吳姐」或「吳姐仔」。

在張家分爨析產文件裡，除吳氏外，還有洪氏、林氏和蔡氏三個婢妾。

一號文記洪氏為「無出之庶母」認定其妾的身分，二號文則稱洪氏為「洪姐」顯示其婢妾的身分；五號文有「庶母施氏，係四男源清生母，則歸源清孝養。林氏、蔡氏未曾生有男弟，則就餘贍中逐年取給，俾其足用」之語，六號文則有「施庶母」和「林氏、蔡氏二庶姐」的不同稱呼，這可以說明林氏和蔡氏的婢妾身分。

作為富裕家戶，張家歷次分爨析產均提留贍業以供「未曾生有男弟的」婢妾衣食之用。但婢妾一直到身後也是地位卑下的。二號文規定:「所貼洪姐厝價銀貳百大圓，聽其買地起蓋，為住居奉主之所」[9]；六號文規定:「四房係庶母施氏所出，施氏百歲後，神主應另奉祀。再議將新湖後落廳亦充作分岔公公廳，以俟將來可以奉祀施庶母神主，而林氏、蔡氏二庶姐之主附焉」[10]；八號文則規定:「東英（按：「東英」應為「植東」）為側吳氏所出，既非戰立，無用議繼。雖設主位，未便隨吾及汝父付汝等三支輪當。其壙墓、忌辰，應隨吳氏歸榭（按，指植榭）照顧奉祀」[11]。顯然，洪氏、林氏、蔡氏和吳氏作為婢妾，身後其神主均不得隨主人、主母受後人輪祀。

「婢妾不如妾」，這在閩、臺民間亦是不成文的規定。

---

9 王連茂、葉恩典整理:《泉州臺灣張士箱家族文件彙編》，頁10。

10 王連茂、葉恩典整理:《泉州臺灣張士箱家族文件彙編》，頁18。

11 王連茂、葉恩典整理:《泉州臺灣張士箱家族文件彙編》，頁92。

四

十一號文是張士箱的玄孫張炳煥和張顯祖兄弟的「分鬮合約」。其時乃在道光二十年（1840）四月，上距張士箱卒年（1741）恰是百年。

十一號文首先根據「輪祀祖」制約法三章：

> 一、高、曾祖及遠祖祭祀，如應我兄弟值祀，不論有無蒸嘗，均當合當，不得推諉。
>
> 一、祖及父值年祭祀，以辛酉年起，長、貳房挨年輪當，收租辦祭，並省視墳墓。
>
> 一、父交輪祀業，在淡水海山石頭溪莊之抽的大租，如有浮復，加增租銀，悉歸值祀輪收。[12]

這裡以高、曾、祖、父四世為祖，四世祖以上為遠祖。兄弟分爨析產以後，當輪流主辦祭祀「祖及父」的活動，又當參與「高、曾祖及遠祖」輪流值祀，這是閩臺民間的定制。所以，分爨析產之時往往先提留部分財產為祀田或祀業，以為祭祀祖先之資。我們在其他各文也看到了有關祀田、祀業提留和管理的規定。

十一號文接著又規定：

> 一、母親柯氏及庶母曾氏，逐月輪奉，務當孝養爭先，每年各房各備佛銀壹拾捌大圓交母親，又各撥出銀貳大圓交庶母，以為零星費用，毋得短少。[13]

12 王連茂、葉恩典整理：《泉州臺灣張士箱家族文件彙編》，頁102-103。

13 王連茂、葉恩典整理：《泉州臺灣張士箱家族文件彙編》，頁103。

兄弟分爨析產往往在父親亡故以後，母親和庶母（有時還包括更年長者如祖母和庶祖母）尚健在者則往往由兄弟「逐月輪奉」，這在閩臺民間也是一種定制，俗稱「吃伙頭」。

李亦園教授指出：

> 吃伙頭的制度可以細分為很多不同的形式，例如在輪流的時間上可以有輪月、輪半月、一旬、一週等等；在父母的住處上則有父母獨住、父母子女同住一大院落及父母輪流住在兒子家等；又參加輪流供養的兒子數有所有兒子都參加，或部分參加；供養的方式則包括只供伙食，或同時又供給零用錢，或者提供金錢及穀物等等。但是，不管其形式如何，吃伙頭的家庭都是已經分了家各自獨立了，因此輪流供養父母就像前文所提到的分家時，包括分炊、分住、分預算、分房子、分牌位各種項目一樣，把供養父母的責任也均分了；從進一步的立場看，輪流供養父母就像供奉祠堂裡的祖先一樣，也是各「房」各「祧」輪流當值，因此吃伙頭輪流供奉父母，實際上是把父母早點升格為祖先，把父母當作活祖宗來供奉了，從這點看來，吃伙頭的風俗仍然沒有離開中國家庭組織的基本原則。[14]

從另一個角度看，分爨析產在財產分配和義務分擔方面都應執行「平分勻配」的規定，「輪祀祖」和「吃伙頭」共同體現了義務分擔方面的「平分勻配」。

義務分擔當然也包括了債務分擔。十一號文於此也有規定：

> 一、在淡水欠泉兌允成單銀肆佰大圓，又大成母銀參佰大圓，

14 李亦園：《人類的視野》（上海市：上海文藝出版社，1996年7月），頁226-227。

> 又陳撲世在銀壹拾肆圓零，各有字據。因管理帳目核算未明，故未得與各數分還。候異日著落，應賷出者，自應均出。又泉欠丁選來官母銀參拾大圓，欠謹官母銀捌拾大圓，因利息說未著落，俟與二主言明，均當對半坐還。[15]

「欠泉」和「泉欠」即「欠錢」和「錢欠」;「官」是閩臺民間對男子的一種尊稱，如「丁選來官」、「謹官」。這裡所記五筆債務顯然是父輩經手、遺留的債務，十一號文約定長房、貳房「均出」和「對半坐還」，既體現了義務分擔方面的「平分勻配」，又執行了「父債子還」的規定。

相近的事例還見於四號文。四號文規定：

> 一、泉、臺所有積欠官、民等債，既分之後，應逐一查實，作四股均分，登載細冊，毋得混帳推諉。

這裡用「毋得混帳推諉」的強硬語氣表達執行義務分擔方面「平分勻配」和「父債子還」規定的共同承諾。

五

從《張家文件》看，張家歷次分爨析產均屬於執行閩臺民間習慣法相關規定的民事行為；在具體運用問題上的某種解釋的說法、某個解決的辦法，有時又成為後人據以執行的準則，成為不成文的規定。

例如：一號文記張士箱就長房張方高「應得二股」的解釋是：張方高「從幼追隨海外，備嘗甘苦」即參與創業和管業，有功勞於家

---

15 王連茂、葉恩典整理：《泉州臺灣張士箱家族文件彙編》，頁1。

業；張方高「居長」，長房子孫代表男性祖宗一脈，長孫（長房若未曾生有男弟，亦當以過繼、兼祧等辦法認定繼承人）應得一股有「大孫抵尾子」的規定為據，長房「居長」自有長子、長孫兩個名分。

此後二十二年，張方高次子張源仁之子張植棡、張植槐、張植東兄弟亦有分爨析產之舉。兄弟三人中，張植棡為繼子，張植槐和張植東均為庶出。張源仁妻張黃氏主其事，她也舉出「植槐邇年以來，泉、臺公私各事，賴其撐持」即管業、持家有功的理由，加上「又兼家口浩大，費用實繁」[16]的補充理由，支持「植槐得二股」。

此後又過四年，張士箱四子張方大之子張源俊、張源價、張源志和張源清在張方大妻張李氏主持下「分爨析居」。張李氏謂：

> 汝父在日，習舉子業，兼務經營，承祖鬮分外，復有擴充。甲申之冬，汝父棄世時，維（唯）長男源俊成人，所有家業，幸能仰體先志而守成之，隨所贏餘日漸增加，於今二十有一年矣。

又謂：

> 憶汝父分關時，諸伯父及長孫俱作五股分配。茲汝兄弟孝友居心，嫡庶一體，無厚薄之分。長孫卑讓得分數之半，足見式好無尤。和氣自能致祥，余心私慰焉。[17]

張李氏也是以長房有功於家業的理由和「諸伯父及長孫俱作五股分配」的先例，支持長房所得多於其他各房。

16 王連茂、葉恩典整理：《泉州臺灣張士箱家族文件彙編》，頁72。

17 王連茂、葉恩典整理：《泉州臺灣張士箱家族文件彙編》，頁11-12。

張士箱就長房「應得二股」所作的解釋和長房事實上多得一股的分配，成了後人遵從的規定和先例。

《張家文件》裡某些於今視之屬於細枝末節的規定，實際上乃關乎閩臺民間習慣法的原則問題。

例如，二號文規定：

> 所有公山，除各房子孫不願安葬外，方准批給別人。如欲批給，亦應公議價銀，不得私相接受。[18]

這裡涉及的是「公山吉穴不讓他人」的原則問題。閩臺民間認為，公山（即各房共有的山林）風水關係到各房子孫的福祉，不能讓外人占用。至於「各房子孫不願安葬」之處，自然不是風水寶地，經「公議價銀」亦可出讓。

又如，七號文規定：

> 一、館內所有粗幼器物，業既四六分配，器物亦須對半均分，不論粗幼，免再構補。[19]

「粗幼器物」即「粗細器物」。此一規定事關另一原則：「親兄弟明算帳」。物權的分配當然包括了「粗幼器物」所有權的分配，「粗幼器物」當然也要「均分」。

又如，十一號文所記「在淡水海山石頭溪庄之抽的大租」實際上屬於「產壞業存」的壞帳。因為，該處田畝已為水淹沒，而大租的追討幾乎是不可能的事（民間有「請媽祖來討大租」之諺喻追討大租之

18 王連茂、葉恩典整理：《泉州臺灣張士箱家族文件彙編》，頁7。

19 王連茂、葉恩典整理：《泉州臺灣張士箱家族文件彙編》，頁89。

困難)。但是，十一號文還是就此一帳面上的物權和債權作出明確規定：該處產業屬於「父交輪祀業」即用於輪祀父親的祀田，已淹田畝「如有浮復，加增租銀，悉歸值祀輪收」。此一做法當乃出於「自分以後，免生異言，世守勿替，相與有成」的考量，合於「規約明悉」的原則。

隨帶言之，關於大租及其對應的小租，陳盛韶《問俗錄》有所記，略謂：

> 管荒埔者收大租，即內地所謂田骨也。墾荒埔者收小租，即內地所謂田皮也。大租價極賤，小租價極貴。……佃人敢抗大租，不敢抗小租，故貴也。[20]

大租、小租的分別乃從土地所有權和經營權的分離而來。

六

胡旭晟教授指出：

> 法律是特定社會用來調整人們的權利義務關係，並可反覆適用，且由獲得社會認可的物質力量保障其實施的普遍性行為規範。這一相對寬泛的概念涵納著三個級次的「法律」：一是由尚不穩定和較為脆弱的社會物質力量(如「中人」)來保障實施的不成文習慣法(即狹義上的「習慣法」)，此為初級形態的法律；二是由較為穩定和較為堅固的社會物質力量(如「家

---

20 陳盛韶：《問俗錄》，引自《蠡測匯抄》〈問俗錄〉(北京市：書目文獻出版社，1983年)，頁123。

> 族」、「行會」等）來保障實施的成文習慣法（或「習慣法彙編」），此為中級形態的法律；三是由高度穩定、強固的社會物質力量──「國家」來保障實施的「國家法」，此為高級形態的法律。[21]

我們從《張家文件》清楚地看到由「公親」（即「中人」）這一「不穩定和較為脆弱的社會物質力量」來保障實施的「不成文習慣法（即狹義上的『習慣法』）」在閩臺鄉土社會貫徹執行的情況，看到閩臺民間習慣法有關分爨析產的原則和規定：「公親做字」、「大孫抵尾子」、「繼子視同親子」、「婢妾不如妾」、「輪祀祖」、「吃伙頭」、「平分勻配」、「父債子還」、「遵從先例」、「公山吉穴不讓他人」、「親兄弟明算帳」、「規約明悉」等。顯然，閩臺鄉土社會成員有共同遵守的閩臺民間習慣法，也有遵守閩臺民間習慣法的共同習慣，閩臺鄉土社會不是一個「無法」的社會。

二〇〇三年九月三日至十三日於北京旅次

21 胡旭晟：〈20世紀前期中國之民商事習慣調查及其意義（代序）〉，引自胡旭晟、夏新華、李交發點校：《民事習慣調查報告錄》（北京市：中國政法大學出版社，2000年1月），上卷，頁13-14。

從劉家謀詩看道咸年間臺灣社會之狀況

——記劉家謀及其《觀海集》和《海音詩》

一

劉家謀，字仲為，號芑川，「侯官名孝廉」。[1]

關於劉家謀的生年和科年，沈祖牟輯《清代鄉會朱卷齒錄匯存》所收劉家謀齒錄記：嘉慶二十五年乙亥（1815）二月十六日生，道光十二年壬辰科（1832）鄉試第六十二名。謝章鋌《教諭劉君小傳》則記劉家謀「十九舉於鄉」。

劉家謀生日為「二月十六日」即花朝後一日，這在謝章鋌詩〈花朝後一夜夢芑川〉題註「是日芑川初度之辰」[2]可以得到印證。劉家謀的生年則有其齒錄所記的嘉慶二十年乙亥（1815），以及據其科年「道光十二年壬辰」（1832）、中舉時年「十九」推算而來的嘉慶十九年甲戌（1814）兩種說法。

近人朱彭壽《安樂康平室隨筆》[3]記：

> 文人為士大夫撰墓誌傳狀，於生卒年歲最宜詳考，稍不經意，即易傳訛。猶憶光緒壬辰八月間，壽陽祁文恪世長，卒於工部

1　韋廷芳：《海音詩》〈韋序〉，《臺灣文獻史料叢刊》本。

2　謝章鋌：《賭棋山莊稿本》第2冊（南京市：江蘇古籍出版社，2000年11月），頁139。

3　朱彭壽：《安樂康平室隨筆》（北京市：中華書局，1982年）。

> 尚書任內，時年六十有九，實生於道光甲申。然舊時所刻會試朱卷，則皆作乙酉生，蓋循舊例，應試時少填一歲耳（少填歲數，南宋《登科錄》中即已如是）。

據此「應試時少填一歲」的「舊例」和劉家謀及其師友詩文的相關記載來判斷，劉家謀生年應為一八一四年也。

《雁門薩氏詩選》[4]中，薩大文（燕坡）有〈贈劉豈川甥（名家謀）〉、〈哭豈川甥〉詩，詩中又有「劉郎與我為甥舅」句。一八四〇年，薩大文中舉時，劉家謀亦有〈燕坡舅氏秋捷志喜〉詩（收劉家謀《外丁卯橋居士初稿》）為賀。

劉家謀有〈烏烏篇為外祖母許太孺人作〉（收《外丁卯橋居士初稿》，又收1935年版《雁門薩氏家譜》），詩之序文記其家世曰：

> 太孺人名家女也，年十八歸外祖薩輯如公。公諱玉瑞，居閩縣開元里，婚期年，歿。無出，以夫兄子大文為後，舉道光庚子孝廉，以夫姐楊氏女為女，即謀之母也。

雁門薩氏為元代入閩之蒙古民族，劉家謀同雁門薩氏、同蒙古民族亦有血統上的關聯。

薩大文〈贈劉豈川甥（名家謀）〉有句並註云：

> 公車五上無人知（甥五上公車未售，甲辰大挑二等。現為寧德教諭，今又調臺灣，明春方行）。

「上公車」即赴京參加會試（舊時以公家車輛載送參加會試的舉人，

---

4 非版書本（福州榕新出2001內書第24號），2001年印。

故云）。從道光十二年壬辰（1932）秋季中舉取得赴京參加會試的資格，迄於「大挑二等」、出任寧德教諭的道光二十四年甲辰（1844），劉家謀共有七次赴京與試的機會：道光十三年癸巳科（1833）、道光十五年乙未科（1835）、道光十六年丙申恩科（1836）、道光十八年戊戌科（1838）、道光二十年庚子科（1840）、道光二十一年辛丑恩科（1841）和道光二十二年甲辰恩科（1844）。在此十二年間。劉家謀參加了五次會試，幾乎每年都在備考、赴考和期許、失望的狀態中度過，其艱辛可知！「大挑」則是清代的一種定制，凡舉人參加過三次以上會試者，可以經「大挑」合格分二等錄用，一等出任知縣，二等出任教職。「大挑」錄用標準重在形貌和應對，相傳有「同田貫日氣甲由申」八字訣：「同」即長方臉形，「田」即正方臉形，「貫」即身材碩長，「日」即體格勻稱云云。謝章鋌謂劉家謀「長身玉立，諧笑俯仰傾其坐」[5]，由此視之，當合於「大挑」的標準。果然，劉家謀在道光二十四年甲辰科（1844）會試報罷後，經「大挑」合格列為「二等」，取得寧德教諭一職。

從薩大文上記詩句和註文還可以知道，劉家謀乃在「寧德教諭」任上得到赴臺灣任職的調令。在臺灣，劉家謀擔任的教職是「臺灣府學訓導」而不是「臺灣府學教諭」。[6]清代府、廳、縣學各設教授、學正、教諭一人主其事，又各設訓導一人佐其事。府學不設教諭，劉家謀乃「遷臺灣府學左齋」[7]即由寧德縣學教諭改任臺灣府學訓導也。

道光二十九年己酉（1849）秋季，劉家謀從侯官（今福州市）啟程，取道漁溪、興化、塗嶺、惠安、泉州，從廈門登舟渡海到臺。劉

---

5 謝章鋌：《賭棋山莊稿本》第1冊，頁76。

6 我曾見海峽兩岸學者多人有此誤記。我本人在寫作《臺灣文學史》〈近代文學編〉時亦曾傳訛，見劉登翰等主編：《臺灣文學史》（福州市：海峽文藝出版社，1991年6月），上卷，頁216。

7 韋廷芳：《海音詩》〈韋序〉，《臺灣文獻史料叢刊》本。

家謀《出門》詩有「長揖別山妻」、「三年以為期」之約，卻不幸在三年之期屆滿後病肺歿於臺灣任所。其遺體和遺稿歸返侯官故里時，又不幸而有一番遭遇。謝章鋌記：

> 僕人護君柩渡海歸，遭賊，遺書數篋，賊盡擲於水。將及柩，或告之曰：是臺灣府學劉老師也。賊曰：信乎！是好官也。乃呼僕人曰：速移而柩到岸，吾將刺船去。是特同船百八十餘人盡被難，而君柩及僕人獨免云。[8]

又記：

> 豈川柩歸，中途遇盜，盡失其生平著述。累年求之，不獲一字。越五載，其同官某君攜此卷（按：指《海音詩》）至自臺灣。信乎，文章之不可磨滅也！[9]

劉家謀在臺詩作有《觀海集》和《海音詩》。

《觀海集》乃在劉家謀歿後五年，於「咸豐戊午（1858）上巳後五日」[10]在福州印行，而《海音詩》先於「咸豐乙卯（1855）夏五月」[11]在臺灣印行。

《海音詩》在臺灣印成以後，曾「郵寄數冊藏其家」，[12]這在劉家謀的臺灣友人韋廷芳《海音詩》〈韋序〉裡有明確的記載。《觀海集》在福州印成以後，想來亦應「郵寄數冊」到臺贈劉家謀生前好友。但臺灣學者周憲文先生報告說：

---

8 謝章鋌：《賭棋山莊稿本》第1冊，頁77-78。

9 謝章鋌：《賭棋山莊稿本》第1冊，頁250。

10 劉家謀：《觀海集》〈跋〉（1858年福州刊本）。

11 韋廷芳：《海音詩》〈韋序〉，《臺灣文獻史料叢刊》本。

12 韋廷芳：《海音詩》〈韋序〉，《臺灣文獻史料叢刊》本。

> 據謝枚如說：「豈川好談掌故，自寧調臺之府學左齋，其詩曰《觀海集》」（見《賭棋山莊文集》）。這一詩集，當與臺灣有關，可惜無由覓得。[13]

一九八八年，我在福州發現《觀海集》一書並在拙著《臺灣近代文學叢稿》做了報告，略謂：

> 劉家謀《海音詩》書前有韋廷芳序，序中記劉家謀「著有《外丁卯橋居士初稿》、《東洋小草》各若干卷」及《海音詩》。此後越六十年，連雅堂撰《臺灣詩乘》，於《海音詩》外亦未記劉家謀在臺期間的其他著作。

我曾見劉家謀《觀海集》四卷。是書為劉氏在臺期間的又一著作。

《觀海集》，一八五八年刊於福州。書收詩一二一題一八五首，分四卷，共一百頁。

《觀海集》作年起「己酉下」（1849年5月以後）、止「壬子」（1852年歲暮）。查劉氏其他著作之作年，《外丁卯橋居士初稿》起庚寅（1830）、止丙午（1846）三月，《東洋小草》起丙午（1846）四月、止己酉（1849）四月；《海音詩》則作於一八五二年夏秋之交。這樣，除劉家謀一八五三年初至一八五三年夏季逝世前的詩作尚未之見外，劉氏詩稿基本上合為全璧了。[14]

劉家謀「留心文獻，所至則蒐羅掌故，……於地方利弊尤惓惓焉」。[15]他在來臺途中經泉州而有《泉州竹枝詞》二首並註云：

---

13 周憲文：《海音詩》〈弁言〉，《臺灣文獻史料叢刊》本。

14 引自拙著：《臺灣近代文學叢稿》（福州市：海峽文藝出版社，1990年7月），頁170。

15 謝章鋌：《賭棋山莊稿本》第1冊，頁77。

洛陽橋南有路通，洛陽橋下水流東。渠儂得似粘橋蠣，個個相依房不空。

刺桐花開又一年，刺桐城外水如天。即今慣住風波里，莫趁盧家了鳥船（了鳥船，蜑戶所居，相傳為盧循遺種）。

劉家謀於此短小的篇幅之內，記錄了從文獻、可能也從口碑蒐羅而來的「殖蠣固基」、「刺桐城」、「了鳥船」和「盧循遺種」等典故，[16] 誠可謂老於此道。劉家謀到臺以後觀風問俗、指陳地方利弊的成績，可以想見矣。

二

劉家謀於來臺舟中即已留心觀察海舶、海道、航標、水流、潮汐、風向、風力、水手等情，並一一記入其〈浮海〉、〈舟中偶興〉和〈海船雜詩〉（收《觀海集》）；抵臺以後更有詩作多種事關臺灣的海上交通、對岸貿易和對外貿易。

從劉家謀所記，當年臺灣海上交通的主要運載工具是帆船。〈舟中偶興〉之「一片帆飛去」，記的乃是劉家謀舟中所見、俗稱「一帆船」（又稱「孤帆船」）的小船。閩南方言之「一帆船」語近於「一封書」，劉家謀《臺海竹枝詞十首》（收《觀海集》）由此而有句並註云：「一封書去太匆匆（一封書，小船名）」。劉家謀所乘之船，如《海船雜記》所謂「三帆張盡嫌難飽，更帶雙行小插花」、「鳥飛不到

---

16 關於「殖蠣固基」，《宋史》〈蔡襄傳〉記：蔡襄建造洛陽橋，「種蠣於礎以為固，至今賴焉」；關於「刺桐城」，〔宋〕《方輿勝覽》記：泉州城牆，「留從效重加版築，傍植刺桐環繞」；關於「了鳥船」，《梁書》〈王僧辯傳〉：「又以鳥了千艘，並載士，兩邊悉八十棹，棹手皆越人」。鳥了又稱了鳥，一種頭尾尖高的船隻；關於「盧循遺種」，晉末盧循起義，蜑民與焉，故稱蜑民為「盧循遺種」或「盧循餘黨」。

柁樓邊」，應是三帆大船。劉家謀友人林樹梅對此種船型曾有所描述，略謂：

> （其制）以長十丈、廣二丈有奇、可載三千石為率。其式狹底廣上、高大如樓，可容百人。……桅高十丈，番木為之，以掛帆。帆用篾箬編為折迭，以大繩升降曰律索，旁繫小繩曰帆繚。大帆上加布帆曰頭巾頂，能使船輕；兩旁加布帆曰插花，使船不偏。……左右兩小屋曰虎頭麻籬，居柁工。再後曰柁樓。[17]

大、小帆船以外，劉家謀還在〈赤嵌〉（收《觀海集》）一詩提及「火輪」：「火輪誰使移新艦」，又在《海音詩》語涉「洋商」之「夷船」：

> 弋船如霧集滄湄，破浪乘風是幾時？無數估帆愁海暴，千金枉聘碧眸夷（洋商畏盜，嘗鳩貲雇夷船為護；近艇匪之暴，夷船亦無能及矣。夷人，皆高準碧眸）。

海道之險，劉家謀一再記之的有「鐵板沙」和「黑水洋」。關於「鐵板沙」，其〈海船雜詩〉有句並註云：

> 已經三十六排衙，不見前途鐵板沙（澎湖島，著名者三十六，昔人謂似排衙，然鹿耳門內有鐵板沙，觸舟立碎）。

其後又有「鐵板翻令失舊沙」（〈赤嵌〉）、「鹿耳門前礁石多，張帆尚未出滄波（內港多礁石，舟未出洋遇風輒碎）」等句。關於「黑水

17 林樹梅：〈戰艦說〉，收入《嘯雲山人文鈔》（1840年刊本），卷10。

洋」，其〈秋來〉（收《觀海集》）有「紅黑雙洋水，秋來路不通」句，《臺海竹枝詞十首》有句並註云：「隔斷橫洋路不通（臺與廈藏岸七百里，號曰橫洋，中有黑水溝，色如墨）」。此外，「落溜」亦是臺灣海道之一險，劉家謀〈海舶雜詩〉有句並註云：

> 海風一夜吹頭白，落溜爭禁十二年（漁船遇風順流而東，曰落溜。昔有落溜者，閱十二年水轉西流，始得出）。

林樹梅〈渡臺灣記〉於「落溜」亦有所記述，可資印證，其文略謂：

> 夜過黑水洋，風雨不止。從者竊語：天明不見山，恐落溜。溜，弱水也，水趨下而不回，生還難卜矣（〈吾學篇〉：「澎湖島海水漸低，謂之落漈」，即此）。[18]

劉家謀還留意及於風災、海盜對臺灣海上交通的阻限。其《臺海竹枝詞十首》有詩並註云：

> 防半防初計較量，破帆屈鱟亙天長。顛狂最怕麒麟颶，不使歸舟過墨洋（凡六、七月多主颱，海上人謂「六月防初，七月防半。」凡颶將至，則天邊斷虹先見一片如船帆者，曰破帆；稍及半天如鱟尾者，曰屈鱟。狂風怒號，轉覺灼體，風過後，木葉焦萎如爇，俗謂之麒麟颶）。

其〈秋來〉有句云：「風飈還助虐，寇盜自論功」；〈哀澎民四首〉（收《觀海集》）有註云：「聞有盜船在安平城外游弋」；《海音詩》亦有註

18 林樹梅：〈渡臺灣記〉，收入《嘯雲山人文鈔》，卷3。

云：「近艇匪之暴，夷船亦無能及矣」。

端賴於海運的對岸貿易和對外貿易，劉家謀亦有所記焉。《海音詩》有詩並註云：

> 蜀糖利市勝閩糖，出峽長年價倍償。輓粟更教資鬼國，三杯誰覓海東糧（臺地糖米之利，近濟東南、遠資西北。乃四川新產之糖，價廉而貨美，諸省爭趨之，臺糖因而減市；英吉利販呂宋諸夷米入於中國，臺米亦多賤售。商為虧本而歇業，農為虧本而賣田，民亦無聊賴矣。「三杯」，臺穀名）。

這裡記錄了三個情況：（一）米、糖是臺灣主要的出口產品。劉家謀另有「七鯤身外列帆檣，轉粟仍聞過黑洋」（〈赤嵌〉）句記臺灣出口大米的情形；又有「賒來水利重添載」（《海音詩》）句，以「重添載」即「重載」稱臺灣的米、糖出口。隅谷三喜男等學者指出：清末時期臺灣「主要的出口商品品種是以大米和砂糖為代表的食品。……根據進出口商品的特徵，將當時對岸貿易的出口貿易稱為『重船』（或『重載』），將進口貿易稱為『輕船』（或『輕載』）」。[19]（二）臺灣的米、糖出口往往受制於內地和國際兩個市場的變化，如「蜀糖」引起的內地市場的變化、「呂宋諸夷米」引起的國際和內地市場的變化。（三）對岸貿易和對外貿易的「減市」直接影響了臺灣的商業和農業。

劉家謀〈奉陳星舟（震曜）丈〉（收《觀海集》）有註談及「海禁」和「臺商」，略謂：

> 君昔監鰲峰書院，……福州米貴，言諸掌教陳恭甫先生，請大

19 引自隅谷三喜男、劉進慶、涂照彥：《臺灣經濟發展的成就與問題》（廈門市：廈門大學出版社，1996年7月），頁4。

> 府弛海禁，從之，於是臺米內運者數萬石。

又謂：

> 臺商以費重利輕，不敢載米內渡，故米愈賤售，力田所力，至不足供歲課。

由此視之，「海禁」的緊弛和「臺商」的進退亦事關臺灣的對岸貿易和對外貿易也。

劉家謀《海音詩》有註詳記當年的一種貿易貸款「水利」（又稱「水債」），其文曰：

> 以金貸商船，置貨往北洋，每番鏹百圓取二十圓、十八圓不等；由廈兌臺，每百圓亦取五、六圓或八、九圓，曰「水利」。風水不虞，並母錢沒焉。

顯然，這是一種高息、高風險的貸款。與「水利」不同，「貸於本處者曰『山單』，每圓唯取二、三圓」，以其無「風水」之虞即海上交通的風險也。

三

道咸年間曾任福建汀漳龍道、署理福建布政使的張集馨，在其《道咸宦海見聞錄》[20]一書裡以「營制之壞，至閩極矣」、「吏治之壞，至閩極矣」和「閩省幕風靡下」諸語極言當年福建營制和吏治

20 張集馨：《道咸宦海見聞錄》（北京市：中華書局，1981年）。

（包括幕風）的惡劣狀況。

從劉家謀《觀海集》和《海音詩》所記看，作為福建省轄之一府，臺灣「營制之壞」、「吏治之壞」亦構成嚴重的社會問題。

清代兵制，以綠營駐守地方。綠營即清代地方軍隊之名，以其旗用綠色也。「召募土著」即從當地召收兵員乃是綠營組建的原則。分駐各省的綠營兵一般分為督、撫、提、鎮四種標兵，分別由總督、巡撫、提督、總兵統轄；標之下又設協、營、汛各級建制。清代康熙年間，清廷出於政治上的考慮，在臺灣實行「以內地水師營分兵丁輪班戍守，三年一輪」的班兵制度。[21]

在臺灣，班兵又稱「換臺兵」。臺灣班兵由「水陸十六營」組成，「額設水陸步戰守兵一萬二千六百七十名」（後又增至「萬四千六百五十有六人」）。班兵在臺，「養身有兵糧，養家有眷米。凶事有白吉有紅，三載給貲返鄉里」，生活上有所優待。班兵以外，又設「鄉勇」、「屯番」兵以及遇事聚合的「三郊」兵等。班兵作為官兵，「臨陣卻退後」（「屯番」兵「驅之陣前，鄉勇居中，官兵在後」），「臺澎一鎮十六營，有事還藉三郊兵（三郊者，南郊、北郊、糖郊也）」。特殊的待遇和特殊的地位容易養成驕兵，「立功誰報國，為樂欲忘家。夜曲紅腔豔，春錢白打奢」乃是臺灣班兵的寫照。這些情況，均見於劉家謀《換臺兵》、《海東雜詩》（收《觀海集》）和《海音詩》。

班兵制和臺灣班兵引發的社會問題，劉家謀亦一一指陳。

（一）兵餉令官、商、民不堪負擔：「往者需兵餉，何須長吏愁」，「籌邊今況瘁，淒絕海東樓」（〈紀事〉，收《觀海集》）；「莫作大頭家，家大公私急。前年供兵糧，今年助賑荒，不惜領貲濟一方。兵荒已息頭家喜，握算持籌且經紀，又報官符下鄉里（富室曰大頭家）」

21 請參見拙論：〈清代班兵制與澎湖的「銅山兵」〉，收入拙著：《中國文化與閩臺社會》（福州市：海峽文藝出版社，1997年4月）。

(〈大頭家〉，收《觀海集》)；「聞道炎荒民力盡，年來政亦拙催科」(〈赤嵌〉)；「軍餉民糧一例艱」(〈哀澎民四首〉，收《觀海集》)。

（二）班兵分類，並劃分勢力範圍。臺灣班兵從內地綠營抽調而來，其原駐地即其祖籍地，到臺後以地緣分類，各據一隅，動輒爭鬥。如劉家謀所記：「分疆劃界立公廳，盤據儼然犄角形（班兵各據一隅，私立『公廳』為聚議之所。提標兵據寧南坊，漳鎮詔安、雲霄兵據鎮北坊，同安兵據東安坊，本土募兵則分據西定坊之開仙宮、轅門街諸處。賭場、煙館、娼窩、私典皆其所為。白晝劫奪財物，擄掠婦女，守土官不敢治，將弁亦隱忍聽之，懼其變也)」(《海音詩》)；「時平不識戰與守，圍坐公廳但飲酒。萬四千人同一將，同心同德寧異向。誰令門戶各分開，更結親家作憑仗。泉人惡漳漳惡泉，相逢狹路爭揮拳（漳泉兵常分類，他營附之者為親家)」(〈換臺兵〉)。

（三）班兵私設煙館、賭局、典當和高利貸。劉家謀《海音詩》有註文記：「煙渣館，多營卒所開，收鴉片煙之灰，熬而賣之」；「市上常設局排成棋勢，所爭一子、兩子間。有來觀者，邀其入夥，或指衣服為注，先云：操有勝算，萬無一失。既入夥後，隨手變化，轉勝為輸，罄所有償之，或稱貸以益，乃得歸也。此局設自營兵」；「私典有『小押』者，皆兵卒為之。每質物一百文，只給九十一，謂之『九抽』。贖時仍滿其數。每十日，一百文計息六文。其限期之緩急，以物之高下為差，然無過一歲者」；「每百錢，按日繳息五文，停繳一日，即前繳抹消，謂之『五虎利』。亦營卒所為。窮民不得已貸之，無力償者，或擄其妻女而去」。

關於當年臺灣「吏治之壞」，《海音詩》有詩並註云：

> 公門折節盡趨風，牽引都憑一線通。辛苦為人裝布袋，肯教妙手獨空空（出入公門，為官弋利，曰布袋手）。

此等「出入公門，為官弋利」的人物，一為胥役，一為幕友。他們同其官家主子的關係，如張集馨所謂乃「貓鼠同眠耳」！[22]

劉家謀〈虎老爹〉（收《觀海集》）詩並註云：

> 山中無虎城中有，虎曰老爹恣哮吼。虎兮猶足伏吏胥，堂上老爹恐不如。吏胥如虎將虎媚，一虎坐吞眾虎餌。老爹老爹真尊崇，城狐社鼠地不同。可憐一樣牙須猛，但博登場稱相公（胥吏家多祀虎，久不獲利則祀以豚酒稱曰虎老爹。博場亦祀之，曰虎相公）。

在閩南方言裡，「老爹」即「老爺」。《海音詩》亦有句並註云：

> 多田翁比無田苦，怕見當門虎老爹（臺邑地狹，而賦視其他邑為多。……一年所入，除各色費用外，不足以供賦。追呼之慘，稱貸之艱，有不忍言者矣。……班役之家皆祀虎，謂之「虎老爹」。逋賦者拘押諸家，荼毒萬狀）。

劉家謀所記情形，也見於其友人林樹梅筆下：

> 臺地皂隸多係無賴營充。內恃衙門，外通聲氣，甚且勾聯黨援，肆志橫行。每名正役，私伙嘗百十人。或有事下鄉，相從者五六十伙。是則四差奉票，追呼將至二百餘人。鄉莊小民，何堪魚肉。[23]

劉家謀有詩多種記臺灣錮婢之風。〈赤腳苦〉詩並註曰：

---

22 引自張集馨：《道咸宦海見聞錄》，頁276。

23 林樹梅：〈與曹懷樸明府條陳鳳山縣初政事宜書〉，收入《嘯雲山人文鈔》，卷1。

縛腳歡樂赤腳苦，幼別耶孃去鄉土。一生冷落不知春，霜雪埋頭死無數。豈無浪合野鴛鴦，賤辱詎異青樓倡。生兒不得置懷抱，乳湩還為他人將。吁嗟呼！鳥雌思雄獸求牡，舞蝶遊蜂亦有偶。誰謂嫺兮獨否否，嫺兮何以稱珠母。吁嗟呼！嫺兮何以非珠母（小腳曰縛腳，大腳曰赤腳。婢皆大腳，老不遣嫁，聽其野合生子。既生則去子留母，使乳己子，或鬻他人得重償，謂之乳嫺。嫺，音如簡）。

《海音詩》有詩曰：

婢作夫人固有時，江沱江汜亦何辭。獨憐赤腳廚頭走，垂白無因著履綦（大腳者，曰赤腳；小腳者，曰縛腳。婢皆大腳跌足，或指配與人，始得穿屨，而執役依然。錮婢之風，豪富家尤甚，不能禁其奔也）。

這裡記錄了同臺灣錮婢之風相關的若干情況：（一）婢女多不纏足，此乃出於婢女「執役」即為主家提供勞務的需要。（二）婢女年屆婚齡多不遣嫁。婢女有「野合生子」事，則「去子留母」，令婢女在哺乳期裡餵養主家之子，稱「乳婢」。（三）婢女「或指配與人」，包括成為主家的妾媵，其婢女的地位不變，「執役依然」。（四）婢女（包括乳婢）「或鬻他人得重償」

錮婢問題引起有識之士的關注。《海音詩》記有三則故事：

周澗東（彥）太守有〈十可憐〉之歌，戒錮婢也；鄭六亭廣文〈再到堂筆錄〉亦譏之，以為士大夫家何苦為此徒作冤孽以貽後耳；長樂柯義周廣文（龍章）嘗掌教崇文書院，將歸，載婢數十人於內地嫁之，誠苦海慈航也。

劉家謀在臺的道咸年間，恰值臺灣從移民社會向定居社會轉型之際。據陳孔立教授《清代臺灣移民社會研究》[24]一書的研究，「大約在一八六〇年前後，臺灣從移民社會過渡到定居社會」，「總的來說，從移民社會到定居社會的主要變化是：第一，居民以移民為主轉入以移民的後裔為主，人口增長以移入增長為主變為以自然增長為主。……第二，社會結構由以不同祖籍的地緣關係組合為主，轉變為以宗族關係結合為主。其他的變化是由此派生的」。社會結構方面的變化所派生的其他變化包括，以「地緣關係組合」為「類」的「分類械鬥」，逐步轉為「以宗族關係結合」為「類」的「分類械鬥」。劉家謀當年看到、並且在《海音詩》記下了這兩種不同的「分類械鬥」：

> 臺郡械鬥，始於乾隆四十六年。後則七、八年一小鬥，十餘年一大鬥。北路則先分漳、泉，繼分閩、粵；彰、淡又分閩、番，且分晉、南、惠、安、同。南路則惟分閩、粵，不分漳、泉。然俱積年一鬥，懲創即平。今乃無年不鬥，無月不鬥矣。

又記：

> 蔡、郭、黃、盧大姓分，豪強往往虐榆枌（大西門外五大姓，蔡姓最多，郭姓次之，黃、許、盧三姓又次之。並強悍不馴，各據一隅，自為雄長）。

《觀海集》和《海音詩》屢以竹棺、銅棺、肉棺喻當年臺灣的吸毒、賭博、賣淫等社會醜惡現象，並有〈鴉片鬼〉（收《觀海集》）記吸毒的危害。此外，劉家謀還談及無業遊民、城鄉差別等社會問題。

24 陳孔立：《清代臺灣移民社會研究》（廈門市：廈門大學出版社，1990年10月）。

四

十餘年前，我在寫作《臺灣文學史》〈近代文學編〉時曾經指出：

> 《觀海集》和《海音詩》所收有關臺灣風土人情之詩，近一百五十首。這些詩篇描寫臺灣山川文物、歲時年事、風俗禮儀、歷史人文，兼及飲食服飾、方言俚語、氣候物產、佛寺道觀，「引註翔實，足資志乘」。

劉家謀的采風詩是以學術性為特點的，包含著他對臺灣方言、歷史、民俗潛心研究的成果。[25]

劉家謀對祈雨和驅疫等民俗事象、吳鳳傳說等民間口碑、宗教世俗化的傾向的觀察、記錄和分析，具有相當的學術水準和學術價值。

《海音詩》有詩並註云：

> 通泉誰把堰渠開，旱魃如焚總可哀。百面麻旗千面鼓，五街簇簇戴青來（久旱，鄉村人皆入城，手執麻布旗，各書村名，首戴樹葉，擊鼓鳴鉦，數步一拜，呼號之慘，聞者惻然）。

這裡記錄了祈雨活動之種種情節，其中最可注意的是「手執麻布旗」、「呼號之慘」和「首戴樹葉」。

「手執麻布旗」和「呼號之慘」是喪事活動的情節，為什麼穿插於祈雨活動？有臺灣學者解釋說：

> 齊有節婦含冤繫獄，三年不雨。有司悟而出之，請為禱祝，雨

25 引自劉登翰等主編：《臺灣文學史》，上卷，頁217。

沛然下，三日足乃止。後十五年，天復大旱，有司欲再請之，而婦既卒。乃相計升其靈位，相率穿孝攜杖以從，倏而黑雲四合、大雨滂沱，旱乃解，後世乞雨者皆倣傚之。[26]

「齊婦含冤，三年不雨」的故事在晉代已見於干寶《搜神記》；元人關漢卿《竇娥冤》中竇娥臨刑時有「做什麼三年不見甘霖降，也只為東海曾經孝婦冤」之語；明代成書、清代增補的《幼學瓊林故事》亦有「齊婦含冤，三年不雨；鄒衍下獄，六月飛霜」之聯。

根據這個故事，「後世祈雨者」相信：在祈雨活動裡穿插「穿孝攜杖」、「手執麻布旗」、「呼號之慘」一類喪事活動的情節，除了渲染哀告的氣氛，也許可以收到「雨即沛然下」的效果。文化人類學家告訴我們，這是巫術模仿律（Law of similarity）的運用：「模仿真的事物，便能得到真的結果」。[27]至於「首戴樹葉」即「戴青」的情節，其間應有人持柳條、竹條或樹枝做灑水狀，其意亦在「模仿真的事物，便能得到真的結果」也。

劉家謀《臺海竹枝詞十首》有句並註云：

鬧廳節裡池荷發（元旦至元宵，好事少年裝束仙鶴獅馬之類，踵門呼舞，以博賞賚，金鼓喧天，謂之鬧廳）。

這裡所記「裝束」假面、「金鼓喧天」和「踵門呼舞」已提示了「鬧廳」之「儺舞」的性質。但是，同一般「儺舞」不同，「仙鶴獅馬之類」的假面不完全屬於凶惡或醜惡的面目。

宋代梁克家《三山志》、明代黃仲昭《八閩通志》和何喬遠《閩書》皆有關於「邪呼逐除之戲」的記載。何喬遠《閩書》記：

---

26 引自吳槐：〈鄉俗漫談〉，載《臺北文物》第5卷第4期。

27 引自林惠祥：《文化人類學》（北京市：北京商務印書館，1991年），頁251。

> 淳熙《三山志》：驅儺，鄉人儺，古有之。今州人以為打夜狐。曾師建云：《南史》載，曹景宗為人好樂，在揚州日，至臘月則使人邪呼逐除，遍往人家，乞酒食以為戲。迄今閩俗乃曰『打夜狐』。蓋唐敬宗夜捕狐狸為樂，謂之『打夜狐』。閩俗豈以邪呼逐除之戲與夜捕狐狸之戲同，故云。抑亦作邪呼之語而訛而為打夜狐歟？[28]

「邪呼逐除之戲」實際上就是狂呼亂走，跡近於惡作劇。然而其儺的意義是顯而易見的：用熱鬧之人氣逐除陰寒之鬼氣，以驅逐疫鬼也。「鬧廳」有「儺舞」的性質、亦有「邪呼逐除之戲」的遊戲意味，是「儺舞」、亦是「儺之遊戲」也。

《海音詩》有詩並註云：

> 紛紛番割總殃民，誰似吳郎澤及人。拼卻頭顱飛不返，社寮俎豆自千秋（沿山一帶有學習番語，貿易番地者，名曰番割。生番以女妻之，常誘番出為民害。吳鳳，嘉義番仔潭人，為蒲羌林大社通事。蒲羌林十八社番，每欲殺阿豹厝兩鄉人，鳳為請緩期，密令兩鄉人逃避。久而番知鳳所為，將殺鳳，鳳告家人曰：「吾寧一死，以安兩鄉之人」。既死，社番每於薄暮，見鳳披髮帶劍騎馬而呼，社中人多疫死者，因致祝焉，誓不敢於中路殺人，南則於傀儡社、北則於王字頭，而中路無敢犯者。鳳墳在羌林社，社人春秋祀之）。

劉家謀是詩並註乃是吳鳳傳說的道咸版本，亦是吳鳳傳說從口碑到文字的最早的文字記錄版本。其中所記，最可注意者有四：（一）吳鳳

28 引自何喬遠：《閩書》第1冊（福州市：福建人民出版社，1994年），頁954-955。

之死不屬於誤殺；（二）「社番」祭祀吳鳳乃是畏其散瘟；（三）祭祀乃在墳頭舉行；（四）「社番」並未因吳鳳之死而盡革殺人取頭之俗，僅止於「不敢於中路殺人」而已。

在吳鳳傳說的此一版本裡，我們已經看到漢、「番」共話當年事的痕跡：厲鬼散瘟屬於漢人的鬼魂觀念、「番」是當年漢人對少數民族的歧視性稱謂，而「不敢於中路殺人」或「不於中路殺人」則是「社番」對吳鳳之死的態度，它應該也包含了情感和認知的成分。

較之吳鳳傳說的道咸版本，我們現在所見的吳鳳傳說添加了許多以意為之的成分。

《海音詩》有詩並註云：

> 撮和偏饒秘術多，蓮花座下簇青娥。不圖色相全空後，猶舍慈航渡愛河（重慶寺，在寧南坊，昔住持以尼，今則僧矣。男女相悅不得遂者、夫妻反目者，皆乞靈於佛。置醯甕佛座下，以筯繫髮攪之，云使人心酸；取佛前燈油暗抹所歡頭，則變。東安坊嶽帝廟亦有之。皆整俗者所宜除也）。

又有詩並註云：

> 雞似鸞鳳彘似山，梨園弟子演分班。怪來海外都隨俗，聲味無全佛亦艱（七月普度，日夜演劇，有四、五臺相連者。以雞鴨作鸞鳳狀，以豬作山，布人物其上以供佛）。

這裡記錄了從佛與道、寺與廟、僧與尼、出家弟子與在家信眾、住持與僧眾、平日與節日等各方面、各層面表現出來的宗教世俗化的傾向，包括：佛道、寺廟、僧尼、住持與僧眾都管起男女相悅之事，佛教節慶「盂蘭盆節」演變為「鬼節」（「普度」），用葷菜（雞、鴨、豬）供佛，民間巫術（「置醯甕佛座下，以笳繫髮攬之」、「取佛前燈油暗抹所歡頭」等「秘術」）施於佛前、寺內，以及「昔住持以尼，今則僧矣」一語所透露的僧尼共住的現象。

嚴格意義上的宗教，或者說制度化的宗教畢竟是「其宗教活動與日常生活有相當程度隔開的宗教」[29]，當宗教世俗化的程度提升過限，宗教則流為民間信仰矣。劉家謀看到了臺灣宗教世俗化的傾向，提出了宗教「整俗」的問題。

二〇〇二年十月二十日

29 引自李亦園：《文化的圖像》（臺北市：允晨文化事業公司，1992年），下卷，頁180。

林樹梅作品裡的閩臺地方史料

一

林樹梅，字瘦雲，又字嘯雲，福建金門人。作品有《嘯雲山人文鈔》、《嘯雲詩鈔初編》、《靜遠齋文鈔》、《嘯雲文鈔》以及金石著作《嘯雲銕筆》等。

林樹梅的詩、文作品記人記事務求真切，有「置諸史傳中亦為極筆」[1]之譽，具相當的文獻價值。

在歷史人物的生平史實方面，我們從林樹梅的作品裡首先得到的是有關林樹梅生平的資訊。

林樹梅的生卒年，相關志乘均未見記載。

拙稿《林樹梅作品札記》（1994）[2]考其生卒年為「一八〇八至一八五一」。此說似已為閩、臺兩地學界採用。然而，於今視之，拙稿關於林樹梅生卒年的考證有舉證不當、不合於「孤證不為定說」的規則之嫌，宜重新加以檢討。首先，據林樹梅《先妣陳淑人行述》所記「竟以勞瘁成疾，遂致大故，嘉慶十九年十二月初五日也」和「先妣卒，不孝樹梅方七歲」[3]可以考知，嘉慶十九年（1814）樹梅七歲，則其生年為一八〇八年；從林樹梅《亡弟壙志》所記「弟名光左，生

1 高澍然語。語見《嘯雲山人文鈔》〈林氏書塾碑記〉〈高澍然跋〉，（道光庚子〔1840〕刊本），卷4。

2 收入拙著：《臺灣社會與文化》（福州市：海峽文藝出版社，1994年9月）。

3 林樹梅：《嘯雲山人文鈔》（1840年刊本），卷7。

嘉慶丁丑」和「少予九歲」[4]可以得到佐證，林光左生於嘉慶丁丑即一八一七年，林樹梅長九歲，則樹梅生於一八〇八年也。至於高澍然《嘯雲詩鈔初編》〈高序〉所記「歲乙未，生年二十有七，來從余學為古文」[5]不確，不足為證。高澍然〈贈林生樹梅序〉記：「余道光乙未五月將去福州，識生於友人餞席。旦日，生肅衣冠贄為弟子，乞授古文法」，[6]道光乙未為一八三五年，林樹梅時年二十有八矣。林樹梅的卒年，《金門縣志》引「舊志」記載云：「文忠赴粵辦賊，中途卒，樹梅感知其愛，為詩招魂，遂鬱鬱以歿，年未五十也」。[7]文忠林則徐卒於一八五〇年歲暮，則林樹梅卒年當在一八五〇年以後。劉家謀《觀海集》有〈為嘯雲刪詩畢未寄去訃音至矣〉之詩，作年為一八五一年。據此可以推知，林樹梅卒年為一八五一年。

林樹梅少負奇氣、不屑於制藝之學。及長，乃以布衣出入於臺、廈、漳、泉當道諸公幕中。林樹梅的幕友生涯，在其作品裡有所記載。例如，〈再渡臺灣記〉記：一八三六年，曹懷樸「調宰鳳山，招樹梅佐幕事，……遂從行」[8]；〈上官都尉家傳〉記：「比佐鳳山幕府，檢案牘得都尉履歷」[9]；〈明自許先生傳〉記：「……其後半尚闕，……訪數年，忽見之楊立齋鎮軍幕府」[10]。我們據此可知，林樹梅生前以幕友為業，曾出入於曹懷樸、楊立齋等當道諸公幕府。高澍然謂《嘯雲山人文鈔》「多鳳山幕中作」[11]，周凱則謂：「林生樹梅，

---

4 林樹梅:《嘯雲山人文鈔》，卷7。

5 林樹梅：《嘯雲詩鈔初編》，卷首。

6 高澍然：《抑快軒文集》第1冊（南京市：江蘇廣陵古籍刻印社，1998年12月），頁191。

7 《金門縣志》下冊（金門縣：金門縣文獻委員會，1958年2月），頁471。

8 林樹梅：《嘯雲山人文鈔》，卷3。

9 林樹梅：《嘯雲山人文鈔》，卷5。

10 林樹梅：《嘯雲山人文鈔》，卷5。

11 林樹梅：《嘯雲山人文鈔》，卷首。

天資卓絕，遇事又能用心，今來臺陽從事幕府。」[12]

附帶言之。林樹梅《嘯雲銕筆》一書，久訪而未得。呂世宜〈嘯雲銕筆序〉謂：

> 嘯雲善用筆，古文筆清，詩筆古，書畫筆屈強離奇而不可方物，此余所習知者外，此為銕筆，古雅絕倫，得意時趙次閑、陳曼生輩弗讓也。[13]

據此又可知，林樹梅古文、詩、書、畫、印俱佳，其篆刻藝術上的成就可以不避清代篆刻名家陳曼生和趙次閑。

林樹梅作品裡有關明監國魯王、鄭成功、盧若騰、陳第生平史實的資訊，亦頗可注意。

關於明監國魯王與鄭成功。

道光十二年（1832），林樹梅在金門發現明監國魯王書摩崖石刻「漢影雲根」一方及墓葬一處。林樹梅據「土人皆稱王墓」和「沈文開輓魯王詩序言墓前有大湖」，認為該墓葬即「明監國魯王墓」，遂作「明監國魯王墓圖」和〈明監國魯王墓圖記〉。〈明監國魯王墓圖記〉考魯王卒年、死因和死地甚詳，其文略謂：

> 林霍《續閩書》：王素有哮疾，壬寅十一月十三日中痰薨，生萬曆戊午五月十五日，年四十有五，葬金門城東青山前，王所嘗游地也。吾鄉盧牧洲尚書《島噫集》有〈辛丑仲夏壽魯王〉詩，壬寅仲夏又作〈泰山高壽魯王〉詩，則謝山（按：即全謝山）主沈（按：即沈斯奄）說近是。[14]

---

12 林樹梅：《嘯雲山人文鈔》，卷1。

13 呂世宜：《愛吾廬文鈔》（光緒丁丑〔1877〕刻本）。

14 林樹梅；《嘯雲山人文鈔》，卷4。

又有〈修前明魯王墓即事〉詩并序，序云：

> 王諱以海，字太川，明太祖十世孫。丙戌浙師潰至金門，依鄭成功。以哮疾薨於壬寅十一月十三日，葬金門城東。或謂沉之海，殂於臺，皆傳聞誤也。[15]

《明史》和某些野史如《三藩記事本末》在魯王死因問題上有「成功使人沉之海中」之說。林樹梅力排成說和眾議，說明魯王卒年、死因和死地，為鄭成功辯誣。

林樹梅之說後來得到證實。一九五九年二月十二日在金門發現的〈皇明監國魯王壙志〉(碑刻)記：「王素有哮疾，壬寅十一月十三日中痰而薨。」當然，林樹梅當年發現的墓葬並非魯王墓葬，「明監國魯王真冢」於一九五九年二月十二日在金門城東青山前發現。

關於盧若騰。

林樹梅《明自許先生傳》[16]詳述盧若騰生平、著述等情，俱見輯佚考據之功。例如，盧若騰《值筆》一書，是林樹梅「搜訪數年」，先後於兩處得其殘稿始合為全璧的，盧若騰絕筆未竟之作《島居隨錄》，亦經林樹梅多年訪求，「道光丁亥吳君學元得原稿之半以贈樹梅，辛卯屬傅君醇儒訪於盧君逢時遂合而完之」；又如，《明自許先生傳》據盧若騰的著作、墓葬、木主及盧氏後人的口碑，訂正前人關於「進士盧若騰墓在澎湖」、盧若騰著《方輿圖考》(應為《方輿互考》)、盧若騰卒日為「三月辛巳」(應為「三月十九日」)諸說。

關於陳第。

明代名將、名儒和著名旅行家陳第在《明史》中無傳、郡志亦無傳。林樹梅「先後搜輯先生所著《伏羲圖贊》、《尚書疏衍》、《二戴纂

---

15 林樹梅：《嘯雲詩鈔初編》，卷1。

16 收入林樹梅：《嘯雲山人文鈔》，卷5。

粹》、《毛詩古音考》、《屈宋古音義》、《松軒講義》、《書札燼存》、《謬言》、《意言》、《五嶽游草》、《寄心集》、《考終錄》凡十有二種」，並作《書陳一齋先生集後》，[17]、「欲使後之問故將軍者知武人有學如此。」《書陳一齋先生集後》記陳第「身為名將」、「著書滿家」、「周遊萬里」的生平史實，「至與蠶絲牛毛爭猥細」即一絲不苟的治學態度，以及在「聲音」即音韻學方面的學術成就，是陳第身後第一篇得其真切的傳記。

二

林樹梅作品記有涉及中琉關係之閩臺地方史實。

林樹梅〈琅嶠圖記〉記：

> 嶠地多颶，拔木飛沙經旬月，遲速難預期。近岸水復多石，常觸舟碎，且無港澳可避風，有飄泊落漈不能返者，琉球夷人亦嘗碎舟於此。[18]

〈贈琉球貢使魏有源〉詩並註云：

> 有淵名學源，琉球中山久米府唐營人。道光丁亥接貢來閩，船飄海壇幾壞。先君子遣兵救導且護之歸。戊戌中山王受封禮成，擢為大通官，入朝謝恩。今秋，樹梅遇諸省城，儒雅風流，使我神往。信哉，昇平文教覃敷也。率贈此歌以志遇合之舊。
>
> 魏君家在東海東，十年不見老成翁。一朝相遇不相識，似此離合疑夢中。君來賫奏謝天子，幽燕齊魯記游履。詩滿奚囊秋已

---

17 收入林樹梅：《靜遠齋文鈔》（道光十六年〔1836〕刊本）。

18 林樹梅：《嘯雲山人文鈔》，卷3。

深，讀君佳句為君喜。自君別我盪歸櫓，悲生風木嗟何怙。相看今日宜盡歡，轉使談往淚如雨。去年我過小琉球，君鄉有客時覆舟。為言司土護歸國，吾皇仁愛方懷柔。或傳琉球有大小，荒傖耳食殊未了。讀書盡信古所難，況復海山多浩渺（丁酉八月，樹梅入瑯（琅）嶠番地迨歸，聞有琉球人碎舟於鳳山南海之小琉球嶼。戊戌三月又有碎舟於瑯（琅）者，土番欲盡殺之，乃急遣人諭救，由鳳邑遞送回國。史傳謂小琉球嶼近泉州隸大琉球，天霽登鼓山可望。語皆失實，樹梅嘗至其地考核辨正之）。即今送君重執手，萬里離情君記否。祝君再歲乘長風，得來頻醉十斗酒。[19]

其〈答琉球副使林文瀾〉詩并註云：

予既得魏有淵因晤家文瀾副使，亦雅士也。自言名奕海，先世居閩林浦。明洪武間三十六姓往琉球教導，其祖與焉，遂為中山久米府唐營人。作秀才時嘗三至閩習儒業，歸為大夫。往歲充副貢使，將以明年言歸。出示紀游詩書箑見贈，放歌答之。吾宗有士家琉球，翩翩儒雅能風流。朅來貢獻見天子，朝衣長惹天香留。自云先世出林浦，晉安郡王溯始祖（晉安郡王諱祿公為閩林姓始祖）。此歡何必非三生，此會居然足千古。禮云大夫無外交，此語毋乃徒嘐嘐。方今四海合為一，四海兄弟皆同胞。我曹況復生同姓，更有文章通性命。一朝相遇快奇緣，恨不相從長快詠。我將往采武夷茶，遲汝再來東海槎。詩話樓頭辨詩格，烹茶煮雪看梅花。[20]

19 林樹梅：《嘯雲詩鈔初編》，卷4。

20 林樹梅：《嘯雲詩鈔初編》，卷4。

上記資訊涉及中琉關係之閩臺地方史實包括：

（一）「琉球夷人」嘗「碎舟」於鳳山琅嶠

〈琅嶠圖記〉以時為序，記道光十七年（1837）七月七日至八月初一日，林樹梅奉鳳山縣知縣曹懷樸（謹）之命往琅嶠「勸諭」當地「閩粵民番」止鬥的經歷。文中所記「琉球舟人嘗碎舟於此」當是其時耳聞的史實。

《清代中琉關係檔案四編》收道光九年（1829）〈福建巡撫韓克均為琉球國貢船難船回國事題本〉稱：「查得琉球國王遣正使耳目官毛世輝等來閩進貢，又鳳山縣送到遭風難夷葉渡山等俱於道光九年五月放洋長行回國」。[21]葉渡山等人「遭風」的經歷當是「琉球舟人嘗碎舟於此」的事例之一。

（二）「丁酉八月，樹梅入琅嶠番地迨歸，聞有琉球人碎舟於鳳山南海之小琉球嶼。戊戌三月又有碎舟於琅嶠者，土番欲盡殺之，急遣人諭救，由鳳邑遞送回國」

林樹梅於道光十七年丁酉（1837）八月初一日從琅嶠「番地」歸返郡城，迄於道光十八年戊戌（1838）三月發生於臺灣鳳山縣的兩起「琉球夷人」海難事件，在清代中琉關係檔案裡有明確記載。《清代中琉關係檔案選編》收道光十八年（1838）八月二十七日〈閩浙總督鍾祥等奏撫恤琉球國遭風難民折〉記：

> 竊據鳳山縣知縣曹謹詳報，道光十八年二月初八日有琉球夷人伍名駕坐杉板小船漂至縣轄琅嶠大秀房莊海邊，經漁人陳開等

21 《清代中琉關係檔案四編》（北京市：中華書局，2000年9月），頁588。

救獲登岸。又據該縣詳報，三月十八日有琉球夷船一隻、夷人十四名，遭風飄至小琉球外洋，經巡緝兵船押獲入港，先後送縣譯訊通詳。[22]

(三) 道光丁亥（1827），魏學源等「接貢來閩，船飄海壇幾壞，先君子遣兵救導且護之歸」

作為朝貢制度的補充，琉球接貢制度始於康熙二十八年（1689）。接貢使團的任務是在福建恭迎皇上敕書、欽賞幣帛，以及接京回使臣、在閩存留通事等人員返國。據徐恭生〈清代琉球接貢制度〉所附〈清代琉球接貢使臣表〉，魏學源屬於道光七年（1827）接貢使團之「存留通事」。[23]該接貢船「船飄海壇幾壞，先君子遣兵救導且護之歸」係指接貢船來閩途中飄流至於海壇，福州水師營參將林廷福（林樹梅養父）派兵救導並護送到省。《清代中琉關係檔案續編》收道光八年（1828）七月初二日〈福建巡撫韓克均為琉球國接貢船附搭飄風難民回國事題本〉記：

查琉球國接貢夷船壹隻，原配官伴水□共捌拾玖員名，於道光七年拾月初六日抵閩，遭風收泊於平潭廳糖嶼澳。該夷船內通事魏學源等肆拾壹員名，先由陸路來省，於拾壹月初壹日安插館驛。其原船壹隻並都通事魏思聰等官伴水□肆拾捌員名，並土產貨物於道光捌年參月拾柒日到省安插館驛。[24]

22 《清代中琉關係檔案選編》（北京市：中華書局，1993年4月），頁771。

23 徐恭生：〈清代琉球接貢制度〉，收入《第五屆中琉歷史關係學術會議論文集》（福州市：福建教育出版社，1996年7月）。

24 《清代中琉關係檔案續編》（北京市：中華書局，1994年5月），頁1223。

（四）「琉球副使林文瀾」多次到閩

林樹梅記林文瀾（奕海）「作秀才嘗三至閩習儒業」。

《清代中琉關係檔案續編》收道光六年（1826）七月初三日〈福建巡撫韓克均為琉球國接貢船及護送船回國事題本〉有「又附搭前年進貢存留通事林奕海等官伴壹拾陸員名」[25]之語，據此可知林文瀾曾於道光四年（1824）作為以耳目官向廷楷為正使的琉球進貢使團之「存留通事」來閩，於道光六年（1826）附搭琉球接貢船回國。

林文瀾作為琉球進貢團的副使，於道光十八年（1838）再度來閩，赴京後復返閩居留至道光九年（1839）之「明年」始「言歸」。

（五）福建「三十六姓往琉球教導，其祖與焉，遂為中山久米府唐營人」

林樹梅所記林文瀾「自言名奕海，先世居閩林浦。明洪武間三十六姓往琉球教導，其祖與焉，遂為中山久米府唐營人」，乃是清代道光年間得自琉球閩人後裔的口碑，可印證《明神宗實錄》卷四三八「萬曆三十五年九月己亥」條下「以洪、永間例，初賜琉球閩人三十六姓」的記載。

林樹梅記林文瀾「名奕海」，又記魏有淵「名學源」，其字與名（「文瀾」與「奕海」,「有淵」與「學源」）之間的意義上的聯繫顯而易見，完全合於中國古代命名取字的規矩。

三

林樹梅作品裡關於械鬥、胥役橫行等社會問題的記錄，關於「海船供奉天后」、二次葬等民俗事象的描述，亦是很值得注意的閩臺地

25 《清代中琉關係檔案續編》，頁1208。

方史料。

械鬥曾是閩臺歷史上最嚴重的社會問題之一。道光年間曾任福建汀漳龍道的張集馨於咸豐年間再次到福建任職。離京履新之時，他向咸豐皇帝報告了道光年間福建械鬥情形，君臣之間有如下一番對話：

> 上曰：「彼處械鬥，始於何時？」
> 對曰：「臣查《漳州府志》，盛於永樂末年，其始則不可考。」
> 上曰：「械鬥是何情形？」
> 對曰：「即戰國合縱連橫之意。大村住一族，同姓數千百家；小村住一族，同姓數十家，及百餘家不等。大姓欺凌小姓，而小姓不甘彼欺，糾數十庄小姓而與大族相鬥。」
> 上曰：「地方官不往彈壓麼？」
> 對曰：「臣前過惠安時，見械鬥方起，部伍亦甚整齊。大姓紅旗，小姓白旗，槍炮刀矛，器械俱備，聞金而進，見火而退。當其鬥酣時，官即禁諭，概不遵依。頗有父幫大姓，子幫小姓，互相擊鬥，絕不相顧者。」[26]

此番對話表明，福建（包括臺灣）的械鬥問題甚至引起清廷最高層的關注。

林樹梅作品涉及械鬥問題的資訊包括閩、臺兩地宗族械鬥、分類械鬥和其他械鬥的情形，以及引發械鬥的宗族矛盾、民族或民系矛盾、陋俗、無業遊民等社會原因。其〈戊戌內渡記〉記：

> 陳公曰：「沿途民分大小姓，立紅白旗相鬥殺……」。登岸值陳

26 張集馨：《道咸宦海見聞錄》（北京市：中華書局，1981年），頁266。

> 埭鄉人爭強弱，當衢械門。穿其陣而過。[27]

〈布政司經歷朱公傳〉記：

> （漳州石碼）廳屬自正月朔日至望夜，民登山阜礫石投人，以中傷為佳兆，而被傷報復，輒成械門。[28]

〈琅嶠圖記〉記：

> 琅嶠閩粵民番糾鬥。

又記：

> 往者生番殺庄人龔紅蝦，眾為報仇。粵人挾嫌助番攻社寮、焚廬舍，又嘗收藷於統領埔，殺粵人之擁搶者，坐是相怨益深。

又記：

> 琅嶠地廣人稀，閩、粵、番分處其中，樹援互爭，素稱難化。[29]

〈臺陽竹枝詞〉有詩並註云：

> 闖兄羅漢滿街坊，自詡英雄不可當。與己無仇偏切齒，殺身輕易為檳榔（闖兄、羅漢腳皆匪類也。每睚眥微隙，輒散檳榔，

27 林樹梅：《嘯雲山人文鈔》，卷3。
28 林樹梅：《嘯雲山人文鈔》，卷4。
29 林樹梅：《嘯雲山人文鈔》，卷3。

一呼哄集，當衢械門）。[30]

林樹梅〈與曹懷樸明府條陳鳳山縣初政事宜書〉提出臺灣胥役橫行的社會問題及救濟之法，其文曰：

衙門不能不用胥役，要不可專聽胥役。蓋此輩唯利是圖，寬以待之未必感恩，循理苛以束之易至怨望挾嫌。其最近耳目，不宜使知好惡；其善伺意旨，故當時示莊嚴。臺地皂隸，多係無賴營充。內恃衙門，外通聲氣，甚且勾聯黨援，肆志橫行。每名正役私伙嘗百十人，或有事下鄉，相從者五六十伙，是則四差奉票，追呼將至二百餘人。鄉庄小民，何堪魚肉。拘訊細故，斷不可遽聽添差。至於刁民竄名班役，門掛本官銜燈，籍以雄長生事者，所在多有，尤宜禁革。內署門丁長隨，亦當稽查出入，不許在外交結，庶不致勾通作弊，總在寬嚴並濟而後可收臂指之用。[31]

拙稿〈「船仔媽」與閩臺海上的水神信仰〉[32]舉出閩、臺兩地「海船供奉天后」的若干例證，其中包括林樹梅〈渡臺灣記〉所記「夜半眾嘩曰，水漏入艙。珓卜天后前（海船供奉天后聖母神，甚靈異），得滲處塞而汲之，達旦乃止。」林樹梅〈戰艦說〉亦記：

（閩臺海船）中官廳祀天后曰占櫃，供香火甚謹。[33]

---

30 林樹梅：《嘯雲詩鈔初編》，卷2。

31 林樹梅：《嘯雲山人文鈔》，卷1。

32 收入拙著：《中國文化與閩臺社會》（福州市：海峽文藝出版社，1997年4月）。

33 林樹梅：《嘯雲山人文鈔》，卷9。

林樹梅《明自許先生傳》記有「二次葬」的事例，略謂：

> （盧若騰）先生墓在浯島賢聚村，距樹梅家三里許，俗稱盧軍門墓是也。碣題有「明自許先生牧州盧公之墓」。按先生之孫勖吾自撰其父饒研墓誌曰：通議公（謂先生）之殯於澎也，屬紅夷之警。忽夢公告以寒，覺而心動，復買舟至澎，啟攢歸葬於浯（金門一名浯州）。[34]

此外，林樹梅作品還涉及道光年間臺灣水利建設（如鳳山縣曹公圳）、閩臺海上交通以及抗倭事蹟、鴉片戰爭等，為閩臺地方史研究提供了多方面的寶貴資訊。

二〇〇三年十一月二十日午夜

34 林樹梅：《嘯雲山人文鈔》，卷5。

清季駐設福建的外國領館和外國領事*

一

一八四二年八月二十九日，清廷在英軍炮口威脅下，被迫派遣欽差大臣耆英、伊里布與英國全權代表璞鼎查在泊於南京江面的英國軍艦臯華麗號上籤訂喪權辱國的中英《南京條約》（即《江寧條約》）。該條約之第二款規定：開廣州、福州、廈門、寧波、上海五地為通商口岸，准英國派領事居住。根據此一規定，英國駐廣州首任領事李太郭（G. T. Lay）於一八四三年七月正式到任。是為外國在華設領之始，亦為中外常駐使領制度設立之始。

在福建，英國駐廈門首任領事記布里（H. Gribble）於一八四三年十月二十六日（農曆九月初四日）正式到任；英國駐福州首任領事李太郭（G. T. Lay）於一八四四年七月六日（農曆五月十六日）[1]正式到任。隨之，美國、丹麥、西班牙、葡萄牙、荷蘭等各國亦相繼在福建駐設領館和領事。

據《清季中外使領年表》（北京市：中華書局，1997年重版本），清季駐設福建的外國領館及其設館時間（以首任領事到任時間為設館時間。首任領事到任時間尚待查考者，則以表中所記之首任領事在任或獲任時間記為當年前後）、領事任數為：

---

* 謹以本文紀念陳增輝教授百年誕辰。

1 《福建省志・大事志》（北京市：北京方志出版社，2000年7月），頁91。

英國駐廈門領事館（1843年10月設），記布里（H. Gribble）等十七任；

英國駐福州領事館（1844年7月設），李太郭（G. T. Lay）等十七任；

英國駐三都澳領事館（1903年設），雷夏伯（Herbert F. Brady，英國駐福州領事兼）等三任；

英國駐淡水領事館（1864年設），額勒格里（William Gregory）等十六任（其中，臺灣改設行省前到任者凡五任）；

英國駐臺南（打狗）領事館（1860年前後設），郇和（Robert Swinhoe）等十六任（其中，臺灣改設行省前到任者凡十一任）；

美國駐廈門領事館（1849年設），俾列利查士威林（C. W. Bradley）等十八任；

美國駐福州領事館（1854年設），顯士格立（Caleb Jones）等十一任；

美國駐淡水領事館（1868年5月設），德約翰（John Dodd）等十三任（其中，臺灣改設行省前到任者凡五任）；

美國駐基隆領事館（1874年設），賈士（J. G. Cass，美國駐淡水領事兼）等二任；

美國駐臺南（打狗）領事館（1869年設），李讓禮（General C. W. Le Gendre，美國駐廈門領事兼）等十任（其中，臺灣改設行省前到任者凡六任）；

丹麥駐福州領事館（1863年前後設），William Lemann 等七任；

丹麥駐廈門領事館（1863年前後設），伊理士（Jamieson Elles）等八任；

丹麥駐臺南（打狗）領事館（1867年前後設），賈祿（Chas.

Carroll）等十一任（其中，臺灣改設行省前到任者凡七任。丹麥駐臺南領事，均英國駐臺南領事兼任）；

西班牙駐福州領事館（1863年前後設），播廉（C. Borel）等十一任；

西班牙駐廈門領事館（1863年設），非拉日棟（Fiburceo Faraldo）等十七任；

西班牙駐淡水領事館（1886年前後設），翟理斯（Herbert Allen Giles）等十三任（其中，臺灣改設行省前到任者凡一任。西班牙駐淡水領事，除1897年任上的 Enrique Ortiz 外，其餘均英國駐淡水領事兼任）；

西班牙駐臺南（打狗）領事館（1883年前後設），霍必瀾（Pelham Laird Warren）等六任（其中，臺灣改設行省前到任者凡一任。西班牙駐臺南領事，均英國駐臺南領事兼任）；

葡萄牙駐福州領事館（1863年設），W. H. Luce 等十二任（葡萄牙駐福州領事均法國駐福州領事兼任）；

葡萄牙駐廈門領事館（1863年設），德滴（James Tait 英人）等十四任；

荷蘭駐福州領事館（1863年前後設），Owen Bullock 等四任；

荷蘭駐廈門領事館（1864年前後設），絨信（A. R. Johnston）等十二任；

荷蘭駐淡水領事館（1877年設），德約翰（John Dodd）等五任（其中，臺灣改行省前到任者二任）；

荷蘭駐臺南（打狗）領事館（1875年前後設），Robert Wilson 等三任（其中，臺灣改行省前到任者二任）；

法國駐福州領事館（1861年7月設），馬吉勒烏得（副領事，英國商人）等十六任；

法國駐廈門領事館（1864年設），絨信（A. R. Johnston）等十三任；

法國駐臺南（打狗）領事館（1867年前後設），Neil Mc Phail等十一任（其中，臺灣改設行省前到任者凡七任）；

俄國駐福州領事館（1865年10月設），德理（A. M. Daly）等五任；

俄國駐廈門領事館（1907年設），陸功德（G. Lecomte，法國駐廈門副領事）兼理一任；

德國駐福州領事館（1864年設），居茄（H. Krüger）等九任；

德國駐廈門領事館（1864年設），巴仕楠（Charles Julius Pasedag）等十任；

德國駐淡水領事館（1867年4月設），麥理斯（Jamesnm Milisch）等十三任（其中，臺灣改設行省前到任者凡五任）；

德國駐臺南（打狗）領事館（1865年2月設），郇和（Robert Swinhoe）等十四任（其中，臺灣改設行省前到任者凡九任）；

瑞、挪駐福州領事館（1863年前後設），D. O. Clark 等六任；

瑞、挪駐廈門領事館（1867年4月設），古利嘉查厘（Charles Krüger）等十三任；

日本駐福州領事館（1872年10月設），井田（Y. Ida）等十任；

日本駐三都澳領事館（1903年設），中村巍（Takashi Nakamura）等四任（均由日本駐福州領事兼）；

日本駐廈門領事館（1875年設），福島九成（K. Fukushima）等八任；

日本駐淡水、臺南領事館（1875年設），福島九成（K. Fukushima，日本駐廈門領事兼）等二任；

奧匈駐福州領事館（1880年設），星察理（Chas. A. Sinclair）等七任（均英國駐福州領事兼任）；

奧匈駐廈門領事館（1874年設），柏威林（William Henry Pedder）等八任（均英國駐廈門領事兼任）；

奧匈駐淡水領事館（1869年8月設），額勒格里（Willam Gregory）等十五任（其中，臺灣改設行省前到任者凡四任。奧匈駐淡水領事，均英國駐淡水領事兼任）；

奧匈駐臺南（打狗）領事館（1869年設），郇和（Robert Swinhoe）等十任（其中，臺灣改設行省前到任者凡六任。奧匈駐臺南領事，均英國駐臺南領事兼任）；

夏威夷駐廈門領事館（1897年9月設），R. H. Bruce署理一任；

比利時駐福州領事館（1900年設），李百協（J. Bribosia）等二任；

比利時駐廈門領事館（1891年6月設），范嘉士（Francis Cass）等三任；

義大利駐福州領事館（1902年設），福羅秘車利（Z. Volpicelli，義大利駐香港領事兼）一任；

義大利駐廈門領事館（1902年7月設），福羅秘車利（Z. Volpicelli，義大利駐香港領事兼）一任；

義大利駐三都澳領事館（1909年設），福羅秘車利（Z. Volpicelli，義大利駐香港領事兼）一任；

墨西哥駐福州領事館（1903年10月設），西歷山大星順一任；

墨西哥駐廈門領事館（1903年11月設），鄔彥努一任。

上記五十個外國領事館中，丹麥駐福州領事館、丹麥駐廈門領事館和丹麥駐臺南（打狗）領事館等十二個外國領事館的設館時間（即首任領事到任時間）尚待查考。

我藏有丹麥前駐華大使白慕申（Christopner Bo Bramsen）所著《和平與友誼：丹麥與中國的官方關係（1674-2000）》（*Peace and Friendship: Denmark's Official Relations with China (1674-2000)*）一

書。[2]該書第四十五頁記：

> 在沿海通商口岸，主要是請英國商人出任丹麥領事，在福建省就是如此。通商口岸廈門一八四三年對英人開放，外國人都定居在鼓浪嶼。在那裡埃勒斯公司的主管、英國商人詹姆斯·埃勒斯在一八五八年至一八六九年間擔任丹麥領事。在一八四四年開放的福州，出任丹麥領事的包括威廉·亨利·格林（從1858年至1863年）和查理斯·王爾德（從1865至1871年），他們兩人都是在吉爾曼公司工作的商人。

埃勒斯公司（Elles & Co.）即怡和洋行，吉爾曼公司（Gilman & Co.）即太平洋行。詹姆斯·埃勒斯（Jamieson Elles）在《清季中外使領年表》裡記為伊理士，是 Jamieson Elles 本人使用的漢名。看來，伊理士始任丹麥駐廈門首任領事的時間（亦即丹麥駐廈門領事館的設館時間）為一八五八年；威廉·亨利·格林（William Henry Green）在《清季中外使領年表》裡失記，他擔任丹麥駐福州首任領事的時間（亦即丹麥駐福州領事館的設館時間）也是一八五八年。該書第六十五頁記：

> 丹麥在廈門的名譽領事中有許多商人，有埃爾斯公司的海因里·希彼得森（1872-1881）和倫達爾·派（1882-1892）以及弗蘭克·萊伯恩（1894-1904），約翰·詹姆斯·鄧恩（1905-1911）等。在福州，丹麥由查爾斯·卡羅爾（1871-1872）、威廉·斯圖爾特·楊（1875-1878）和怡和洋行的威廉·佩德遜（1881-1888）代表。1894年起俄國領事館照料了丹麥在福州的利益。

---

2 丹麥哥本哈根北歐亞洲研究所（NIAS）2000年，中英文對照本。

在《清季中外使領年表》裡，海因里希·彼得森（Heinrich A. Peterseon），記為庇特森，弗蘭克·萊伯恩（FrankLaeyburn）記為雷班、約翰·詹姆斯·鄧恩（John James Dunne）記為笪滿，均其本人使用過的漢名，《清季中外使領年表》所記其始任、在任時間則似尚可查考；一八七一至一八七二年在丹麥駐福州領事任上的查爾斯·卡羅爾（Charles Carroll）之名，應在《清季中外使領年表》裡補記。該書第四十七頁記：

> 在若干其他通商口岸，是請已經在英國在華領事系統工作的官員出任丹麥領事。在臺灣就是如此。從一八六一年起在不同階段，有英國領事居住在淡水、基隆、大口和臺南。從一八六六年至一八六九年，丹麥駐臺灣的領事包括有羅伯特·斯文霍依、查爾斯·卡羅爾和威廉·格里哥利。

「大口和臺南」在白慕申英文原著裡作「Dagou（Takow）and Tainan（Taiwan-fu）.」臺南舊為臺灣府所在地，俗稱臺灣府城，故稱：Tainan（Taiwan-fu）；Dagou（Takow）則應譯為「打狗」，是臺南的舊名，因而「大口和臺南」應改為「打狗即臺南」。

羅伯特·斯文霍依（Robert Swinhoe）、查爾斯·卡羅爾（Charles Carroll）和威廉·格里哥利（William Gregory）在《清季中外使領年表》裡分別記為郇和、賈祿和額勒格里，均其本人使用過的漢名。郇和於一八六〇年十二月獲得英國駐臺南（打狗）首任領事的任命。據白慕申所記，郇和、賈祿是「從一八六六年至一八六九年」先後兼任丹麥駐臺南（打狗）領事的。那麼，擔任丹麥駐臺南（打狗）首任領事者應為郇和，而不是賈祿，郇和到任時間（亦即丹麥駐臺南領事館設館時間）應為一八六六年，比《清季中外使領年表》所記「一八六七年」早一年。

據《清季中外使領年表》之〈重版說明〉,《清季中外使領年表》是陳增輝、秦國經和徐恭生等教授從一九七〇年起至一九八〇年止,歷時十年,歷盡艱辛編輯而成的。「陳教授在八十高齡之際,趁赴美國、比利時等國作訪問研究和參加學術會議之機,從各國教會、海關檔案中,蒐集到不少有關清季外國駐華使臣、領事的材料」,為該書重版修訂打下了基礎。作為一部編輯難度大、編輯質量高、受到廣泛歡迎的工具書,《清季中外使領年表》還將一再重版。白慕申所記,或可供再次重版修訂時參考之用也。

二

《清季中外使領年表》之〈重版說明〉謂:

> 中外常駐使領制度的建立,一方面使得資本帝國主義國家能夠更有效地控制清政府,進一步加深了對中國的侵略活動;另一方面,隨著中外使領關係的建立和發展,中外經濟、文化、科技和人員的交流也日益加強,進一步促進了中外關係的發展。

清季外國領事在福建的活動事蹟,可以說明和證明此一評估。

茲舉例言之。

(一)陳孔立教授《廈門史話》記:

> 阿禮國在廈門時,以陰險狡猾的手段,為擴大侵略效勞。他迫使地方官員允許他們住在鼓浪嶼,並且答應由中國人出錢建造領事館,讓他們租用;他一再要求降低海關的稅率,未答覆以前,竟然叫英國商人不向海關交稅,以此來威脅、迫使清政府不得不答應他的無理要求。有一次在附近的農村,人們毆打

> 了兩個在戰爭期間為英國人效勞的漢奸，地方當局拘捕了這兩個壞蛋。阿禮國竟然提出抗議，迫使地方當局予以釋放。後來阿禮國報告說：「所給予的伸雪，雖然太遲，可是就下述一點而論是令人滿意的，即這一措施無異是中國當局方面明白承認，我有權保護英國人所僱用的任何中國人不受無理的欺凌」。[3]

據《清季中外使領年表》，阿禮國（Rutherford Alcock）於一八四四年十一月任英國駐廈門領事，一八四五年三月改任英國駐福州領事。另據《福建省志．大事志》，一八四四年九月二十七日（西曆十一月七日），「英繼任廈門領事阿禮國到達廈門，不久在鼓浪嶼租房設立領事館」；同年十一月，「阿禮國迫使廈門當局釋放在鴉片戰爭期間出售食物給英軍的兩名罪犯」。[4]

阿禮國的幫兇、一八五四年八月任英國駐廈門領事的巴夏禮（Harry Smith Parkaes），在福建也有十足的「對中國的侵略活動」。

一八四五年十月四日（農曆九月初四日），時任英國駐福州領事館翻譯的巴夏禮在福州城內清兵營附近與當地居民發生衝突，阿禮國和巴夏禮竟迫使清政府出兵鎮壓當地居民。

巴夏禮在英國駐廈門領事任上，不僅不協助中國海關查禁英國商人的鴉片走私行為，反而努力使鴉片貿易合法化。巴夏禮始任英國駐廈門領事的一八五四年，廈門及其周邊地區走私的鴉片多達三八六〇擔。[5]

巴夏禮後來在英國駐廣州領事任上，一手挑起了第二次鴉片戰爭。阿禮國和巴夏禮被稱為「通商口岸最有效力的殖民官員」。[6]

---

3 馬士：《中華帝國對外關係史》，卷1，頁422。轉引自陳孔立：《廈門史話》（廈門市：鷺江出版社，1996年7月），頁47。本文在轉引時，對原引文錯誤之處作了訂正。

4 引自《福建省志．大事志》，頁91。

5 據陳孔立：《廈門史話》，頁47-48。

6 據陳孔立：《廈門史話》，頁47-48。

（二）在西方宗教傳播引起的民、教衝突事件（即「教案」）裡，外國領事往往扮演「有效地控制清政府」的角色。

陳增輝教授主編的《清末教案》第四輯收有〈閩北宗座代牧瑪索（Masot）的書簡〉，其文略謂：

> 我非常害怕這個興旺發達的教區會徹底崩潰。經過法國領事的調停，我上訴福州最高當局，他們最初只給予我們一些支吾搪塞的回答。然而法國領事講得既氣勢洶洶又堅定不移，總督害怕引起非常嚴重的糾紛，於是便下令囚禁了這些惡性事件的主要肇事者。他為了此目的而派遣一位官吏前往福清，以研究全部事件以及萬肅順的行為。基督徒們得以安全地返回他們的村莊。大家將他們的住宅和耕地都還給了他們並支付了少量賠款。
>
> ……
>
> 由於海盜頻繁出沒於所有這些中國海中，他們在福建沿海為所欲為，所以總督大約於同時派出了百餘名士兵陪同的一名特使，以便從海岸清除這些海盜。他們以捉拿海盜為藉口，從關押囚禁基督徒、無抵抗能力的貧苦耕田人而開始。由於法國領事高樂待（Claudel）先生的支持，我才得以獲准使總督研究事態。其結果是釋放所有被囚禁的基督徒，退還由衙役向他（們）勒索的錢財。從此以後，我再未獲知萬肅順曾粗暴虐待過我們的基督徒。[7]

瑪索（Masot）為法國傳教士，一八八四年任天主教福建宗座代牧；萬肅順時任福清縣知縣；高樂待（Claudel）即保羅·克羅岱爾（Paul Claudel），一八九六年四月任法國駐福州領事，並兼任葡萄牙

7 《清末教案》第4輯（北京市：中華書局，2000年10月），頁568-569。

駐福州領事、西班牙駐福州領事。[8]

陳增輝教授等人在《記清代各國駐福州歷屆領事》[9]一文談及，一八四五年「六月，英國傳教士在領事庇護下，由中洲搬入神光寺居住」引發了福州神光寺事件。在此一事件裡充當庇護者角色的英國駐福州領事正是阿禮國。同文又引閩浙總督裕泰一八五一年四月八日奏摺，披露英國駐福州領事闞那（W. Connor）、星察理（Chas. A. Sinclair）先後在任上迫使清政府按其無理要求處理民、教衝突事件的史實。

（三）出於政治的動機、文學的愛好和學術的興趣，外國領事或多或少在「中外經濟、文化、科技和人員的交往」方面有所用力。

據林金水教授和謝必震教授主編的《福建對外文化交流史》[10]，清季外國領事在福建、在文化和科技交流方面的事蹟包括：

> 一八五二年，巴夏禮在《亞洲文會會刊》第十三期發表〈福州府的紙幣與錢莊制度〉（An Account of the Paper Currency and Banking System of Fuchow foo）。巴夏禮於一八四四年任英國駐廈門領事阿禮國的翻譯，一八四五年三月隨阿禮國轉任福州，一八五四年八月任英國駐廈門領事；
> 一八七〇年，賈祿將馮夢龍的〈蔣興哥重會珍珠衫〉[11]英譯為〈珠繡服裝〉（The Pearl embroidered Garment），譯文刊於當年

---

8 高樂待（保羅．克羅岱爾）後來成為法國二十世紀上半期最重要的作家之一。他的姐姐卡蜜爾．克羅岱爾系法國雕塑家，法國電影《卡蜜爾》（又名《羅丹的情人》）裡女主角的原型。在該電影裡有高樂待（保羅．克羅岱爾）寄回福州港口風光照片的情節。

9 載《福州文史資料選輯》第7輯（1987年12月），頁169-177。

10 林金水、謝必震主編：《福建對外文化交流史》（福州市：福建教育出版社，1997年12月）。林金水教授和謝必震教授在研究工作中曾得到陳增輝教授的指導和幫助。

11 〈蔣興哥重會珍珠衫〉，收入馮夢龍編：《喻世明言》。

第三期《鳳凰》（*The Phoenix*）。賈祿於一八六六年任英國駐臺南（打狗）代理領事，曾任英國駐福州副領事；

一八八六年前後，翟理斯（H. A. Giles）將宋慈〈洗冤錄〉英譯為 The Hsi Yuan Lu, or Instructions to Coroners（〈洗冤錄〉，或〈驗屍官導論〉）。譯文刊於《中國評論》（*The China Review*）第三期。翟理斯一八八〇年八月任英國駐廈門代理領事，一八八六年七月在英國駐淡水代理領事任上；

一八八六年，胡力穡（Richard Willet Hurst）將馮夢龍〈三孝廉讓產立高名〉英譯為〈三個無私的文人的故事〉(Story of the Three Unselfish Literati)，〈兩縣令競義婚孤女〉[12]英譯為〈中國灰姑娘的故事〉（Story of a Chinese Cinderella），譯文刊於《中國評論》第十五期。胡力穡於一八九三年十二月在英國駐臺南（打狗）領事任上；

一八八九年，費笠士（George Phillips）在《通報》當年第五期發表〈福建的橋樑〉（Some Fuh-kien Bridges）。費笠士於一八八〇年二月在英國駐臺南（打狗）領事任上，一八八七年十一月任英國駐福州領事；

一八九二年，壁（璧）洛（Edward Bedloe）在《地理雜誌》（*Goldth waite*）發表〈福建勞工的社會生活〉（Social Life among the Laboring Classes in the Province of Fokien）。壁（璧）洛於一八九〇年任美國駐廈門領事。

三

上世紀七十年代末，我曾有幸在母校福建師大圖書館之期刊書庫

12 〈三孝廉讓產立高名〉、〈兩縣令競義婚孤女〉，收入馮夢龍編：《醒世恆言》。

裡親聆陳增輝教授的教誨。當時，我在母校中文系讀大一。在詢問了我的系別、年級和姓名後，陳增輝教授勉勵我留心收集資料。二十年後，我在母校歷史系資料室裡看到了陳增輝教授主持編制和收集的「外國來華人員資料卡片」和各種圖書資料，肅然起敬。寫作本文時，我主要借助陳增輝教授及其同事的研究成果，並從陳增輝教授主編的《清末教案》第四輯之〈譯後記〉得知陳增輝教授「於一九九四年逝世時享年九十一歲」，心存感念！陳增輝教授參與開創福建師大歷史系中外關係史研究的學術傳統和中國基督教史研究的學科建設，其功不泯。

二〇〇三年元月二十三日凌晨寫就

地域歷史人群研究：臺灣進士

一

臺灣進士作為一個於今不在和於今不再的人群、作為一個地域歷史人群，其成員總數有種種說法。其中，最為誇張的是「清朝兩百多年間，臺籍進士總共才三百零六名」[1]之說。

在臺灣，最早就此一問題給出答案並列出臺灣進士名錄的是黃典權教授。

一九七二年，臺南成功大學歷史系教授黃典權從「歷科進士題名碑錄」、「歷科進士題名碑拓片」中檢索，得臺灣進士三十一名。黃典權教授的這項研究以〈清進士題名碑中之臺灣進士〉為題發表於《臺南文化》第九卷第三期（1972年3月10日）。

黃典權教授的研究給後人留下研究的便利、也留下研究的空間。在研究的空間方面，黃典權教授在臺灣進士名錄裡漏列「張維垣」，誤「葉題雁」為「黃題雁」；又在文中留存陳夢球的籍貫和施士洁的甲第兩個問題。

茲從《明清進士題名碑錄索引》（上海市：上海古籍出版社，1980年）錄出臺灣進士之姓名、科年、甲第、名次、籍貫如下：

陳夢球

康熙三十三年甲戌科（1694），二甲第三十一名，正白旗；

---

1 見臺灣《聯合報》1992年12月23日。臺灣學者的某些著作也有此誇張的說法。

王克捷

乾隆二十二年丁丑科（1757），三甲第四十三名，諸羅縣；

莊文進

乾隆三十一年丙戌科（1766），三甲第七十一名，鳳山縣；

鄭用錫

道光三年癸未科（1823），三甲第一〇九名，淡水縣；

曾維楨

道光六年丙戌科（1826），二甲第六十八名，彰化縣；

黃驤雲

道光九年己丑科（1829），二甲第七十二名，臺灣縣；

郭望安

道光十五年乙未科（1835），三甲第七十一名，嘉義縣；

蔡廷蘭

道光二十五年乙巳恩科（1845），二甲第六十一名，澎湖廳；

施瓊芳

道光二十五年乙巳恩科（1845），三甲第八十四名，臺灣縣；

楊士芬（芳）[2]

同治七年戊辰科（1868），三甲第一一八名，噶瑪蘭廳；

張維垣

同治十年辛未（1871），二甲第一一八名，臺灣縣；

陳望曾

同治十三年甲戌科（1874），三甲第六十九名，臺灣縣；

蔡德芳

同治十三年甲戌科（1874），三甲第七十九名，彰化縣；

2　《明清進士題名碑錄索引》分碑錄與索引兩個部分。在碑錄部分作「楊士芬」，顯係誤植；在索引部分作「楊士芳」，無誤。

施炳修

同治十三年甲戌科（1874），三甲第二○○名，彰化縣；

施士洁

光緒二年丙子恩科（1876），三甲第二名，臺灣縣；

黃登瀛

光緒三年丁丑科（1877），三甲第三十三名，嘉義縣；

丁壽泉

光緒六年庚辰科（1880），三甲第四十八名，彰化縣；

葉題雁

光緒六年庚辰科（1880），三甲第六十名，臺灣縣；

張覲光

光緒六年庚辰科（1880），三甲第一○八名，臺灣縣；

江昶榮

光緒九年癸未科（1883），三甲第一三七名，臺灣縣；

林啟東

光緒十二年丙戌科（1886），二甲第一○一名，嘉義縣；

徐德欽

光緒十二年丙戌科（1886），三甲第二名，嘉義縣；

蔡壽星

光緒十二年丙戌科（1886），三甲第六十四名，彰化縣；

丘逢甲

光緒十五年己丑科（1889），三甲第九十六名，彰化縣；

許南英

光緒十六年庚寅科（1890），三甲第六十一名，安平縣；

陳登元

光緒十八年壬辰科（1892），三甲第五十名，淡水縣；

施之東
光緒二十年甲午恩科（1894），二甲第八十三名，彰化縣；
李清琦
光緒二十年甲午恩科（1894），二甲第一〇五名，彰化縣；
蕭逢源
光緒二十年甲午恩科（1894），三甲第六十名，鳳山縣；
黃彥鴻
光緒二十四年戊戌科（1898），二甲第八十五名，淡水縣；
陳濬芝
光緒二十四年戊戌科（1898），三甲第一八四名，新竹縣；
汪春源
光緒二十九年癸卯科（1903），三甲第一二〇名，安平縣。

以上臺灣進士凡三十二名。

關於陳夢球的籍貫，《明清進士題名碑錄索引》明載為「正白旗」，為什麼將陳夢球列為臺灣進士？

《臺灣府志》（清康熙三十五年序刊補刻本）之〈舉人年表〉於（康熙）「三十二年癸酉鄭基生榜」條下記：

（臺灣縣）陳夢球，習易經，隸籍正白旗，中北闈。

同書之〈進士年表〉於「康熙三十三年」條下記：

（臺灣縣）陳夢球，習易經，隸籍正白旗。

《泉州府志》（乾隆版）之〈人物志〉則記：

> 陳夢球，號二受，同安人。鼎孫，永華子，入白旗。康熙癸酉以旗籍中式順天舉人。甲戌進士。皇祖召問臺灣遺事，嘉其父忠義，即日擢編修，每對大臣曰：此忠義永華子也。

據《臺灣歷史人物小傳》[3]，陳永華為鄭成功部將，在臺「請建聖廟、開科舉、設學校」;「子夢煒、夢球」，陳夢煒的主要事蹟是：「清人下澎湖，奉命納款降。清聖祖以永華賢，親召見之，授船廠副將」。看來，陳夢球「隸籍正白旗」、「入白旗」乃從「納款降」而來。陳夢球「以旗籍中式順天舉人」、「中北闈」，以其考地稱順天舉人可，以其住地稱臺灣舉人亦無不可。當陳夢球又「以旗籍」中進士、點翰林，他是從全國考試而非地方考試中勝出，自可以其住地稱「臺灣進士」、「臺灣翰林」也。

關於施士洁的甲第，黃典權教授謂：

> 筆者前年應臺灣銀行經濟研究室之囑，編輯施士洁《後蘇龕合集》，附有弁言，介進士簡歷，查其科第詳情，渴望得此進士題名碑一考之，甚憾其書不遇。用乃囑請施氏後人查錄士潔神主以為據，讀其銜曰「賜進士出身」，則屬二甲，故弁言從之。前年走訪寓南（按，即臺南）之荷蘭留學人施博爾先生，獲見「哈佛燕京學社引得特刊第十九號」《增校清朝進士題名碑錄附引得》一書，讀其「光緒二年丙子恩科」一錄，士潔為「三甲第二名」，則余前在〈後蘇龕合集・弁言〉中據士潔神主所作之「二甲」者誤矣。[4]

---

3 《臺灣歷史人物小傳》(臺灣圖書館，2001年12月增訂再版本)。

4 黃典權：〈清進士題名碑中之臺灣進士〉,《臺南文化》第9卷第3期（1972年3月10日）。

神主（又稱「神位」、「木主」等）乃死者後人所制，照理也不應有誤。不說明其所以誤，仍是一個問題。

關於施士洁的甲第，臺南施氏後人所藏施士洁神主記為「賜進士出身」，福建石獅永寧西岑村（施士洁祖籍地）施氏族人所藏《岑江施氏族譜》也有相同的記載。我曾到西岑村做田野調查，收集有，〈岑江施氏重修家廟碑〉照片一幀。碑文之末有「賜進士出身欽點內閣中書員外郎銜奉直大夫十六世裔孫士洁芸航甫謹撰」之語（該碑文已收入《後蘇龕合集》，但文末之語未一併收入）。據此推測，施士洁神主及《岑江施氏族譜》關於施士洁甲第的記載乃從〈岑江施氏重修家廟碑〉而來。其碑文有明顯錯誤，「士洁芸航」即其一例。士洁號芸況，又號澐舫，碑文中「芸航」乃將「芸況」與「澐舫」混同起來，又誤「舫」字為「航」字。看來，「賜進士出身」（二甲）也是施氏重修家廟的主事人或石刻匠人於「賜同進士出身」（三甲）脫一「同」字之誤所致也。

附帶言之，歷科進士題名碑迄今完好地保存於北京國子監舊址；黃典權教授當年在臺南所見「荷蘭留學人施博爾先生」即施舟人（K. M. Schipper），現任福州大學特聘教授，所見《增校清朝進士題名碑錄附引得》（《哈佛燕京學社引得特刊》第19號）現藏於施舟人教授與其妻子袁冰凌博士創立的福州大學西觀藏書樓。

二

科名佳話歷來是學界留意的題目。

茲就聞見所及、研究所得，報告臺灣進士之科名佳話於下：

（一）父子進士

臺灣進士中，施瓊芳與施士洁為父子。

這一對父子進士、進士父子，曾先後主持臺灣海東書院，對臺灣教育、文化的發展有所貢獻。

海東書院建立於康熙五十九年（1720），院址在臺灣府城（今臺南市）。海東書院為臺灣全島及澎湖列島聲名最隆的書院，又以院中有古榕一株，額曰「榕壇」，故有「臺澎講院」和「榕壇講院」的別稱。

據施士洁〈臺澎海東書院課選序〉（收施士洁《後蘇龕合集》），施瓊芳擔任海東書院山長期間，與臺灣「巡道兼督學」徐樹人在院中增設「以賦詩雜作相與切磋」的「小課」。一八八六年，施士洁受聘任海東書院山長後，又恢復了先由徐樹人、施瓊芳在海東書院增設的「以賦詩雜作相與切磋」之課，這在汪春源的《窺園留草》〈汪序〉中是有記載的：「時臺學使灌陽唐公禮延耐公施先生掌教臺澎講院，於制義試帖外倡為詩古文詞之學」。

施瓊芳、施士洁父子增開賦詩雜作之課的努力，有明顯的成效。如：海東書院的課藝刻本（如《瀛洲教士錄》）於制藝試貼外，有〈保生帝〉、〈羅漢腳〉、〈草地人〉等反映民生、民俗和社會問題的作品；施士洁在海東書院的學生中，丘逢甲「工詩古文詞，而不工制義」[5]，這同海東書院「倡為詩古文詞之學」的教育直接相關。

臺灣《聯合報》一九九二年十二月二十八日載有〈臺南米街父子進士〉一文，記施瓊芳、施士洁父子的故事，相當有趣。唯文中所記「老進士不喜宗親滋事，自然也不理會事端，……。宗親怪老進士沒膽量，憤稱其為『女進士』，轉而找小進士代為撐腰」的情節，未宜率爾據信。「老進士」施瓊芳逝世之時，「小進士」施士洁年方十四歲（施士洁〈重刻《北郭園全集》序〉有「潔生也晚，……又不幸十四歲而孤」之語），尚未成為「小進士」也。

5　洪棄生：《寄鶴齋選集》（新北市：大通書局，《臺灣文獻史料叢刊》本，1987年），頁208。

施瓊芳，字星階，施士洁的友人、一八八二年任臺灣知縣的祁徵祥亦字星階。施士洁在其詩文中，為避父諱，將「祁星階」缺筆寫作「祁星皆」，或改用同音、同義字寫作「祁辛陔」、「祁星垓」。

（二）師生同榜

在臺灣進士裡，蔡廷蘭堪稱大器晚成的人物。一八四五年，蔡廷蘭名列道光二十五年乙巳恩科二甲第六十一名進士，時年四十五歲。

其實，蔡廷蘭成名頗早。一八三一年，澎湖遭受風災，蔡廷蘭以〈請急賑歌〉受知於來澎勘賑之泉永道周芸皋；一八三五年，蔡廷蘭渡海參加福建鄉試報罷，歸途遇風，隨船漂浮至於越南，蔡廷蘭就其遇險經歷作《海南雜著》，臺灣當道諸公為之序跋；一八三四年至一八四五年，蔡廷蘭先後擔任臺灣引心書院、崇文書院、文石書院講席，門下多俊秀。與蔡廷蘭同榜中為三甲第八十四名進士的施瓊芳就是蔡廷蘭在引心書院的學生。

同蔡廷蘭一樣，施瓊芳在科舉之途上亦頗多挫折。一八三八年，施瓊芳首赴會試（道光十八年戊戌科），已薦未售，遂留邸都中，閉門苦讀。此後又連應道光二十年庚子科（1840）、道光二十一年辛丑恩科（1841）、道光二十四年甲辰科（1844）和道光二十五年乙巳恩科（1845）會試。中為進士時，年屆而立。其時，施瓊芳有〈苑柳詩〉之句云：「不管人間離別事，生來只識狀元袍」。

（三）臺灣四翰林

清代翰林（翰林院修撰、編修、檢討和庶吉士的合稱）主要是從進士選拔充任的。清代貢士經過殿試取得出身（即進士資格）以後，由禮部按名次送由翰林院掌院學士奏請皇帝再試保和殿，稱為朝考。考後結合殿試名次欽賜各職，前列者用為翰林院庶吉士（狀元為翰林院修撰），其餘分別為六部主事、內閣中書和知縣等。庶吉士入翰林院庶常館學習，三年期滿再經御試，分別用為翰林院編修、翰林院檢討及六部主事、內閣中書、知縣等各職。庶吉士期滿考試授職，稱「散館」。

近人朱汝珍輯錄的《詞林輯略》[6]是收錄歷科翰林院庶吉士之姓名、籍貫、科年及散館授職等情況的專書。該書記有臺灣翰林四人：

> 康熙三十三年甲戌科　陳夢球，夢雷弟，字二受、號游龍，福建同安籍侯官人，散館授編修。
>
> 道光六年丙戌科　曾維楨，字雲松，福建彰化人，散館改知縣。
>
> 光緒二十年甲午恩科　李清琦，字壁生，號石鶴，福建彰化人、散館改刑部主事。
>
> 光緒二十四年戊戌科　黃彥鴻，字芸溆，號宗爵，福建淡水人，散館授編修，改軍機章京。

上記「陳夢球」條下之「夢雷弟」及「同安籍侯官人」屬於誤記，陳夢球為「夢煒弟」、祖籍「福建同安」，與侯官籍翰林陳夢雷並無干係。

臺灣翰林除陳夢球、曾維楨、李清琦、黃彥鴻四人外，還有「欽賜翰林」如鄭廷揚。

《淡水廳志》（同治版）卷八〈選舉志〉記鄭廷揚為同治四年乙丑「欽賜翰林」。

據《欽定大清會典事例》[7]，清代「欽賜」的舉人、進士和翰林以其受賜事由可以分為「文才卓著」、「優遇大臣功勛子弟」以及「年老」（年老諸生和年老舉人）三類。康熙六十年，舉人王蘭生、留保二人以「學問好」而「欽賜進士，一體殿試，」殿試後王蘭生取為二

6 收入《中國選舉史料清代編》（臺北市：鼎文書局，1977年）。

7 收入《中國選舉史料清代編》（臺北市：鼎文書局，1977年）。

甲第一名、留保取為二甲第十九名，這是「文才卓著」的一類；嘉慶六年，大學士蔡新的後人蔡行達得「加恩賞給進士」、名列嘉慶六年辛酉恩科（1801）三甲第四十四名，屬於「優遇大臣功勛子弟」的例證；同治四年（補行同治三年甲子科鄉試），「順天年老諸生杜天熙等三名、江蘇魏乾三等五名、江西康遇春等九名、福建邱必鵬等四名，……俱賞給舉人」及同治七年，年老舉人「狄俊等十三名欽賜翰林院檢討銜」，是「年老」的一類。

作為「欽賜翰林」，鄭廷揚當屬於「年老」的一類。

（四）舅甥進士

我藏有同治十年辛未科（1871）二甲第一一八名進士張維垣〈科舉齒錄〉之影印件。

該〈科舉齒錄〉記：

> 母黃氏，例封孺人，誥授武義都尉、原任福建長福營參將諱清泰公女，國學生諱奎光、嘉慶己卯科舉人道光己丑科會魁工部郎中諱驤雲公胞妹。

據此可知，張維垣係道光己丑科（1829）二甲第七十二名進士黃驤雲之甥。

舅甥進士，亦是臺灣文化史上一段佳話。

（五）臺灣四會魁

清代科舉定制，會試之閱卷官（「同考試官」）凡十八人，分為十八房，各房所薦第一名稱「房首」，十八房所薦「房首」合稱「十八會魁」，會魁之首則稱「會元」。

顧炎武《日知錄》謂：

今制，會試用考試官二員，總裁；同考試官十八員，分閱《五經》，謂之十八房。[8]

同治四年乙丑科（1865）二甲第四十名進士李鴻逵詩有「總裁上座諸天佛，分校傍羅十八尊」、「諸公閱卷正歡娛，十八人中九有須」、「會場闈墨喜新鮮，房首人人刻一篇」、「五千餘卷都登戳，十八房文統記存」[9]等句記會試「十八房」之制。

根據「十八房」之制，「十八會魁」名列會試前十八名。

以此衡之，清代臺灣應有四位會魁：

曾維楨，道光六年丙戌科（1826），會試第十一名；

黃驤雲，道光九年己丑科（1829），會試名次不詳，張維垣〈科舉齒錄〉中明載黃驤雲為「道光己丑科會魁」；

張覲光，光緒六年庚辰科（1880），會試第十七名；

許南英，光緒十六年庚寅恩科（1890），會試第十八名；

另據陳浚芝後人陳材騵先生報告，陳氏族人相傳，陳浚芝於光緒二十年甲午恩科（1894）會試名列第九名，因為所填履歷中「五服不明，遣人回鄉查明，未及回報，後被列為第十九名」，陳浚芝並且因此未參加是科殿試。一八九八年，陳浚芝以貢士身分入都補行殿試，名列光緒二十四年戊戌科三甲第一八四名進士。如此說來，陳浚芝亦可稱為半個會魁了。

---

8 引自顧炎武著，黃汝成集釋，秦克誠點校：《日知錄集釋》（長沙市：岳麓書社，1994年5月），頁58。《日知錄集釋》原文句讀有誤，已改。又，「考試官二員」後增至四員。

9 引自《中國狀元辭典》（香港：新世紀出版社，1992年10月），頁181-185。

三

一八九五年以後，以喪權辱國的《馬關條約》肇其端，中國近代史進入災難最為深重的階段。處此多事之秋，臺灣進士仗義而起，留有可歌可泣的忠義事蹟。

茲報告數端。

連橫《臺灣通史》記，一八九五年四月十七日清廷被迫簽訂《馬關條約》，「臺灣舉人會試在北京，聞耗，上書都察院，力爭不可」。據《清光緒朝中日外交史料》卷三十九，發起這次上書的臺灣舉人是：安平縣舉人汪春源、嘉義縣舉人羅秀蕙、淡水縣舉人黃宗鼎（此三人中，汪春源後來成為進士），在京任京職之臺灣進士李清琦、葉題雁亦與焉。當年四月二十八日（農曆四月初四日），汪春源等人到都察院上書，其文略謂：

> ……今者聞朝廷割棄臺地以與倭人，數百萬生靈皆北向慟哭，閭巷婦孺莫不欲食倭人之肉，各懷一不共戴天之仇，誰肯甘心降敵！縱以倭人脅以兵力，而全臺赤子誓不與倭人俱生，勢必勉強支持，至矢亡援絕，數百萬生靈盡歸糜爛而後已。……不知棄此數百萬生靈於仇讎之手，則天下人心必將瓦解，此後誰肯為皇上出力乎？……夫以全臺之地使之戰而陷，全臺之民使之戰而亡，為皇上赤子雖肝腦塗地而無所悔。今一旦委而棄之，則驅忠義之士以事寇讎，臺民終不免一死，然而死有隱痛矣！……與其生為降虜，不如死為義民！

當時有人記下了「臺灣舉人，垂涕而請命」[10]的情形。幾天後即

---

10 黃謀烈等：〈臺民挺險大局可慮籲懇宸斷轉危為安公啟〉，原件藏中國第一歷史檔案館。轉引自姜殿銘：〈任人宰割的歷史絕不能重演〉，《臺灣研究》1995年第3期。

五月二日（農曆四月初八日），汪春源等人又參加了由康有為發起的「公車上書」。

在臺灣，丘逢甲、許南英、施士洁、陳登元等臺灣進士直接參與召募、統領義軍及護衛鄉里、抵抗日軍的鬥爭，許南英並且隨軍轉戰堅持到「全臺之地」、「戰而陷」之日。

一九〇〇年庚子事變，八國聯軍入侵。臺灣進士葉題雁以「戶部郎中」寓於京城南柳巷晉江會館，親見八國聯軍之暴行，憤而作〈外侮痛史〉。其文曰：

> 庚子七月廿一日，洋兵破都城，焚燬劫掠，慘無天日。至廿五日，各國會議分段管轄，出示安民。御史某被洋兵捉去，勒令掃地；內閣某被洋兵捉去，勒令由彰儀門外拉炮車赴琉璃廠。西兵每日巳刻到處捉人，勒令做苦工，或挑水，或洗衣，或擦炮，或拉車，至申刻釋放。
>
> 鏢車廠王五，以義俠聞，甘軍攻使館，匝月不破，王五請開地道以火藥轟開。都城破後，西兵聞知，將王五捉去，閉諸幽室，勒令贖金三千，王五怒斥之，竟被槍殺。
>
> 閏八月十五日，保定藩司廷雍，出郊迎接洋酋，酋取雍冠擲之於地，拿入保府，錮諸耶蘇教堂，九月初八日驅至南城外撲殺之。
>
> 德國帶兵官駐安徽會館，有人從後面擲石破其窗櫺，西兵逞憤，焚燬興勝寺及東南園東北園民房，有二人在沙土園見火光陡起，意欲逃避，德人疑為擲石之人，遂捉而投入火坑中焚斃。至若內府御書被洋兵搬出，在街頭售賣；洋兵開鑾儀庫將儀仗搬出，沿街遊戲。德兵在崇文門外演巨炮，法兵在宣武門內演氣球。日兵在午門內演軍樂隊。護國寺銅佛為前明內監所監造，日兵愛其銅質極佳，鋸成三段，運往東洋；西苑御用汽

> 車，雕鏤精緻，都人謂之花車，法兵以鐵軌驅入西華門等處，乘坐出入，來去自由；大內重器均被日兵攫去；美兵在天壇設停車場。以上各節，當時各國視之，直為纖微小事耳，有何國際公法之在目！[11]

葉題雁此文，「遺稿在家」（葉氏於一九〇四年因母喪回祖籍地泉州居住，一九〇五年病逝），上世紀八十年代末曾得《泉州鯉城文史資料》介紹。史料難得，彌足珍貴。

臺灣淪於日人之手後，又有黃彥鴻、陳浚芝、汪春源三人相繼中為進士。

袁枚《隨園隨筆》記：

> 宋咸淳辛未，正言陳伯文議考試士子，諸路運司牒州縣，先置士籍，編排保伍，取各人戶貫、三代、年甲，書明所習經書。年十五以上實能文者，許自召其鄉之貢士結狀保送，一樣四本，分送縣州漕部。臨唱名時，重行編排保伍，且俾各人親書家狀，以為筆跡之驗。由是後世士子未入場時先投試卷，填寫本身籍貫、年貌、三代，皆親書一通。[12]

「填寫本身籍貫、年貌、三代」是科舉制度規定的重要環節，以其須由當事人「親書一通」，故稱「親供」。

黃彥鴻、陳浚芝、汪春源中為進士時，已分別歸籍或寄籍於福建侯官、福建安溪和福建龍溪，但他們在入場填寫「親供」時，仍然填

---

11 引自中國人民政治協商會議福建省泉州鯉城區委員會文史資料研究委員會編：《泉州鯉城文史資料》第2輯（1987年）。

12 引自袁枚著，王英志主編：《袁枚全集》（南京市：江蘇古籍出版社，1993年9月），卷5，頁149。

寫臺灣籍貫福建淡水、福建新竹和福建安平，以明其不忍臺地割棄、不忘臺灣故土之心。

附帶言之，黃彥鴻為黃宗鼎胞弟，於一八九八年中進士、點翰林，是臺灣淪於日人之手後傲然而起的臺灣進士和臺灣翰林。黃彥鴻後來改授的「軍機章京」是一個重要的職務，俗稱小軍機。清代設軍機處，由滿、漢大臣任軍機大臣，軍機章京為軍機大臣的屬官。軍機處的職責為每日面見皇帝，商議處理軍機要務，上傳下達奏章和諭旨，在實際上掌握了內閣大學士的實權。黃彥鴻是在朝中擔任要職的臺灣進士。另據林琴南〈黃笏山先生畫記〉所記「越乙酉，始與先生喆嗣芸溆太史同事吳航謝枚如師」可知，黃彥鴻（彥鴻字芸溆，黃笏山之第二子）曾渡海遊學於福建長樂名儒謝枚如門下，是近代文化名人林琴南的同窗。

四

梁啟超嘗謂：

> 邑聚千數百童生，拔十數人為生員；省聚萬數千生員，拔百數十人為舉人；天下聚數千舉人，拔百數十人為進士。[13]

臺灣進士從生員、舉人一路走來，從千百萬人中勝出，在「金榜題名」的背後當有多少艱辛、亦當有多少軼事！

茲從赴考路途說起。臺灣懸於海上。臺灣進士在當地取得在學生員資格（俗稱中秀才）後，首先必須渡海參加福建鄉試（臺灣改設行省前為「福建臺灣府」。改設行省後稱「福建臺灣省」，臺灣「文武鄉

---

13 梁啟超：〈各省舉人上皇帝書〉，收入《飲冰室文集》，卷3。

闈，援安徽赴江南匯考之例」，仍歸於福建鄉闈）。[14]出於航海安全和不誤考期的考量，臺灣士子於「渡海」一節形成了一套習俗、一種習慣。徐宗幹《斯未信齋雜錄》[15]記：

> 設酒食遙祭諸生之漂沒者。刊石於門云：「鄉試諸生，小暑節前內渡，過此勿往。」又立石試院云：「鄉試文武生，勿輕出海口，文於小暑前，武於白露後」。又作〈渡海萬全歌〉云：「三四千石新造船，鹿口對渡到泉蚶。三月廿三、四日後，四月初七初八前」。

從小暑前離開臺灣，到九月十五日鄉試放榜歸返臺灣，臺灣士子於考前、考後大都要在福建居留幾個月。臺灣進士莫不有此番經歷，有的甚至有幾番此種經歷。如臺灣進士許南英是三赴鄉試始中舉人的，其〈乙酉鄉試舟至馬江口占〉有句解嘲云：「賣耦小娃猶認得，笑余三度到榕城」。

取得舉人資格後，從臺灣到京城是更為漫長的路途。我曾見道咸年間福建泉州舉人陳師海（1818-1874）的〈由泉晉京沿途事宜〉。文中記，從福州至寧波凡十七站，由寧波啟程至德州又有十數日路程，此後可分三路走，經十七站、十八站或十九站才到達京城。

臺灣進士中有多人幾番往返於此一漫漫長路。例如，陳浚芝於一八八二年中為舉人後，接連應光緒十二年丙戌科（1886）、光緒十五年己丑科（1889）、光緒十六年庚寅恩科（1890）、光緒十八年壬辰科（1892）、光緒二十年甲午恩科（1894）歷科會試，前四次均報罷出都，最後一次取為貢士，但因故未應殿試。一八九八年，陳浚芝再度

---

14 請參見拙論：〈從「福建臺灣府」到「福建臺灣省」〉，收入拙著：《閩臺歷史社會與民俗文化》（廈門市：鷺江出版社，2000年8月）。

15 徐宗幹：《斯未信齋雜錄》（新北市：大通書局《臺灣文獻史料叢刊》本，1987年）。

入京，補行殿試，終於中為進士。又如，汪春源於一八八八年中為舉人後，接連應光緒十六年庚寅恩科（1890）、光緒二十年甲午恩科（1894）、光緒二十一年乙未科（1895）歷科會試，均薦而未售。其間，汪春源未應光緒十八年壬辰科（1892）會試。原因是母親於一八九一年逝世，按宗法禮教制度規定，他應守孝三年（實際上，守孝期滿二十五個月即頭尾三年就算合乎規定）。一八九八年，汪春源再度入京，參加光緒二十年戊戌科會試（1898），中為貢士，但未及應殿試而返。一八九九年，汪春源入京補行殿試。是年，其好友、臺灣進士許南英有〈送汪春源入都補殿試〉、〈題畫梅贈汪杏泉時新登甲榜歸籍〉等詩送往迎來。汪春源既於一八九八年中為貢士，又在一八九九年補行殿試，本來可以列名為辛丑恩科（辛丑正科值清德宗三旬壽辰，原定改為恩科，正科則推遲於壬寅即1902年舉行）進士，但因北京貢院於一九〇〇年被毀，辛丑恩科和壬寅科乃合併為癸卯科於一九〇三年舉行。汪春源終於列名為光緒二十九年癸卯科三甲第一二〇名進士。

陳師海〈由泉晉京沿途事宜〉記舉人到京事宜有「刻齒錄紋銀二兩，亦可隨時講」。「刻齒錄」或在正式揭榜前行之，我所藏張維垣之〈科舉齒錄〉記有會試名次：「會試中式第二百四十四名」，有殿試甲第，卻於殿試名次暫付闕如，作「殿試二甲第□名」；陳師海同文又記：「京城街路多有糞溝，塵埃遮蓋，行路順由街中」，「祭文昌夫子，每位捐大錢一百文」，「拜老師贄見隨力量。門包紋銀九錢，手本三個又短片一張，後寫寓所」，「謁太老師每門包紋銀三錢，贄見係老師代送」。京城街路竟「多糞溝」，贄見「太老師」之禮和贄見「老師」之禮居然畸輕畸重，有趣！

「京師門前關帝廟籤，夙稱奇驗」[16]，赴京應試的舉人常在考試之後、揭榜之前到「京師門前關帝廟」即「正陽門之關廟（俗稱前門

16 轉引自趙翼：《簷曝雜記》（北京市：中華書局，1982年），卷5，頁85。

關廟）」[17]抽籤問卜。臺灣舉人亦未免俗。據臺灣學者黃美娥教授報告，她所見臺灣進士鄭用錫之《北郭園詩文鈔稿本》於〈感悟〉詩後有附記〈正陽門關聖帝籤詩〉，其文曰：

> 「五十功名志已灰，那知富貴逼人來。更行好事存方寸，壽比岡陵位鼎臺」。
>
> 京師正陽門關聖帝籤詩，靈驗著於天下。余於癸未春闈赴試，適有友人告余到廟叩求籤詩，以卜功名上進可否。因如命叩請，求得此籤。時闈試尚未揭曉，得此籤首句有五十功名之語，不勝悵然自失，以為此科猶難上進。迨揭榜，竟邀獲雋。遂藉富貴逼人句，附會靈說指為此科之應，但於「五十」句究竟未有著落。至末二句，不過帝君勸人為善套語，可置勿論。不意距今三十五年，……始恍然大悟，……蓋余於獲雋後數載，赴官京都，至五十歲假班就養，時以養親為急，不復有仕宦志。迨後適有英夷之憂，因為地方出力，兩次得邀議敘，初賞花翎，繼戴藍頂，皆在家始念不到之事。迄至今日，年居七旬，又因運米赴津，得邀議敘二品封典，自顧僅屬虛名，而撫今思昔，證諸帝君所求，一一頗相吻合。……則信乎帝君誠不余欺！而益以見人生自少至老，順逆半由天定，半由人為。其間固有鬼神默相，非到其時不知耳。[18]

臺灣進士有多人曾擔任臺灣各書院山長，於臺灣教育推動頗力。例如，鄭用錫曾主新竹明志書院、蔡廷蘭曾主臺南引心書院、施瓊芳曾主臺南海東書院、楊士芳曾主宜蘭仰山書院、蔡德芳曾主鹿港文開書院、施士洁曾主彰化白沙書院和臺南海東書院、丁壽泉曾主彰化白

---

17 金植：《不下帶編》（北京市：中華書局，1982年），頁85。

18 引自黃美娥：〈一種新史料的發現〉，載《竹塹文獻》第4期（1997年10月）。

沙書院、林啟東曾主臺南崇文書院和嘉義羅山書院、徐德欽曾主嘉義玉峰書院、丘逢甲曾主臺南崇文書院等。

當然，科舉考試有其侷限性。以科舉取士，絕不可能做到野無遺賢。臺灣名儒洪棄生，其文學水準和學術造詣可以不避任何一位臺灣進士，但終其一生連舉人的資格也未取得。洪棄生對此頗不服氣，一八九四年有〈與阿宗及門〉，略謂：

> 賤自去年見闈墨文字，所取半屬眯目。今年此行，早已聽得失於冥漠，只當作山水之遊，而考試為循途之舉。故在涵江聞鄉闈報罷，以一笑置之。及到崇武見闈墨，乃較去年猶野狐之甚！……風氣如是，賤此行可謂賣衣裳於斷髮文身之鄉，多見其不自量也。此後若不逐臭愛醜，恐銷磨不知胡底，一嘆！[19]

在福建漳浦縣，有嘉慶十三年（1808）臺灣彰化文人林用賓生前提刊的題詩墓碑，碑高七十釐米、寬六十釐米，其詩曰：

> 貪狼滾滾燕歸巢，列榜明堂翠黛交。順水長砂原有耀，退天偽筆不須潮。可憎俗眼無高見，妄指天星總混淆。窀穸於今塋葬後，方知甲第石中包。[20]

末署「臺灣彰邑林用賓刊　嘉慶十三年」。林用賓以此方式表達了對科舉制度的不滿。

19 引自洪棄生：《寄鶴齋選集》，頁183-184。

20 引自王文徑編：《漳浦歷代碑刻》（漳浦縣博物館，1994年12月）。

五

上文就「地域歷史人群研究：臺灣進士」提供了若干參考的資料和思考的線索，以待學界同好更為深入的研究。

在我看來，臺灣幕友、臺灣班兵、臺灣塾師、臺灣教諭等亦各是一「地域歷史人群」、亦各是一研究的課題也。

癸未年正月初一至正月初五，新春試筆。

二〇〇三年二月一日至五日

清代臺灣的幕友

一

幕友又稱幕賓、幕客和師爺，是中國古代官署裡沒有官職的佐助人員，通常由官署主官私人聘用。主官作為府主辟置幕府、延請幕友與幕友入幕佐助、對府主負責構成幕府制度的兩個方面。

作為職官制度的補充，幕府制度的歷史可以上溯到漢代乃至漢代以前。清人平步青《霞外隨筆》「幕友」條下引《癸巳存稿》卷一云：「後世以朝官兼幕僚，始於東漢末，擁兵奏署，所謂『表為』者也。春秋時，已有其事。」[1]在清代，幕府制度幾乎成為職官制度的延伸、成為職官制度的組成部分。清雍正元年（1723）有諭：

> 各省督、撫衙門事繁，非一手、一足所能辦，勢必延請幕賓相助，其來久矣。但幕賓賢否不等，每有不肖之徒，勾通內外，肆行作弊。黜陟屬員，則清濁混淆；申理訟獄，則曲直倒裝。敗督、撫之清節，誤督、撫之功名，彼則置身事外，飽橐而去，殊屬可恨。
>
> 夫今之幕賓，即古之參謀、記室，凡節度、觀察等，赴任之時，皆徵辟幕僚。功績卓著，即拜表薦引。彼愛惜功名，即不敢任意苟且。嗣後督、撫所延幕賓，須揀歷練老成，深信不疑之人，將姓名具題。如效力有年，果稱厥職，咨部議敘，授之

1 平步春：《霞外隨筆》（北京市：中共中央黨校出版社，1998年3月），頁76。

> 職位，以示砥礪。該部詳議，具奏。[2]

實際上，督、撫以及督、撫以下各級、各種官員普遍辟置幕府、延請幕友。

清代臺灣幕友的活動，始於清軍進駐澎湖之時、盛於清廷設官臺灣之後。

康熙二十二年（1683）閏六月二十二日（8月14日），福建水師提督施琅率清軍經七日夜之海戰，進駐澎湖。其時，施琅軍中有幕友多人。其最得力者名周澎。乾隆《泉州府志》記：

> 周澎，字文濤，晉江人。博學工古文、詩賦。靖海將軍施琅延之幕中，刻不能離，翰墨盡出其手。[3]

康熙二十三年（1684），清廷決定在臺灣設一府三縣，並設官分轄。[4]其後又陸續添設文、武官職多種。臺灣幕友的活動由是盛焉。

茲從《清實錄》和部分清人著作、民間文件舉例說明清代臺灣各級官員辟置幕府、延請幕友的情形。

（一）《清實錄》所見臺灣幕友史料

光緒元年（1875）先後有福建巡撫「移扎臺灣」[5]和福建巡撫「冬春駐臺，夏秋駐省」[6]之議的實行；光緒十一年（1885），清廷決定「將福建巡撫改為臺灣巡撫」[7]

---

2 《清世宗實錄》，卷5（《大清歷朝實錄》本，1937年）。

3 乾隆《泉州府志》〈文苑〉，卷55。

4 《清聖祖實錄》，卷115。

5 《清德宗實錄》，卷10。

6 《清德宗實錄》，卷20。

7 《清德宗實錄》，卷221。

丁日昌在福建巡撫任上，於光緒三年（1877）正月二十二日奏：

此次渡臺，幕友需才。請將翰林院庶吉士鍾德祥留臺襄助。

同日得旨：

鍾德祥著俟散館後再赴臺灣。[8]

查《明清進士題名碑錄索引》（上海市：上海古籍出版社，1979年10月）和《詞林輯略》（收《中國選舉史料清代編》，臺北市：鼎文書局，1977年），鍾德祥係廣西宣化人，清光緒二年（1876）丙子恩科二甲第七十七名進士和同年同科翰林院庶吉士；「散館」指翰林院庶吉士經考試合格授以官職。從丁日昌奏稱「留臺」之語可知，鍾德祥其時已在臺灣丁日昌幕中；從鍾德祥的科年又可知，鍾德祥屬於幕友中的「隨長官出差」的「新貴」之類。[9]

劉銘傳在福建臺灣巡撫任上，亦於光緒十二年（1886）五月二十六日奏：

請調補用直隸州知州何嗣焜辦理文案。

同日得旨：

即著該撫咨行江蘇巡撫轉飭何嗣焜轉赴臺灣，聽候委用。[10]

---

8 《清德宗實錄》，卷46。

9 鄭天挺：〈清代的幕府〉一文將幕友分為包括「隨長官出差」和「新貴」在內的十四類。文載《中國社會科學》1980年第6期。

10 《清德宗實錄》，卷228。

丁日昌奏請批准幕友鍾德祥留臺、劉銘傳奏請調派幕友何嗣焜到臺的事例說明：福建巡撫和福建臺灣巡撫皆「勢必延請幕友相助」；在清代臺灣，幕府制度亦是職官制度的補充和延伸。

清雍正十一年（1733），福建巡撫趙國麟疏報：

> 臺灣府淡水同知楊瑞祥辦運軍糧，在洋遭風沉沒，請加贈蔭恤，給與祭葬。其同舟淹斃之幕賓、家人、書役、舵工等，均照軍功從役被傷例賞恤。[11]

乾隆五十三年（1788），福康安等另折奏稱：

> （臺灣）淡水廳幕友壽同春年已七十餘歲，當同知程峻被害時，招集義民，恢復塹城，擒獲賊目四名，深入賊莊，及被擒後，百方勸誘，以罵賊不屈，被賊肢解。[12]

淡水同知在品級上屬於從五品文職官。楊瑞祥、程峻前後在淡水同知任上皆延請幕友，又先後與幕友同歸於盡。

道光十三年（1833），諭軍機大臣：

> 此次臺匪滋事，嘉義縣縣丞方振聲、臺灣鎮標千總馬步衡、把總陳玉威並家屬、幕友等同時遇難，激烈捐軀。覽奏墜淚，可嘉可憫之至！[13]

縣丞屬於正八品文職官、千總屬於正八品武職官、把總屬於正九品武

11 《清世宗實錄》，卷129。

12 《清高宗實錄》，卷1306。

13 《清宣宗實錄》，卷234。

職官，此一品級的官員亦延請幕友，可見清代臺灣幕風之盛。

道光十三年（1833），諭軍機大臣等：

> 劉延斌既經具稟，自必確有其人，確知其事。現令緝拿張成、許荊山，扣留在臺。著瑚松額等就近訊明，飭令將買官買缺者究竟何官何缺，買者何人，有何贓證；朦混舞弊者係何衙門幕友、是何姓名；……。逐一切實指出確據，嚴行懲辦，務令水落石出，毋使稍有含混。[14]

道咸年間曾任福建汀漳龍道、署理福建布政使的張集馨，在其《道咸宦海見聞錄》[15]裡以「閩省幕風靡下」之語極言道咸年間福建（包括臺灣）幕府劣幕化的狀況。道光帝的上記諭旨，飭令查明的事項包括了臺灣幕友涉及買官買缺案件的問題。

（二）部分清人著作所記臺灣幕府狀況

從清代臺灣作家施士洁的《後蘇龕合集》和林鶴年的《福雅堂詩鈔》，我們可以見其在臺灣的游幕經歷，亦可見光緒年間臺灣幕府的若干狀況。

施士洁（1856-1922），字應嘉，一字芸況，號澐舫，臺灣安平縣人。光緒二年（1876）丙子恩科三甲第二名進士。

施士洁於一八七六年歲暮辭官歸於臺灣。

一八八二年，施士洁應聘入於臺灣安平知縣祁徵祥幕中。我們從施士洁《後蘇龕合集》所收詩、從〈辛陔招同江子儀孝廉、李敘卿廣文飲紅毛樓下寓齋，用前韻〉之「入幕稱雙絕，揮毫遣四愁」句、〈敘卿郡署種蕉和莘翁韻〉之「翩然江（子儀）、李（敘卿）絕俗

14 《清宣宗實錄》，卷237。

15 張集馨：《道咸宦海見聞錄》（北京市：中華書局，1981年）。

情，芙蓉幕裡豔才名。竟成松竹梅三友，與我共結歲寒盟」可知，祁徵祥（祁徵祥，字星階，施士洁之父施瓊芳亦字星階。為避父諱，施士洁乃於詩文中用同音、同義字代替，稱祁星階為辛陔、莘翁等）在安平知縣任上辟置的幕府裡，有施士洁、江子儀和李敘卿等幕友。

一八八三年，施士洁曾游於臺南知府羅大佑幕中，施士洁〈羅谷臣太守招同耘劬、漪蓀、稚香、瑞卿消夏竹溪寺〉之「幕府蓮花映金碧」、「瀛南太守今羅含，嵇、阮襟期禽問癖」、「主客風流真畫圖，長官禮數寧羈勤。抱情寄趣各有適，千煩萬惱一齊滌。或觴或詠或跳擲，非痴非醉非枯寂」等句透露了此中消息，亦透露了羅大佑幕府有幕友多人的情況。

一八八八年前後（羅大佑於是年四月卒於任所），施士洁、倪耘劬、楊稚香、張漪蓀、熊瑞卿、施幼笙等人入唐景崧在「福建臺灣道兼按察使銜」任上辟置的幕府。這裡有施士洁〈浴佛前一日，唐維卿廉訪招同倪耘劬大令、楊稚香上舍、張漪蓀廣文、熊瑞卿上舍、施幼笙茂才游竹溪寺，次廉訪韻〉為證（「廉訪」乃是清代按察使的別稱）。

一八九一年十一月二十四日，清廷決定「以福建臺灣道兼按察使銜唐景崧為福建臺灣布政使」。[16]唐景崧的任所隨官職陞遷從臺南至於臺北，施士洁作為幕友亦隨府主到了臺北。施士洁到臺北後有〈臺北唐維卿方伯幕中補和臺南淨翠園韻〉為記。

一八九四年九月二十五日，清廷決定「以福建臺灣布政使唐景崧署福建臺灣巡撫。」[17]唐景崧履新前後，施士洁作為幕友曾隨唐景崧「入覲」，施士洁有詩文多種（如《師友風義錄》〈施序〉、〈桂華妝閣為藍鑄生作〉、〈都門重晤宋佩之編修〉等）語涉此行。

16 《清德宗實錄》，卷304。

17 《清德宗實錄》，卷349。

據施士洁《後蘇龕合集》所收〈施又笙孝廉捐濟募啟〉：「施又（幼）笙孝廉先世由泉遷於省垣，實為靖海侯之裔。前在臺灣唐中丞幕中綜理文案」，施幼笙後來也到臺北遊於臺灣巡撫唐景崧幕。

林鶴年（1847-1901），字謙章，又字鐵林，號氅雲，福建安溪人。光緒壬午舉人。

林鶴年早年隨父渡臺，於「臺灣苗栗置田若干頃」[18]。一八九二年，林鶴年重渡臺灣，游於唐景崧幕和林時甫幕。林鶴年《福雅堂詩鈔》有〈東渡感事呈唐維卿方伯家時甫星使兼懷幕府諸公〉、〈開春連句陪唐方伯官園宴集有呈〉等詩記其在唐景崧幕府的活動。其中最可注意的是〈唐方伯邀同劉履臣、羅星伯、王進之、方雨亭、周松蓀、翁安宇、郭賓石、王貢南、鄭星帆、家仲良諸同人聯詩鐘〉，詩題列唐景崧幕府部分「同人」之名。由此可知，唐景崧在臺灣布政使任上辟置的幕府裡至少有幕友十數人（包括林鶴年及施士洁）。

《福雅堂詩鈔》另有〈家時甫星使端午招同幕府板橋園夜集〉，詩中提及郭賓石之名。由此又可知，林鶴年、郭賓石又入於林時甫在「幫辦臺灣撫墾大臣」任上辟置的幕府。

清人著作亦記有劣幕行徑。如劉家謀《海音詩》有句並註云：

> 我向昭忠祠外過，披榛空訪守娘墳（陳守娘，郡城東安坊經廳巷人。夫歿守節，姑強令更適，不可。姑之女常譖之，百般凌虐，肌無完膚。一日，母女共縛守娘於凳，以錐刺其下體而斃。里人鳴諸官，臺灣令某欲寢其事，檢屍曰：「無傷也」。眾憤，毀令輿，令懼，乃定讞。此道光末年事也。初葬昭忠祠後山仔尾，屢著靈異，祈禱無虛日。官以其惑民，為改葬之。

18 吳魯：〈林氅雲先生家傳〉，收入林鶴年：《福雅堂詩鈔》（1916年刊本），卷首。

據記載，此案起於「縣署某客見而豔之，囑通款曲」即劣幕漁色引起事端；「臺灣令某」即臺灣知縣王廷幹，「欲寢其事」亦因「縣署某客」故。

（三）民間文件裡的臺灣幕友資訊

郭咸熙，名績昌。福建侯官人。同治癸酉舉人。

郭咸熙後人郭曾墀等聯合署名的〈家慈林太夫人六十有九壽辰徵詩啟〉記：

> 同治癸酉，先嚴舉於鄉。經臺灣邵中丞、林欽使聘充文案，以異常勞績得保知縣。……庚辰，先嚴大挑到班特授上杭縣學教諭。……先嚴病癒，調補鳳山縣學教諭。

郭咸熙後人郭曾墀等人聯合署名的〈家慈林太恭人七秩壽辰徵詩文啟〉則記：

> 同治癸酉，先嚴舉於鄉。庚辰，大挑二等。丙戌，臺灣撫墾大臣林延充文案。

上記「邵中丞」指邵友濂；「中丞」則是巡撫的別稱，袁枚《隨園隨筆》卷八謂：

> 明之巡撫皆帶御史銜，故至今稱巡撫曰中丞。[19]

「林欽使」指林時甫，他在光緒十二年（1886）二月奉旨「前赴

19 袁枚著，王英志主編：《袁枚全集》第5冊（南京市：江蘇古籍出版社，1993年9月），頁120。

臺灣幫辦臺北開墾撫番事務」[20]。

據上記資訊，郭咸熙乃於清光緒十二年（1886）丙戌到臺入於林時甫在「幫辦臺灣撫墾大臣」任上辟置的幕府，其時邵友濂尚未任福建臺灣巡撫之職。郭咸熙游於邵友濂在「福建臺灣巡撫」任上辟置的幕府應是邵友濂就任福建臺灣巡撫之職的一八九一年四月以後。

王元稚（1843-1921），福建閩縣人，生於浙江杭州。光緒戊子副貢。

據王元稚後人王學廣等人的〈哀啟〉及王元稚的〈夜雨燈前錄續錄〉等作品，王元稚於一八七七年九月到臺後，曾先後游於臺灣道夏獻綸和劉璈幕。在夏獻綸幕，夏獻綸命纂《日本窺臺撫番紀略》和《全臺輿圖說》二書；在劉璈幕，劉璈延充文案。王元稚兩度游幕，留有《公牘存稿》為記。

唐景崧的外甥余棨昌等人聯合署名的〈家嚴五十有八家慈六十雙壽啟〉記：

> 時舅氏維卿公任臺灣道，外王母繫念家慈（按：唐景崧的母親於1887年從京還臺居住），敦促歸寧。王母以家嚴累躓場屋，亦欲令習外事，遂命挈棨昌等同赴臺，嗣家嚴省親北返，家慈及棨昌等留焉。……家嚴前在臺署贊襄庶務，經手公私款項甚伙，親友疑為有所沾潤，其黠者託詞借貸。

據此，唐景崧的妹婿余某在臺署襄贊庶務，經手公私款項，擔任的是幕友的角色。

附帶言之，余某即《東方兵事紀略》所記「三月二十五日（按：應為二十八日）午後，唐景崧之婿余姓者（按：應為唐景崧之妹婿）

---

20 《清德宗實錄》，卷224。

內渡」引起的事變裡的「余姓者」。

作為唐景崧的戚屬，譚嗣襄也曾在唐景崧幕中。〈譚府徐太夫人墓誌銘〉記，譚嗣同的二姐譚嗣淑「適翰林院庶吉士灌陽唐景崶。」唐景崶是唐景崧的四弟，譚嗣襄是譚嗣同的二哥，譚嗣襄乃是唐景崧的戚屬。譚嗣襄於光緒十四年（1888）到臺，至光緒十五年（1889）五月五日病逝當日移送臺灣蓬壺書院以前，一直居於唐景崧道署。其間乃在唐景崧幕府待職。

以上，我們從《清實錄》和部分清人著作、民間文件舉出清代臺灣從二品大員到九品小官，從巡撫、道員、知府、同知、知縣、縣丞、千總到把總各級官員延請幕友的事例。這裡還要補充舉出最低品級的官員延請幕友的例證。據我聞見所及，乾隆四十年（1775）臺灣鹿港巡檢王坦有幕友魏子鳴。鹿港巡檢在品級上屬於從九品，王坦在此品級的任上居然延請了真正的「紹興師爺」（魏子鳴係浙江紹興人，舊以紹興府所轄山陰、會稽、餘姚、蕭山、諸暨、上虞、嵊、新昌八縣籍的幕友為「紹興師爺」）。「無幕不成衙」的狀況，在清代臺灣也得到印證。

臺灣民間另有「無福不成衙」之諺流傳。「無福不成衙」反映的歷史狀況主要是：清代福建其他各府的部分文人曾熱衷於到臺游幕以謀生計。以唐景崧為例，唐景崧自稱在臺時「與閩人為親」[21]，他延請的幕友裡有不少福建人，如閩縣王貢南、鄭星帆、林仲良等，侯官郭賓石、方雨亭、周松蓀等、崇安翁安宇、安溪林鶴年等。福建近代文化名人陳衍也曾於一八八六年九月至一八八七年歲暮在臺灣巡撫劉銘傳幕中「掌記室」。

---

21 唐景崧：《詩畸》〈序〉（1893年刊本）。

二

幕府是佐助府主辦理公共事務的機構，但幕友卻是府主私人聘用即個人僱傭的人員。有文學愛好的幕友在公餘自可以詩文自娛；當府主亦屬於文學愛好者時，幕友則不能不陪侍府主參與詩酒之會一類文學活動，兼以詩文娛人。於是，公共事務和文學活動往往是幕友生涯、幕友事蹟的兩大部分。

在公共事務方面，清代臺灣幕友有多人卓有建樹。

例如，林樹梅於道光十七年（1837）正月至道光十八年（1838）五月在臺灣鳳山知縣曹懷樸幕中，多所籌劃，貢獻良多。

林樹梅〈與曹懷樸明府論鳳山水利書（附條規圖註）〉謂：

> 樹梅嘗即鳳山全勢熟籌之，其源遠流長、為利可溥者莫如下淡水一溪。近縣十里有故水道可循。溪邊莊曰九曲塘，地勢較高（測量溪嵌頂，地高於水二丈，西行里許至濫田，其地僅高水面三尺。又至瓦厝莊外，地與水平），斷宜就此莊外穿池以引溪，流二里至瓦厝莊北之內埔，分一圳以灌音里之田莊，南即有柳亞埤水道可通，過埤又可通於柴頭埤舊道，更進而流埤頭。縣城外分為兩圳，一從東門下瀉以灌鳳山里之田，一從枋橋頭流灌大竹、赤山諸里之田。再開小圳於坪仔頭莊外，引灌小竹里之田。則此綿亙數萬頃皆不憂旱，所謂天工人其代之，詎不偉哉！[22]

林樹梅的此項水利計劃，為鳳山知縣曹懷樸採用並付諸施工。一八三八年，水利功成，林樹梅又上〈賀曹明府水利告成並陳善後事宜

---

22 林樹梅：《嘯雲山人文鈔》（1840年刊本），卷1。

書〉，以舊日幕友身分贊曰：

> 鳳山水利告成，歲可增收早稻十五萬六千餘石。竊嘆是役，工費艱巨，非吾夫子制事堅定不搖於眾議，何能成功如此之速邪！豈唯鳳山享無窮之利，即外郡需臺米接濟者，亦拜夫子之賜矣。樹梅觀聽下風，曷勝欣賀！[23]

鳳山縣曹公祠內〈曹公圳記〉（熊一本撰）記：

> 丁酉春，鳳山大令曹君懷樸奉檄來臺。……數月後，人有言其度地鳩工將為民開水利者。大令於繼見時言不及之，亦不形諸簡牘，則又未見其必能行也。戊戌冬，大令果以水利功成來告，且圖其地形以進。凡掘圳四萬三百六十丈有奇，計可灌田三萬一千五百畝有奇。

劉家謀《海音詩》亦有註云：

> 曹懷樸（謹）令鳳山時，開九曲塘，引淡水溪。壘石為五門，以時啟閉，自東而西，入於海。計鑿道四萬三千六十丈，分築十四壩，灌田三萬一千五百餘畝，歲可收早稻十五萬六千餘石。愈一歲而功成，熊介臣觀察（一本）名以「曹公圳」。

曹懷樸興修鳳山水利，幕友林樹梅與有力焉、功莫大焉。賓主相得，水利功成，事近於康熙年間靳輔主持修治黃河得幕友陳潢之力的故實[24]。

23　林樹梅：《嘯雲山人文鈔》，卷1。

24　白鋼主編：《中國政治制度史》（北京市：人民出版社，1996年12月），卷10，頁591-592。

林樹梅〈與曹懷樸明府條陳鳳山縣初政事宜書〉指出：

> 衙門不能不用胥役，要不可專聽胥役。蓋此輩唯利是圖，寬以待之未必感恩，循理苛以束之易至怨望挾嫌。其最近耳目，不宜使知好惡；其善伺意旨，故當時示莊嚴。臺地皂隸，多係無賴營充，內恃衙門，外通聲氣，甚至勾聯黨援，肆志横行。……內署門丁、長隨，亦當稽查出入，不許在外結交，庶不致勾通作弊。總在寬嚴並濟，而後可收臂指之用。[25]

這裡指出的乃是清代臺灣、亦是清代各地普遍的胥吏弄權即所謂「與胥吏共天下」的政治問題；指出這一問題並要求對胥吏「寬嚴並濟」以「束之」，切合於「約束書吏，是幕友第一要事」[26]的幕府「佐治藥言」。

林樹梅曾奉府主之命，深入鳳山琅嶠地區勸諭鄉民、止息「閩粵民番糾鬥」之風。「分類械鬥」是清代臺灣最為嚴重的社會問題之一，「民」分閩、粵，「番」分生、熟，又有「閩人之納番婦生子曰土生囝」，彼此結怨糾鬥。林樹梅發現，在「閩、粵向來分類」、在地緣組合的背後，又有「閩之汀洲與粵連界，亦附粵莊」[27]的民系組合的狀況。與林樹梅同時，姚瑩也指出民系組合的分類狀況：「粵人黨粵，潮雖粵而亦黨漳」[28]。發現和指出這一社會現象，對於調適社會關係、排解社會問題是很重要的。

---

25 林樹梅：《嘯雲山人文鈔》，卷1。

26 汪輝祖：〈佐治藥言〉，引自《中國師爺名著叢書．一個師爺的官場經》（北京市：九州圖書出版社，1998年10月），頁9。

27 林樹梅：《嘯雲山人文鈔》，卷1。

28 姚瑩：《東溟文集》，卷4。

又如，林鶴年在臺灣屬於「又當師爺又經商」[29]的人物。林鶴年「壬辰渡臺，承辦茶釐、船捐等局務。公思時事孔亟、課入有贏，輒分以報效，視前有加（按：指社會公益事業方面的捐助）。臺地邊界，生番出入靡常，時為民患。君應邵中丞友濂、林□卿維源聘，商辦撫墾，拓地數百里，悉皆向化。又購西洋機器以興水利，創辦金礦、樟腦，用人日以千計。……先是，臺事未肇，公曾上書大吏累千萬言，備陳形勢戰守。雖不獲用，然至事急猶與南北諸將帥往還電商、冀有補救」。[30]林鶴年在清代臺灣公共事務方面的貢獻包括捐助公益事業、襄贊撫墾事務、創辦工礦企業、提供就業機會及參與抗日保臺鬥爭等。

在文學活動方面，臺灣幕友亦有相當出色的表現。

例如，道光三十年（1850），幕友張新之在臺灣知府幕中完成鉅著《妙復軒評點石頭記》。

張新之，自號太平閒人。「籍貫生平無可考，可能是漢軍旗人。但他不是臺灣知府，只是知府衙門裡的一位幕客」。[31]《妙復軒評點石頭記》的寫作始於一八二八年，一八四八年作者「為臺灣之行，客郡署，亦既衰且病，已喜日不過出數言，眠食靜息，而是評遂以成」。[32]

《妙復軒評點石頭記》為《紅樓夢》的重要評本之一。清代著名藏書家劉銓福記：

> 近又得妙復軒手批十二冊，語雖近鑿，而於《紅樓夢》味之亦

29 李喬：《中國師爺名著叢書》〈總序〉，引自《中國師爺名著叢書．一個師爺的官場經》。

30 吳魯：〈林鷺雲先生家傳〉，引自林鶴年《福雅堂詩鈔》，卷首。

31 胡適：〈跋乾隆甲戌《脂硯齋重評石頭記》影印本〉，引自氏著：《胡適紅樓夢研究論述全編》（上海市：上海古籍出版社，1988年8月），頁343。

32 轉引自胡適著：《胡適紅樓夢研究論述全編》，頁342。

> 深矣。[33]

「鴛湖月痴子」在《妙復軒評點石頭記》〈跋〉亦指出：

> 紅樓夢一書，無稽小說。作者洋洋灑灑，特衍出百二十回絕妙文字。而此百二十回中，有自相矛盾處，有不著邊際處，故作罅漏處，初視之若漫不經心者。然太平閒人乃正於此中得間，為一一拈出，經以大學，緯以周易，較之金氏聖歎評三國、水滸、西廂，似聖歎尚為其易，而太平閒人獨為其難。何也？聖歎之評，但評其文字之絕妙而已，閒人之評，並能括出命意所在。不啻親造作者之室、日接作者之席、為作者宛轉指授，而乃於評語中為之微言之、顯揭之、罕譬曲喻之。[34]

劉銓福、鴛湖月痴子均肯定《妙復軒評點石頭記》在學術上的價值。

又如，唐景崧及其幕友「雅善」詩鐘的文學活動引發了結社聯吟的風氣，唐景崧及其幕友是清代臺灣「所至有詩社」[35]狀況的始作俑者。

詩鐘一體，「似詩似聯，於文字中別為一體」；「昔賢作此，社規甚嚴。拈題時，綴錢於縷，繫香寸許，承以銅盤，香焚縷斷，錢落盤鳴，其聲鏗然，以為構思之限，故名詩鐘，即刻燭擊缽之遺意也」；詩鐘之創，「始於道、咸間，……至近代而大盛，作俑者為閩人。」[36]

唐景崧《詩畸》〈序〉記：

---

33 轉引自胡適著：《胡適紅樓夢研究論述全編》，頁342。

34 鴛湖月痴子：《妙復軒評點石頭記》〈跋〉（北京市：北京圖書館出版社，2002年）。

35 梁啟超：〈臺灣雜詩〉，載吳松等點校：《飲冰室文集點校》（昆明市：雲南教育出版社，2001年）。

36 徐珂：《清稗類鈔》〈詩鐘之名稱及原起〉（北京市：中華書局，1986年）。

> 光緒壬午，法越構難。……事平，官海外（按：指臺灣），與閩人為親。閩人雅善此（按：指詩鐘），於是公暇復樂為之。

由於詩鐘的創作乃是一種具有競技性、趣味性的集體創作，唐景崧及其幕友熱衷於詩鐘創作、也就熱衷於結社聯吟，臺南道署之斐亭吟社、臺北布政使署之牡丹吟社於是集結而成。施士洁〈臺北唐維卿方伯幕中補和臺南淨翠園韻〉之「年年鐘社與燈猜」（謂臺斐亭吟社）、林鶴年〈酬鄭星帆（祖庚）〉之「唐中丞署齋聯詩鐘吟社」、〈開春連句陪唐方伯官園宴集有呈〉之「詩牌斗罷響詩鐘，刻燭傳香興未慵」（謂臺北牡丹詩社），以及臺南道署之聯語「聽百丈濤聲最難忘鐵馬金戈萬里歸來真臘棹，揮滿堂豪翰果然是錦袍紅燭千秋高會斐亭鐘」，說明唐景崧及其幕友的詩鐘創作活動頻繁而熱鬧。由此流風所及，清代臺灣詩壇結社聯吟的活動日盛，至一九一一年梁啟超遊歷臺灣時蔚為「所至有詩社」的盛況。[37]

唐景崧及其幕友的詩歌、詩鐘和燈謎作品總集有《澄懷園唱和集》、《詩畸》和《謎拾》，其中不乏佳作。

二〇〇三年十二月二十六日午夜

---

37 請參見拙著：《臺灣近代文學叢稿》（福州市：海峽文藝出版社，1990年7月），頁97-105。

《漳郡會館錄》發微

一

我近從漳州友人處獲贈《漳郡會館錄》。

是書分卷首、卷一卷二、卷三卷四、卷末，訂為四冊。

從卷首所收〈重鐫館錄題識〉（藍應元，乾隆丁未）、〈重刻館錄題識〉（李威，嘉慶庚申）、〈重修館錄題識〉（魏茂林，道光乙酉）和〈重梓館錄題識〉（楊熊飛，光緒庚辰）所記可知，《漳郡會館錄》至少有清代康熙初刻本、乾隆重鐫本、嘉慶重刻本、道光重修本和光緒重梓本五種版本，藍應元記：「京師漳州館錄之刻，昉自國朝康熙間」；楊熊飛記：「館錄之重鋟者屢矣。一刻於藍古羅少宗伯，再刻於李鳳崗太守，三刻於魏笛生觀察」；楊熊飛編輯和題識的為光緒重梓本。

細檢之下可以發現，光緒重梓本記事乃迄於清宣統辛亥（1911）。

這裡有一個問題。為什麼光緒重梓本記錄了重梓之年即光緒庚辰（1880）以後、迄於宣統辛亥（1911）的事蹟呢？

卷首所收楊熊飛〈館錄例言〉記：

> 舊錄帙數全部總算，原以便刷工裝訂。厥後館錄之增日伙，帙數之復滋多，刷工即因而誤，殊非長久之計也。茲刻每類分算，可以屢增而無復。

又記：

> 每類篇末多留餘板，以為增入之地。續刻者欲刻某類，先將某類餘板刻完，然後再添新板。務使前後相接，無少參差。

同「舊錄」即前四種版本相比，「光緒重梓本」在編輯和刻板方面有「每類分算」即分類編纂以及預留「餘板」並且可添「新板」，以待「續刻」的技術特點。

由於此一技術特點，「光緒重梓本」可以不斷「續刻」、「增入」新的內容；也由於此一技術特點，「光緒重梓本」因「續刻」的時間和「增入」的內容不同而可能又有多種版本，我所見所得的「光緒重梓本」究其實應稱「光緒-宣統本」。

《漳郡會館錄》涉及的人物，首應提及的是光緒-宣統本的設計和創編者龍溪人楊熊飛。

卷首〈重纂漳郡館錄序〉（謝謙亭，光緒庚辰）記：

> 謙亭以光緒乙亥冬起服供職，承乏斯館。目睹館錄之闕誤，心焉憂之。欲蒐輯而未能。加以館垣頹壞，謀所以安行旅者，未遑兼顧。不謂渭臣舍人之心乎斯錄實能匡余之不逮也。舍人為海澄鄭嘉士孝廉高弟。丁丑春，孝廉曾取錯雜遺帙，略為匯次，苦無考證中止。適今春謝慕韓太史攜《漳郡志》及《龍岩州志》入都。舍人見而喜焉。曰：吾其有以徵斯錄乎。於是取孝廉所匯次者編輯之。館錄有缺誤，證以州、郡志；志所未載，證以題名、匾額。午炎揮汗，晨露研朱，博采兼搜，辨同析異，校讎裁併，篇省事詳。始庚辰孟夏，越仲秋全書告成。

這裡所記「渭臣」，是楊熊飛的號；「舍人」是楊熊飛當年擔任的官職，明、清於內閣中書科設中書舍人（中書科中書），職掌繕寫文書。清代另設內閣中書，掌撰擬、記載、翻譯等事務。在品級上，中書科中書與內閣中書同屬於從七品文職官。據《漳郡會館錄》卷四〈文科名陞選捐金姓氏〉所記「楊熊飛，渭臣，龍溪人，光緒乙亥庚辰，內閣中書」，楊熊飛擔任的是「內閣中書」一職。

《(民國)廈門市志》記：

> 楊熊飛，字璜文，號謂臣，廈門人。光緒乙亥舉於鄉，居京師，直內閣供職。續修《漳州會館錄》，綜核精審。以父年邁，棄官歸，授徒養親。丁亥，廈港火藥局災，與諸紳勘災分賑甚力。家人洞曉音律，春秋佳日，按拍尋聲，倚歌而和，以娛母暮年。每夕為父講《聊齋志異》，其生平養志如此[1]。

楊熊飛後來移家廈門，所以《廈門市志》稱之為廈門人，但在《漳郡會館錄》裡，楊熊飛於〈重梓館錄題識〉、〈館錄例言〉和〈義園記名義例〉文末皆署「龍溪楊熊飛」，於〈重梓館錄題識〉、〈文科名捐金姓氏〉和〈文科名陞選捐金姓氏〉裡亦自記為「龍溪人」；所記「謂臣」，應改為「渭臣」；所記「光緒乙亥舉於鄉」，從《漳郡會館錄》可得印證，《漳郡會館錄》卷一〈文科名捐金姓氏〉於「楊熊飛」條下記：「渭臣，龍溪人，光緒乙亥」；所記「續修《漳州會館錄》」則應改為「續修漳州會館錄」也。

《漳郡會館錄》關於陳夢球、郭望安、楊士芳、陳望曾、陳登元、汪春源及李望洋諸人的記載，亦頗可注意。

關於陳夢球。《漳郡會館錄》卷一〈文科名捐金姓氏〉記：

> 陳夢球，游龍。龍溪人旗籍，康熙癸酉。

《漳郡會館錄》卷一〈文甲第捐金姓氏〉則記：

1 引自《(民國)廈門市志》(北京市：方志出版社，1999年5月第1版)，頁559。

> 陳夢球，二受，龍溪人旗籍。康熙甲戌翰林。

這裡有三個問題。

其一。我在〈地域歷史人群研究：臺灣進士〉[2]一文裡曾引乾隆版《泉州府志》記：

> 陳夢球，號二受，同安人。鼎孫，永華子，入白旗。康熙癸酉以旗籍中式順天舉人。甲戌進士。

民國版《同安縣志》乃將「陳夢球傳」收於〈人物錄〉〈鄉賢〉。陳夢球之父陳永華係鄭成功的部將，陳永華的籍貫也往往被記為「同安」。

陳夢球以「同安人」一再出入於京師漳州會館，並在《漳郡會館錄》裡留下「陳夢球龍溪人」的記錄。這是應予說明的。

查民國版《同安縣志》卷卌四〈人物錄〉〈忠義〉，在「陳鼎」條下記有：

> 陳鼎，更名鼐，字子疑，號象圖。祖籍漳州北溪，仍入漳庠。天啟丁卯舉人。甲申變後，躬自耕稼，混跡緇黃。唐王在閩，複本邑教諭。清兵至，城陷，鼎自縊於明倫堂。[3]

又於「舉人，（康熙）三十二年癸酉解元鄭基生榜」條下記：

> 陳夢球，石尾人，鼎孫，父永華。以才學著海外，後歸正白旗，中順天試。甲戌進士[4]。

---

2 載《東南學術》2003年第3期。

3 吳錫璜總纂：《同安縣志》〈人物錄〉〈忠義〉，1929年，卷34。

4 吳錫璜總纂：《同安縣志》〈選舉志〉，卷15。

又於「進士，（康熙）三十三年甲戌胡任輿榜」條下記：

> 陳夢球，號二受，石尾人，鼎孫，永華子，由正白旗籍中，授翰林院編修，有傳[5]。

石尾（今稱石美）在龍溪（今稱龍海）境內薌江以北地區（俗稱北溪）。夢球陳氏出龍溪縣北部地區（北溪）之石尾，其籍貫可以有龍溪、北溪、石尾諸說；明魯王入閩（1644）前、後，夢球之祖父陳鼎兩度擔任同安縣教諭並死於任所，陳永華、陳夢球父子自又可以稱為同安人也。

當然，陳夢球後隨父、兄入臺，並且「以才學著海外」，所以當陳夢球中舉、登甲時，亦被列為臺灣舉人、臺灣進士。

其二。《漳郡會館錄》記「陳夢球，二受」，又記「陳夢球，游龍」。「二受」與「游龍」，孰為其字，孰為其號？

朱汝珍《詞林輯略》[6]記：

> 陳夢球，……字二受，號游龍。

其三。我在〈地域歷史人群研究：臺灣進士〉一文談及陳夢球兄陳夢煒當清兵下澎湖，「奉命納款降」，陳夢球的「旗籍」乃從其兄「納款降」而來。

鄭芝龍在降清後，亦得歸漢軍正黃旗，後改隸漢軍鑲黃旗。是為一例證也。

關於郭望安、楊士芳和陳望曾。《漳郡會館錄》卷一〈文科名捐金姓氏〉記：

---

5 吳錫璜總纂：《同安縣志》〈選舉志〉，卷15。

6 收入楊家駱主編：《中國選舉史料清代編》（臺北市：鼎文書局，1977年）。

郭望安，米山。龍溪人臺灣學，道光壬辰。

陳望曾，省三。漳浦人臺灣學，同治庚午。

《漳郡會館錄》卷一〈文甲第捐金姓氏〉記：

郭望安，米山。龍溪人臺灣籍，道光乙未。

楊士芳，詔安人臺灣籍，同治戊辰。

陳望曾，省三，漳浦人臺灣籍，同治甲戌。

《漳郡會館錄》卷四〈文甲第陸選捐金姓氏〉記：

郭望安，米山，龍溪人臺灣籍。乙未進士。湖北即用知事。

陳望曾，省三，漳浦人臺灣籍。甲戌進士，內閣中書。

上記郭望安和楊士芳的祖籍、郭望安和陳望曾中舉的科年以及郭望安的字和官職，是罕見提及的資訊。其中，郭望安之名（望安）與字（米山）之間在意義上的聯繫，乃是顯而易見、相當有趣的：米如山，望而安。語近於時下俗諺「手中有糧，心裡不慌」也。

關於陳登元和汪春源。《漳郡會館錄》卷一〈文科名捐金姓氏〉記：

陳登元，君聘，漳浦人臺灣籍。光緒丙子。

據此可知，臺灣進士陳登元（光緒十八年壬辰科三甲第50名）中舉之科年為光緒二年丙子。從光緒二年（1876）丙子中舉，到光緒十八年（1892）壬辰登甲，其間當有多少艱辛！陳登元之名（登元）與字（君聘）的聯繫，以及其名、字的聯繫（君聘而登元）符合於其科舉之途上經殿試取為三甲第五十名進士的經歷，亦是有趣的話題。

《漳郡會館錄》卷三〈武特用捐金姓氏〉記有另一漳浦人陳登元：

> 陳登元，漳浦人。貴州安籠鎮標守備。

此一陳登元生活的年代、特用授官的時間在《漳郡會館錄》裡失記。這給我們解讀《漳郡會館錄》添了不小的麻煩，《漳郡會館錄》卷末所收〈捐金重修西館記〉記光緒七年（1881）重修西館事，文中有「陳登元，漳浦人。捐洋銀捌員」的記載。這裡的漳浦人陳登元，是文人陳登元，抑或是武人陳登元？知者幸告。

《漳郡會館錄》卷一〈文甲第捐金姓氏〉記：

> 汪春源，杏泉。安平人。祖籍南安，寄籍龍溪。光緒戊戌。

《漳郡會館錄》卷四〈文甲第陞選捐金姓氏〉記：

> 汪春源，杏泉。安平人。祖籍南安，寄籍龍溪，戊戌進士，癸卯簽分江西即補知縣。

汪春源是臺灣安平縣（今臺南）人，光緒戊子（1888）舉人。一八九五年，汪春源在京參加會試，曾與嘉義縣舉人羅秀蕙、淡水縣舉人黃宗鼎等人上書都察院，抵制《馬關條約》，史稱臺灣舉人的「公車上書」。一八九五年汪春源被迫離臺內渡。由於在南安未能查得族譜的根據，遂寄籍為龍溪人。一八九八年，汪春源第四次參加會試，取得貢士資格後卻因故未應殿試。一八九九年，汪春源入都補行殿試（是年，其好友許南英有〈送汪春源入都補殿試〉、〈題畫梅贈汪杏泉時新登甲榜歸籍〉等詩送往迎來），本來可以列名為辛丑恩科（1900）進士，卻因庚子之變，改列名為癸卯科（1903）三甲第一二〇名進士。汪春源登甲授官，本不應推遲到癸卯（1903）之年，所以在一九〇三年掣簽分發江西時得到「即補知縣」的待遇。清代授官，據各官初任或再任的具體情況，定為除、補、轉、改、調、升六班。補是原有任職，因丁憂、終養、病假、省親、娶親等故暫時去職，期滿後重新任職。是為《漳郡會館錄》所記「汪春源，杏泉，安平人，祖籍南安，寄籍龍溪」，「戊戌進士，癸卯簽分江西即補知縣」的由來。

關於李望洋。《漳郡會館錄》卷二〈文科名捐金姓氏〉記：

> 李望洋，靜齋。南靖人噶瑪蘭學，咸豐己未。

《漳郡會館錄》卷四〈文科名陞選捐金姓氏〉記：

> 李望洋，靜齋，南靖人。咸豐己未。辛未大挑一等，知縣。

從上記史料可知，臺灣宜蘭文化名人李望洋祖籍福建漳州府南靖縣，咸豐己未（1859）科舉人，同治辛未（1871）大挑一等，以知縣用。

舉人大挑始於清乾隆丙戌（1766）科。凡舉人會試三次，特設大挑一科，不試文藝，專看儀表和應對。挑二十人為一排，挑一等三人，以知縣用；二等九人，以教職用。其餘八人，俗呼八仙。以此思之，李望洋當是儀表堂堂、言談不俗之人。

二

《漳郡會館錄》卷首〈會館規約〉記：

> 本館輪流京官一位，收掌簿籍，主持賓祭，為館長正。三考官一位，為館副，鎖鑰料理會館中一應事務，務各一年交代。

相對於地方官而言，京官指在京師中央系統任職的官員；在京師中央系統任職的官員裡，相對於朝官（又稱升朝官）來說，京官指不預常朝、職務較輕的官員。陸游《老學庵筆記》記：

> 唐自相輔以下，皆謂之京官，言官於京師也。其常參者曰常參官，未常參者曰未常參官。國初以常參官預朝謁，故謂之升朝官，而未預者曰京官。[7]

《漳郡會館錄》所記主持館務的「京官」，當是相對於升朝官而言的、在中央系統任職但不預常朝、職務較輕的官員。至於「三考官」，袁枚《隨園隨筆》卷九記：

> 三考官，試流外之官，一曰書，二曰計，三曰時務。蓋較之試進士科之身、言、書、判，僅少其一曰，見《六典》[8]。

三考係對未入流官員的考試，以其考試內容包括三個部分故稱「三考」。清代官制，於九品十八級以下，設翰林院漢孔目、部院庫使、禮部鑄印局大使、兵馬司吏目、崇文門副使、各縣典史等未入流文職官，在品級上附於從九品[9]。袁枚《隨園隨筆》卷七記：

---

7 引自臺灣中文大辭典編纂委員會編纂：《中文大辭典》第2冊（臺北市：中國文化研究所，1962年），頁262。

8 引自袁枚著，王英志主編：《袁枚全集》（南京市：江蘇古籍出版社，1993年9月），卷5，頁140。

9 參見白鋼主編：《中國政治制度通史》（北京市：人民出版社，1996年12月），卷10，頁558。

> 唐時流外即今之未入流。張元素流外出身，故被太宗問出身而自覺慚恧，面如死灰。黃幡綽見一醉人臥池畔，告文宗曰：「此令史也」。問何以知之，曰：「再一轉便入流」。文宗大笑。《通考》唐時每歲進士、明經出身者不過百餘人，流外二千餘人。[10]

未入流官經「三考」取得「三考出身」，授八品或九品官職。〈會館規約〉對此亦有說焉，曰：「特用及世爵、恩蔭、薦辟、三考等，則八、九品者」。《漳郡會館錄》卷四〈三考官捐金姓氏〉所記三考官包括了入流的縣丞（正八品）、府經歷（正八品）、天文生（九品，不分正從）和吏目（從九品），也包括了未入流的典史、驛丞（附於從九品）等。

清代鄉試各在省城和順天府舉行（當然，也有兩省合於一闈之例，如江蘇、安徽合於江南，湖北、湖南合為湖廣，甘肅附於陝西，臺灣附於福建）。但從《漳郡會館錄》的記載看，外地試子參加順天鄉試似乎亦是常例。

《漳郡會館錄》卷首〈會館規約〉、〈新增規約〉均有涉及鄉試的規定，如：「鄉、會中式，館長、副請在京士大夫設口觴燕會，登匾題名」，「會館原為候選、候補、入覲、進表、鄉試、會試、廷試、恩蔭、歷監、奉差、公幹等設」。在京設宴、設館事由包括鄉試，此一「鄉試」顯然係指「順天鄉試」。

《漳郡會館錄》卷一〈文科名捐金姓氏〉記：

> 陳作楫，用箕。龍溪人，順治辛卯順天榜。
> 楊蓄海，為谷。龍溪人，順治辛卯順天榜。

---

10 引自袁枚著，王英志主編：《袁枚全集》，卷5，頁108。

陳炯宏，子蟾。海澄人。順治甲午順天榜。

郭鴻漸，逵羽。龍溪人。康熙癸卯順天榜。

謝亦驥，玉路。龍溪人。康熙乙卯順天榜。

陳夢球，游龍。龍溪人旗籍。康熙癸酉順天榜。

陳還，素亭。龍溪人旗籍。康熙己卯順天榜。

黃可潤，澤夫。龍溪人。乾隆戊午順天榜。

蔡本□，擔仰。漳浦人。乾隆甲子順天榜。

李承穎，勿齋。龍溪人，道光己亥順天榜。

林鈞，雷門。龍岩人。光緒壬午順天榜。

上記史料表明，從清初到清末屢有赴京參加順天鄉試並且中為舉人的漳州一帶人士。其他地方，當亦如是。

我在上文已經提及，臺灣進士陳夢球、郭望安、楊士芳、陳望曾、陳登元和汪春源，臺灣舉人陳夢球、郭望安、陳望曾、陳登元、李望洋到京皆出入於漳州會館。在《漳郡會館錄》之〈文科名捐金姓氏〉留名的臺灣舉人尚有：

王賓，利尚。長泰人臺灣學。乾隆戊午。

陳輝，明之。漳浦人臺灣學。乾隆戊午。

黃師琬，漳浦人彰化學。乾隆甲子。

張簡攏，南靖人諸羅學。乾隆甲子。

郭廷機，君序。龍溪人諸羅學。乾隆甲午。

劉應羆，亦璋。海澄人臺灣學。乾隆丁酉。

郭旁達，孚尹。龍溪人臺灣學。乾隆癸卯。

潘振甲，捷南。海澄人臺灣學。乾隆丙午。

石維梓，鵬九。龍溪人臺灣學。乾隆乙酉。榜姓李。

林希哲，寶華。龍溪人臺灣學。嘉慶戊辰。原名希文。

張士鳳，晉三。平和人臺灣學。嘉慶戊辰。
林大元，子善。海澄人臺灣學。道光辛巳。
林巽中，龍溪人臺灣學。道光甲午。
楊占鰲，騰六。平和人臺灣學。道光己亥。
黃纘緒，紹芳。漳浦人臺灣學。道光庚子。
邱位南，石莊。南靖人彰化學。道光癸卯。
鄭步蟾，桂樵，龍溪人臺灣學。咸豐壬子。
李春波，鏡如。南靖人臺灣學。咸豐己未。
李連科，柳堂。長泰人臺灣學。同治丁卯。
郭鶚翔，薦秩。龍溪人澎湖學。同治庚午。
李春潮，曉亭。南靖人臺灣學。同治癸酉。
王均元，子旭。龍溪人臺灣籍。同治癸酉。
潘成清，翹江。漳浦人臺灣學。光緒乙亥。
連日春，藹如。長泰人臺灣籍。光緒丙子。
李春瀾，澄如。南靖人臺灣籍。光緒丙子。
呂賡年，詔安人臺灣籍。光緒戊子。
林金城，錀臣。光緒辛卯科，臺灣歸籍龍溪。

此外，在〈漳郡會館錄〉之〈明經捐金姓氏〉、〈國學捐金姓氏〉、〈武甲第捐金姓氏〉、〈武科名捐金姓氏〉、〈文特用捐金姓氏〉、〈武特用捐金姓氏〉及〈重修外館土地祠記〉、〈捐修西館姓氏〉等留名的臺灣人士達六十餘人。其中，林維源多次捐金、亦多次留名。

臺灣人士頻繁出入於京師漳州會館，從一個側面反映了臺灣人士的祖籍認同和閩臺之間的密切關係。

附帶言之，臺灣史上的名人阮蔡文、藍廷珍、藍鼎元、林朝棟亦曾分別在《漳郡會館錄》之〈捐金建置義冢姓氏〉、〈捐金建置西館姓氏〉和〈武特用捐金姓氏〉、〈明經捐金姓氏〉、〈捐金重修西館記〉留名。

《漳郡會館錄》卷首〈建置會館原序〉(蘇明　順治辛丑)記：

> 吾漳舊有會館，在內城西南。祀吾郡城隍之神，以主其福。始建於宗伯呂濱溪先生，成於隆、萬諸士大夫。

京師漳州會館的歷史，據此可以上溯到明代隆慶、萬曆年間(1567-1620)。入清以後，漳州在京人士乃捐金、擇地、新建館舍，而成於順治十八年(1661)。

「會館原為候選、候補、入覲、進表、鄉試、會試、廷試、恩蔭、歷監、奉差、公幹等設」[11]，「往來無白丁，談笑有鴻儒」當是會館裡的常見景象。眾多的官員、眾多的文人、眾多的同鄉聚在一處，彼此的關係當如何調適？在住館方面，「京官讓候補、候選者，候補候選又當讓會試、廷試、鄉試」[12]，即現職官員讓候補、候選官員，官員讓應試文人；當聚會之時，「館中公會並應序齒，以洽鄉誼。若名分相礙，坐於應讓者肩下。至陪宴上官，便當序爵，不必以年齒固遜」[13]，這是閩南民間俗例「在厝論叔侄，在外論官職」的具體應用。以事務緩急、序齒序爵，彼此相遜讓，是會館的良好風氣。

會館新建、擴建、維修，端賴捐金、房租支撐。會館又曾「典小店五間，月收租錢，給館役工食等費」[14]。館中日常經費開支，實行收、支殊途，即「館長收銀不用銀。館副用銀不收銀，其有積餘，交館長收貯，不得徇情挪借分釐」，「會館設收支二簿。會副司之，遇有出納，白館長開支，登記數目。或置器物等項，皆細記之」。[15]

---

11 楊熊飛編：《漳郡會館錄》〈新增規約〉(光緒—宣統本)，卷首。

12 《漳郡會館錄》〈(龍溪會館)原定規約〉，卷首。

13 《漳郡會館錄》〈會館規約〉，卷首。

14 《漳郡會館錄》〈重修小店並增置紀略〉，卷首。

15 《漳郡會館錄》〈會館規約〉，卷首。

會館歡宴，「務要戲酒整治」，費用攤派。如，「新舊科舉人到京會試，例有宴集公會，以敦年誼。今議定，上科者首事斂各科每位銀伍錢，於場後擇日啟請新科赴席。新科每位出銀參錢，為犒賞之費。務要戲酒整治，以光盛典」。[16]

「鄉官丁憂，會長、副備香燭祭儀壹兩，相率一吊。同鄉諸友丁憂者，吊儀參錢。或遭不測，盤費無資者，支公費伍兩，為葬義冢」。會館設有義冢，「歲清明、中元日，館長、副公辦香燭、牲醴，率館友到冢行祭掃禮。如周圍垣牆遇有崩頹，即會估修整，不可任其倒壞，致成荒丘。」[17]以此示人性關懷。

館中設神堂，祀「漳郡城隍之神」，「文昌帝君」、「關聖帝君」和「福德司土」之神。依時祭祀，行禮如儀。

館中又設收藏書版、碑拓、字畫、古玩之所，藏品詳記於《漳郡會館錄》卷首之〈東館圖記〉、〈西館圖記〉。藏品中有蔡文勤《二希堂文集》版二二一片，蔡文恭《緝齋詩文集》版三〇六片。

《漳郡會館錄》收錄的史料從一個側面反映了清代歷史社會的若干情況，值得學界同人予以深入研究。

二〇〇三年五月四日寫就

16 《漳郡會館錄》〈會館規約〉，卷首。

17 《漳郡會館錄》〈會館規約〉，卷首。

北京大學學人與廈門大學國學研究院

——兼談魯迅在廈門的若干史實

一

在中國現代教育史上，大學設立「專研國學的機關」之計劃，乃是由北京大學（以下簡稱北大）學人首先實現的。蔡元培有《北京大學研究所國學門概要》〈序〉記其事，略謂：

> 我們從前本來有一種專研國學的機關，就是書院。……清季，輸入歐洲新教育制度，競設學校，全國的書院，幾乎沒有不改為學校的；於是教授的機關增加，而研究的機關就沒有了。清季的教育制度，於大學堂以上，設通儒院，可以算是一種研究學術的機關。但這是法國法蘭西學院、英國皇家學院的成例，專備少數宿學極深者研究之，不是多數學者能加入的。外國大學，每一科學，必有一研究所；研究所裡面，有實驗的儀器，參考的圖書，陳列的標本，指導的範圍，聯繫的課程，發行的雜誌。他的陳列法有兩種：一種是把研究所設在陳列所裡面，如植物學研究所，設在植物園中或植物標本室；人類學研究所設在人類學博物館等；有一種，於大學研究所中特設陳列室，如美學及美術科學研究所中設美術史陳列所，古物學研究所中設古物陳列所等。這種陳列所，不但供教員與學生的參考，而

> 且每一星期中必有幾日開放，備校外人員的參觀。民國元年，教育部頒布的大學令，改通儒院為大學院，又規定大學得設研究所。近十年來，國立北京大學屢有設立各系研究所的計劃，為經費所限，不能實行。民國十年，由評議會決定，類聚各科，設四種研究所，一，國學門；二，外國文學門；三，自然科學門；四，社會科學門。因國學門較為重要，特先設立。三年以來，賴主任沈兼士先生的主持與國學門委員會諸先生的盡力，蒐集、整理、發表，均有可觀的成績。[1]

又有〈十五年來我國大學教育之進步〉記：

> 民國元年，教育部所定的大學章程，本有研究所一項，而各大學沒有舉行的。國立北京大學於七年間曾擬設各門研究所，因建設費無從籌出，不能建立。十年議決，歸併為自然科學、社會科學、國學、外國文學四門。而國學門即於十一年成立。五年以來，其中編輯室、考古學研究室、明清史料研究會、風俗調查會、歌謠研究室、方言調查會等，已著有不少的成績，所著錄研究生三十二人，也已有十二人貢獻心得的著作。[2]

據傅振倫《七十年所見所聞》記載，北大國學門主要職員為：主任沈兼士。委員會委員蔡元培、顧孟餘、沈兼士、李大釗、馬裕藻、朱希祖、胡適、錢玄同、周作人、蔣夢麟、皮宗石、皓白、單不庵、馬衡、周樹人、徐炳昶、張黃、劉復、陳垣、李宗侗、李四光、袁同禮、沈尹默。歌謠研究會主席周作人。明清史料整理會主席陳垣。考

1　引自傅振倫：《七十年所見所聞》（上海市：華東師範大學出版社，1997年），頁40-41。

2　引自陳平原：《老北大的故事》（南京市：江蘇文藝出版社，1998年3月），頁88。

古學會主席劉復。此外，聘王國維、陳垣、陳寅恪、柯鳳蓀及俄人鋼和泰、伊鳳閣為導師，聘法人伯希和、日人今西龍、德人衛禮賢等為通信員。[3]

另據陳平原《老北大的故事》，「一九二二年二月，在北大研究所國學門第一次會議上，沈兼士、胡適等人強調，研究所之所以立『國學門』而不是具體的科系，目的是『打破學系觀念』，『不以學科為範圍』」，周作人也曾指出北大研究所國學門「溝通文理」的特點。[4]

從上記資料看，北大學人設計和設立的北大研究所國學門的組建模式及其指導思想具有如下兩個要項：

其一，在學術力量方面，乃由大學校長主其事、理科教授（如地質學系教授李四光）和外籍學人（包括外籍導師和外籍通信員）亦與其事，並「著錄」即報名、錄取研究生，以實現「溝通文理」、「少數宿學極深者」和「多數學者」皆可「加入」的局面。

其二，在研究方向方面，既有對古物、古書乃至古史的研究，又有從現代社會生活調查風俗、歌謠和方言的方向。與此相應，研究部門「類聚」為古物陳列所、明清史料整理會和考古學會與風俗調查會、歌謠研究會和方言研究會等兩大部分。

廈門大學（以下簡稱廈大）國學研究院的籌建乃於一九二五年十二月發其端。斯時，清華大學研究院創辦伊始，並且和北大研究所一樣亦「先開辦國學一門」。

一九二六年十二月十九日，《廈大週刊》以「姓字筆畫多少為序」公布了「廈大國學研究院籌備總委員會」職員名單：校長（主席）、毛常先生、王振先先生、秉志博士、孫貴定博士、徐聲金博士、涂開興先生（書記）、陳燦先生、黃開宗博士、陳定謨先生、劉

3　傅振倫：《七十年所見所聞》，頁39-40。

4　陳平原：《老北大的故事》，頁92-93。

樹杞博士、繆子才先生、鍾心煊先生、戴密微先生、龔惕庵先生。[5]

據我所知，上記名單中毛常為文科教授、秉志為理科教授、孫貴定為教育系主任、徐聲金為預科主任、陳燦為商學系主任、黃開宗為文科主任兼法學系主任、陳定謨為文科教授、劉樹杞為理科主任、繆子才為文科教授、鍾心煊為植物系主任、戴密微（Paul Demieville）為外籍學人。當時，廈大實際上只設文、理、預三科，一九二六年九月始「將從前屬於文科之教育系、商學系、法學系，屬於理科之工程學系、皆大加擴充，改稱為科，並另添醫學一科，廣招學子」[6]。因此，廈大國學研究院籌備總委員會包括了全校文、理、預三科的行政首長和學術骨幹。

一九二六年一月二日、一月九日，《廈大週刊》連載〈廈門大學國學研究院組織大綱〉，明確規定：「本院研究之目標：（一）從實際上採集中國歷史或有史以前之器物或圖繪彩榻之本及屬於自然科學之種種實物為整理之資料；（二）從書本上搜求古今書籍或國外佚書秘籍，及金石、骨甲、木簡文字為考證之資料，並將所得正確之成績或新發現之事實介紹於國內外學者」；又規定：「本院暫設左列各組：（一）歷史古物組；（二）博物組（指動植礦物）；（三）社會調查組（禮俗方言等）；（四）醫藥組；（五）天算組；（六）地學組（地文地質）；（七）美術組（建築、雕刻、瓷陶漆器、音樂、圖繪、塑像、繡織、書法）；（八）哲學組；（九）文學組；（十）經濟組；（十一）法政組；（十二）教育組；（十三）神教組；（十四）閩南文化研究組」；又規定：「凡國內外各大學畢業生，尤其畢業大學之介紹，由本院主任審查，再經委員會之許可，得進本院研究」[7]。

一九二六年九月二十五日，《廈大週刊》公布〈國學研究院研究

5 《廈大週刊》第132期（1925年12月19日）。

6 《廈大週刊》第156期（1926年9月25日）。

7 《廈大週刊》第134、135期（1926年1月2日）、（1926年1月9日）。

生研究規則〉，就研究生報名資格、報名、審查、口試、錄取、交費、成績、獎勵等事項做了明確規定[8]。

顯然，廈大國學研究院在籌備階段，乃借鑑了北大研究所國學門的組建模式並得其要旨，包括學術力量方面的校長主持和文、理、預各科教授參加籌備總委員會，研究方向方面的「從書本上搜求」與「從實際上採集」、考古研究和社會調查的結合。

廈大國學研究院自一九二六年秋季開始運作以後，亦事事追步北大研究所國學門，諸如：

（一）仿北大研究所國學門「經本學門委員會審查」之方法招收研究生。

廈大國學研究院「開辦數月，報名研究者約有五十餘人」，「審查合格之研究生」有十四人，研究生姓名及研究方向為：[9]

鄭江濤　詩經描寫下的社會現象
高興傳　太姥山
陳佩真　詩學研究
黃覺民　古代井田的研究
魏應麒　王審知開閩史
伍遠資　明季的海外孤臣
孫家壁　論語中的孔子及其和諸子的關係
陳家瑞　中文小說編目　漳州古蹟
汪劍餘　牡丹亭傳奇考
蔣錫昌　老子校譯
黃天爵　經濟觀之中國南方交通史

8 《廈大週刊》第156期（1925年9月25日）。
9 《廈大國學研究院週刊》第1卷第3期（1927年1月18日）。

陳祖賓　中國語言文字略　莆田方言及閩南各縣方言

蔣連城　許書通誼

戚其芊　朱子哲學

（二）依北大研究所國學門委員會延理科教授擔任委員之例，有「請化學家做顧問」[10]即聘理科主任劉樹杞擔任廈大國學研究院顧問之舉。

（三）遵北大研究所國學門的考古研究與社會調查兩個方向而始終倡言之。一九二六年十月在廈大國學研究院成立大會上，林文慶校長演詞謂：

> 此次特組織國學研究院，聘請國內名人，從事研究，保存國故，罔使或墜。一方面則調查民間風俗言語習慣等[11]。

一九二七年一月當廈大國學研究院臨近結束之時，顧頡剛為《廈門大學國學研究院週刊》撰寫〈緣起〉，其文又有「我們要掘地看古人的生活，要旅行看現代一般人的生活」[12]之語。

（四）按北大研究所國學門的做法，設立考古學會、風俗調查會、文化古物陳列所等，並聘用外籍學人。《廈大國學研究院週刊》第一卷第二期（1927年1月12日）刊登廣告稱：「本院考古學會及風俗調查會現已成立」。至於文化古物陳列所，則在一九二六年秋季開學之時已設定所址，一九二六年九月魯迅初到廈大乃「暫住在國學院陳

---

10 佚名：〈廈門大學第二次風潮之爆發〉，載《教育雜誌》第19卷第2號（1927年2月20日）。

11 《廈大週刊》第159期（1926年10月16日）。

12 《廈大國學研究院週刊》第1卷第1期（1927年1月5日）。

列所的空屋裡」[13]；一九二六年十月開始陳列古物並舉行第一次展覽。廈大國學研究院聘有外籍學人，如聘「人類學家俄人 S. M. Shirokoro（史祿國）專任研究中國人種問題」[14]。

二

新生的廈大國學研究院引起了蔡元培的注意。一九二六年十月，他在〈十五年來我國大學教育之進步〉一文裡特地指出：

> 最近兩年來，清華大學已設立研究院，而廈門大學也有國學研究院的組織，這尤是大學教育進步的明證。[15]

此時，愛才如命的蔡元培可能也注意到了，一批北大學人正陸續南下加盟廈大國學研究院。他們是：

沈兼士　任廈大國學研究院主任。
林語堂　任廈大國學研究院總秘書。
張星烺　任廈大國學研究院研究教授。
顧頡剛　任廈大國學研究院研究教授。
魯　迅　任廈大國學研究院研究教授。
陳萬里　任廈大國學研究院考古學導師兼造型部幹事。
黃　堅　任廈大國學研究院陳列部幹事兼襄理、兼管造型部攝影事項。

---

13 魯迅：《兩地書・四一》（1926年9月12日），《魯迅全集》（北京市：人民文學出版社，1981年）。

14 佚名：〈廈門大學最近的發展〉，載《時事新報》（1926年8月27日）。

15 引自陳平原：《老北大的故事》，頁88。

孫伏園　任廈大國學研究院編輯部幹事兼管風俗調查事項。

丁丁山　任廈大國學研究院編輯。

潘家洵　任廈大國學研究院英文編輯兼管一切英文函件。

章廷謙　任廈大國學研究院出版部幹事兼圖書部編輯。

容肇祖　任廈大國學研究院風俗調查會成員。[16]

上記十二人中，直接出自北大研究所國學門的學人有五人：沈兼士（北大研究所國學門主任）、顧頡剛（北大研究所國學門助教兼《國學季刊》編輯）、魯迅（北大研究所國學門委員會委員）、林語堂（北大研究所國學門歌謠研究會和方言研究會成員）和丁丁山（北大研究所國學門研究生）。

從總體上看，北大學人乃是廈大國學研究院的中堅力量。一九二六年九月十八日下午，廈大國學研究院召開編輯事務談話會，「是日到會者，林語堂、沈兼士、黃堅、周樹人、顧頡剛、孫伏園、潘家洵、陳萬里、丁山」，[17]悉數為北大學人；一九二六年十月十八日下午，廈大國學研究院召開第一次學術會議，「列席者有沈兼士、張星烺、顧頡剛、陳萬里、周樹人、容肇祖諸先生」，[18]亦無一不為北大學人；一九二六年十二月十三日，廈大國學研究院召開風俗調查會成立會。風俗調查會發起人中除林幽（即林玉苑，林語堂之弟）外，顧頡剛、孫伏園、容肇祖均為北大學人，而「成立大會到會者除發起人外，有張亮丞、林語堂、潘介泉、王肇鼎、丁山、高子化、林惠柏先生等」[19]，也多數是北大學人。廈大國學研究院有定期刊物兩種，包括已出至第三期並預告第四期目錄的《廈大國學研究院週刊》、未出

16 據《廈大週刊》第156、157期（1926年9月25日）、（2019年10月2日），及《廈大國學研究院週刊》第1卷第3期（1927年1月19日）。

17 《廈大週刊》第156期（1926年9月25日）。

18 《廈大週刊》第160期（1926年10月23日）。

19 《廈大國學研究院週刊》第1卷第3期（1927年1月19日）。

但已預告第一期目錄的《廈大國學研究院季刊》。從目錄看，這兩種定期刊物共收學術論文二十五種，出自北大學人之手的凡十八種，占總數七成以上。

就個人而言，廈大國學研究院裡的北大學人亦各有不俗的表現。他們在短暫的半年之中的未竟之功其實亦是不泯之功。在廈大、廈門乃至福建文化史上的影響力迄今不衰。

茲舉例言之。

顧頡剛於一九二六年八月，在廈大開學前夕到校；於一九二七年四月，當廈大國學研究院宣告結束以後離校。

顧頡剛到校之時，其成名作《古史辨》第一冊剛剛於一九二六年六月出版，他從北大畢業亦僅僅屆滿六年之期。廈大國學研究院量才錄用，破格聘他為研究教授。

一九二六年九月十八日，廈大國學研究院召開編輯事務談話會，議決「編輯部共同編輯《中國圖書志》」[20]。顧頡剛到會，並承擔《中國圖書志・尚書》的研究。應該認為，廈大國學研究院的此項工作，推動最力的是顧頡剛。因為此前顧頡剛曾表示有志於此、並有了相當的學術準備。一九二六年五月五日，顧頡剛在致羅家倫信中稱：「我可以把《中國圖書總目》，在數年裡，有一部簡稿出來」[21]。

一九二六年十月三日，顧頡剛在廈大紀念孔子誕辰會上發表演講，講題為「孔子何以成為聖人」。「顧先生引證各種書籍，反覆證明聖人之所以為聖。而且將歷代對於聖人之所以為聖之歧異點，一一表明，淋漓盡致。聽者亦皆鼓掌不置」[22]。顧頡剛的演講，實際上是他的重要學術理論「層累地造成的中國古史」的「三個意思」之一、「時代愈後，傳說中的中心人物愈放愈大」的一次深刻演繹。演講稿

---

20 《廈大週刊》第156期（1926年9月25日）。

21 轉引自鄭良樹：《顧頡剛學術年譜簡編》（北京市：中國友誼出版公司，1987年）。

22 《廈大週刊》第158期（1926年10月9日）。

初以〈孔子何以成為聖人〉連載於《廈大週刊》第一六〇至一六二期（1926年10月23日、10月30日、11月6日），後又經擴充改題為〈孔子何以成為聖人和何不成為神人〉，交《廈大國學研究院季刊》創刊號（該刊後未出版）。

一九二六年十二月十三日，顧頡剛與林幽、孫伏園、容肇祖共同發起廈大國學研究院風俗調查會。顧頡剛向該會申報的研究題目為〈廈門的墓碑〉。其時剛從廈大畢業並留校擔任預科教員的林惠祥向該會申報的研究題目為〈閩南的下等宗教〉[23]。林惠祥後來是廈大文化人類學傳統的代表人物。

一九二六年十二月下旬，顧頡剛偕陳萬里等人赴泉州考察。顧頡剛考察了泉州天后宮等寺廟宮觀，歸來後於一九二六年十二月二十六日寫成〈泉州的土地神〉，該文於一九二七年一月連載於《廈大國學研究院週刊》第一至二期（1927年1月5日、1月12日）；又寫成〈天后〉一文，交《廈大國學研究院週刊》第四期（該期後未出版）。在今天，「泉州學研究」和「媽祖（天后）研究」乃是福建學術界的研究熱門。顧頡剛則是這兩個課題的早期研究者之一。

一九二七年一月，顧頡剛為《廈大國學研究院週刊》撰寫〈緣起〉，倡導「掘地看古人的生活，旅行看現代一般人的生活」。「掘地看古人的生活」包含了一個重要的學術理念，即用文化人類學的觀點來考察考古資料的理念。一九五四年，林惠祥在參加福州近郊曇石山新石器文化遺址發掘工作時，實踐並闡述了這一理念。林惠祥指出：

> 我是考古學和民族學的方法結合在一起來研究曇石山的。你們的重點在一層層地揭開，一層就是一頁歷史。我卻是著眼於地理空間，想探尋原始居民的共同生活環境，換句話說，我是把

23 《廈大國學研究院週刊》第1卷第3期（1927年1月19日）。

研究重點放在曇石山居民的生產和生活上去。[24]

顧頡剛在廈大國學研究院工作期間，曾在《廈大國學研究院週刊》發表廣告，徵求「家譜」、「古器物及風俗物品」，並曾到福州、泉州、漳州等地收購古書、古物和風俗物品，「半年之中，廈門、泉州、福州等處蒐羅的風俗物品也有數百件」。[25]顧頡剛等人蒐集的風俗物品是廈大文化古物陳列所最早的館藏。由顧頡剛等人開其端，廈大文化古物陳列所在抗戰前已藏有「漢唐之明器，如尊、壺、□、豆、敦、磨鈔、□□□、男女俑、獸類、車乘等凡二百餘件及歷代鈔幣、明清各種瓷銅木石古玩，並其他有關史學上研究考證之古物」。這批古物於廈門淪陷時被日本侵略者掠往臺灣，臺灣光復後乃由廈大商請臺灣大學協助，追回了其中的「十九小箱」。[26]而顧頡剛等人當年的工作，乃是廈大實現蔡元培關於「人類學研究所設在人類學博物館」之設想的一個基礎。

張星烺於一九二六年九月至一九二七年一月在廈大國學研究院工作期間，成績斐然。他在沈兼士離職後，曾代理廈大國學研究院主任一職。當廈大國學研究院將告結束之時，他又是廈大校方執意挽留的兩學人之一（另一人為顧頡剛）。

一九二六年十月三十一日至十一月三日，張星烺偕廈大國學院考古學導師陳萬里、哲學系外籍教授艾鍔風（Gustav Ecke）赴泉州做田野調查。歸來後，張星烺有〈泉州訪古記〉交《廈大國學研究院季刊》（該刊後未出版）。

張星烺〈泉州訪古記〉記泉州當年的交通情況及「民辦」的「汽

24 轉引自宋伯胤：〈從曇石山到頂澳仔〉，收入《紀念林惠祥文集》（廈門市：廈門大學出版社，2001年）。

25 顧頡剛：〈閩歌甲集序〉（1928年7月19日），收入謝雲聲編：《閩歌甲集》（中山大學語言歷史研究所，1928年）。

26 據《閩臺關係檔案資料》（廈門市：鷺江出版社，1993年），頁704-706。

車公司」，舊城改造與文物保護，天主教在泉州的傳播及伊斯蘭教、佛教在泉州的史蹟和史實，以及閩臺兩地人員的往來等情甚詳。

一九二六年十一月十二日，張星烺在廈大國學研究院第一次學術講演會上主講〈中世紀之泉州〉，「蓋張教授由泉州旅行後歸來，述其平日之研究及實際上之所得也」[27]。張星烺講演的「節目」[28]為：

一、考古學與史學之關係。

二、泉州設置之歷史。

三、泉州何時始與外國人通商。

四、宋末元初泉州之大盛。

五、泉州之外國人之居留地。

六、外國人記錄的泉州。

七、唐宋時外國人在中國享有若干治外法權。

八、外國人與中國人雜婚。

九、外國人之教育。

十、外國人在泉州之勢力。

十一、西方各種宗教之由泉州輸入。

十二、外國人之同化於中國。

於今視之，上記「節目」乃是泉州學研究的大綱。

張星烺還向廈大國學研究院提交《中西交通史料叢書》（出版時改名為《中西交通史料彙編》）、《馬哥孛羅遊記》、《古代中西交通徵信錄》、《中國古書上關於馬黎諾李使節之記載》、《太王亶父嫁女葱嶺考》等研究成果。

---

27 《廈大國學研究院週刊》第1卷第1期（1927年1月5日）。

28 《廈大國學研究院週刊》第1卷第1期（1927年1月5日）。

林語堂是廈大國學院總秘書，他同廈大總務長周辨明是「國語羅馬字拼音研究委員會」裡的同道好友。當時，錢玄同、趙元任、汪怡、劉復、黎錦熙及林語堂和周辨明共同致力於國語羅馬拼音的研究，號稱「七人會」[29]。以此人脈關係，林語堂為廈大國學研究院引進人才、推展院務得頗多便利。在學術方面，林語堂亦有貢獻。

一九二六年十二月十八日，林語堂在廈大國學研究院第二次學術講演會上發表講演，題為「閩粵方言之來源」,「到會者，除本校教員及學生外，來賓亦盛，並有臺灣人特來聽講者。」[30]

一九二七年一月十二日，林語堂在《廈大國學研究院週刊》第一卷第二期上發表〈《平閩十八洞》所載古蹟〉。「《平閩十八洞》乃一部章回小說，敘宋嘉祐間楊文廣平南閩王藍鳳高之亂，都約十萬餘言。凡所涉及，多為福建地方故事，又參用方言。……林玉堂先生……為研究此書之第一人」[31]。林語堂開其先，一九三一年葉國慶在許地山、顧頡剛等人指導下完成〈《平閩十八洞》研究〉(燕京大學碩士學位論文)，一九九四年，李亦園發表〈章回小說《平閩十八洞》的民族學研究〉[32]，由此形成了對《平閩十八洞》的高學術水平的研究系列成果。

陳萬里原任北京大學校醫，但他的學術興趣乃在於考古和風俗調查方面。陳萬里在廈大國學研究院任職（考古學導師兼造型部幹事）期間，曾同魯迅一起舉辦文化古物陳列所的第一次展覽，承擔《中國之石窟造像》、《倭寇侵擾中國史（倭寇與福建）》、《中國圖書志・曲》、《中國圖書志・醫學》等課題的研究，提交《雲崗石窟寫真

29 周辨明：〈七人會——彼時至今〉，載臺灣《清華校友通訊》第43期（1973年1月31日）。

30 據《廈大國學研究院週刊》第1卷第1期（1927年1月5日）。

31 引自葉國慶：《筆耕集》(廈門市：廈門大學出版社，1997年)，頁64。

32 載臺灣《中央研究院民族學研究所集刊》第76期（1994年）。

集》、〈泉州第一次遊記〉、《雲崗石窟小記》等研究成果。

丁丁山係北大研究所國學門研究生，在廈大國學研究院任職（編輯）期間，承擔《中國圖書志・小學》的研究，提交《說文闕字考》、《釋單》等研究成果。此外，容肇祖承擔《中國圖書志・道家儒學》、《中國圖書志・金石》、《魏晉思想史》的研究，提交《述何宴王弼的思想》、《魏晉間的天文觀念》等研究成果；潘家洵提交《觀世音》、《形聲字之研究》等著譯作品，等。

三

廈大國學研究院是魯迅在廈門的任職部門。因此，廈大國學研究院的相關資料有助於印證和澄清魯迅在廈門的若干史實。

（一）一九二六年九月二十日，魯迅在《兩地書・四二》裡提及他在廈大國學研究院「有指導研究員的事（將來還有審查）」。[33]

廈大國學研究院〈本院關於研究生之章程〉規定：「本院教員可以提出題目召集有相當學力之研究生入院指導或共同研究」；又規定：「研究生無規定之修業年限，凡對於所提出之題目研究得有結果時，提出報告於主任由主任提交學術會議審查」。

據此可知，魯迅所謂「指導研究員的事（將來還有審查）」指的是指導研究生並審查研究生的學術論文。

《魯迅日記》一九二六年十一月十六日記：「上午得汪劍餘信」。

上文所記廈大國學研究院「審查合格之研究生及其所欲研究之範圍」有「汪劍餘，牡丹亭傳奇考」一節，又據廈大國學研究院〈本院關於研究生之章程〉「凡本校畢業或校外學者有研究之志願而不能到校者，得為通信研究生」之規定，我們可以知道汪劍餘當年係廈大國

33 引自《魯迅全集》（北京市：人民文學出版社，1981年），卷11，頁119。

學研究院研究生，並可以推知他可能是通信研究生（相當於今之函授研究生），他同魯迅的關係，當是研究生接受導師指導的關係。

魯迅在廈大國學研究院研究教授任期內，除擔任本科生的教學、編寫講義《漢文學史綱要》、提交《《嵇康集》考》、《古小說鉤沉》等研究成果、承擔《中國圖書志・小說》的研究，還指導研究生。魯迅在廈大的四個多月中，是相當努力和相當稱職的。其工作表現和工作成績可以毫不避讓廈大國學研究院裡的其他北大學人。

（二）一九二六年九月二十六日，魯迅在《兩地書・四六》謂：「看廈大的國學院，越看越不行了，朱山根是自稱只佩服胡適、陳源兩個人的，而田千頃、辛家本、白果三人，似皆他所薦引」；又於一九二六年九月二十八日在《兩地書・四八》說：「玉堂對於國學院，不可謂不熱心，但由我看來，希望不多，第一是沒有人才」；又於一九二六年十月十六日在《兩地書・五六》稱：「朱山根之流已在國學院大占勢力，……從此《現代評論》色彩將瀰漫廈大。……你想，兼士至於如此模糊，他請了一個朱山根，山根就薦三人，田難乾，辛家本、田千頃，他收了；田千頃又薦兩人，盧梅、黃梅，他又收了。」[34]

這裡牽涉的主要問題，乃是對廈大國學研究院裡的北大學人顧頡剛（朱山根）等人的評估問題，包括顧頡剛等人是否屬於《現代評論》派、顧頡剛等人是否屬於「人才」。

顧頡剛在一九二六年四月二十日「草畢」的《古史辨》〈自序〉裡言之鑿鑿地宣稱：「適之、玄同兩先生固是我最企服的師」[35]。如果在幾個月之後，顧頡剛真的改口而有「只佩服胡適、陳源兩個人」之說，則此說是針對錢玄同而言的，是對錢玄同的大不敬。顯然，「只佩服胡適、陳源兩個人」絕非顧頡剛的「自稱」之說。一九二六年十月

34 引自《魯迅全集》（北京市：人民文學出版社，1981年），卷11，頁126、133、156。

35 引自《中國新文學大系》散文第1集（上海市：良友圖書公司，1935年），頁270。

四日，魯迅在給許壽裳的信中說：「國學院中，佩服陳源之顧頡剛所汲引者，至有五、六人之多，前途可想」。[36]看來，顧頡剛在另外的場合表達過對陳源的佩服。於是，顧頡剛對胡適、錢玄同的「企服」和對陳源的「佩服」，被附會而成「只佩服胡適、陳源兩個人」之說。另一方面，顧頡剛對胡適的「企服」和對陳源的「佩服」，不應成為顧頡剛屬於《現代評論》派的證據。實際上，顧頡剛和魯迅恰恰同屬於《語絲》派。《語絲》創刊號（1924年11月17日）公布的《語絲》十六名長期撰稿人中，顧頡剛是其中之一（其他十五人為周作人、錢玄同、江紹原、林語堂、魯迅、川島、斐君女士、王品青、衣萍、曙天女士、孫伏園、李小峰、淦女士、春臺和林蘭女士）。一九二七年一月，在魯迅離開廈大前後，由顧頡剛主導的《廈大國學研究院週刊》連續兩期刊發了《語絲》第一一三期（1927年1月8日）目錄廣告，這亦是顧頡剛同《語絲》關係和聯繫之明證。至於陳萬里（田千頃）、潘家洵（辛家本）、黃堅（白果）等人，亦同《現代評論》毫無干係。

在我看來，魯迅在廈大得之的「《現代評論》派色彩將瀰漫廈大」應該是一個錯覺。

廈大國學研究院裡的北大學人在學術上各有不俗的表現，上文已有所記述。廈大國學研究院裡的北大學人在學術上略可分為兩類，一類是在學術界已享有盛譽、如日中天的人物，如顧頡剛、張星烺、林語堂、魯迅、沈兼士、孫伏園等人；另一類則是在學術上小有名氣、大有前途的人物，如潘家洵、丁丁山、容肇祖、陳萬里、章廷謙等人。魯迅所謂廈大國學研究院「沒有人才」，指的不是學術上、而是行政上的「人才」，如黃堅作為行政工作人員（襄理），其工作表現多次受到魯迅的批評。魯迅的批評是中肯的，一個學術機構需要學術上的人才、也需要行政上的人才。

---

36 引自魯迅：《魯迅全集》（北京市：人民文學出版社，1981年），卷11，頁484。

（三）《魯迅日記》一九二六年十二月二十九日記：「陳萬里贈泉州十字石刻拓本一枚」，又於當年「書帳」內記：「泉州十字石刻拓本一枚，陳萬里贈」。

魯迅在少年時代就喜歡收集金石拓本，一九二三年二月十二日，曾親手「重裝《金石存》四冊，制書帙二枚，費一日」[37]。該《金石存》即魯迅少年時代的購藏之物。一九一三年，魯迅在《擬播布美術意見書》裡還提出保護碑碣、壁畫及造像的意見：

> 碑碣　椎拓既多，日就漫漶，當令禁止，俾得長存。
>
> 壁畫及造像　梵剎及神祠中有之，間或出於名手。近時假破迷信為名，任意毀壞。當考核作手，指定保存。[38]

陳萬里贈給魯迅的拓本，恰屬於「梵剎及神祠中」之「壁畫及造像」的「椎拓」。

陳萬里〈泉州第一次遊記〉記：

> 下午二時出寺，路經奏魁宮，在東壁上發見古十字架石刻一方。原來泉州有三塊十字架石刻，載在光緒十五年湖北崇正書院所刊的《真福和德里傳》書上，（一）明萬曆已未出土於泉州南邑西山下，（二）崇禎十一年二月得於泉州城水陸寺中，於耶蘇受難瞻禮之前日，奉入教堂，（三）泉州仁風門外三里許，東湖畔舊有東禪寺，離寺百步許有古十字架石，崇禎十一年三月，教友見之，奉入堂中保存。該書上有一段案語：「水陸、東禪二寺皆起於唐，十字碑石亦悉於該寺內外得之，是十

37 魯迅：《魯迅日記》（1923年2月12日），《魯迅全集》（北京市：人民文學出版社，1981年）。

38 引自《魯迅全集》，卷8，頁49。

> 字架即不能遠指為唐之前所有，亦當與景教碑先後有也」云云。昨晚亮丞曾以此事問任神父，據說已無下落。今天忽然看見《和德里傳》上所沒有記載的一塊石刻，當然非常高興。準備用過午飯後，再來椎拓攝影。[39]

張星烺〈泉州訪古記〉則記：

> 路過奏魁宮，亦小寺廟也。其牆壁上有石刻小神像，像頂有十字架象，胸亦有十字架，又有兩翼，其為古代基督教徒所遺留者，可以無疑也。任神父謂或為古代聶斯托里派基督教徒（Nestorian Christians）之遺留物云。[40]

至於奏魁宮，顧頡剛〈泉州的土地神〉記：

> 祀神的雜亂，看奏魁宮就可知。宮名奏魁，聯上又說「魁杓獻瑞」，則閣上應祀魁星。但是我們上去一看，祀的神卻是觀音，桌圍上寫的字也是「奏魁大慈悲」。祀觀音也罷了，而神龕的匾額卻又是「蕊榜文衡」，難道他們去請觀音大士看文章嗎？[41]

（四）《魯迅日記》一九二六年九月八日記：「顧頡剛贈宋濂《諸子辨》一本」。其時，魯迅與顧頡剛已後先到了廈門大學。這是魯迅與顧頡剛在廈大國學研究院同事關係的一個好的開端。

《魯迅日記》一九二七年一月八日記：「下午往鼓浪嶼民鐘報館

39 引自《廈大國學研究院週刊》第1卷第2期（1927年1月12日）。

40 引自拙藏《泉州訪古記》（泉州海外交通史博物館資料室1981年列印本）。

41 引自《廈大國學研究院週刊》第1卷第2期（1927年1月12日）。

晤李碩果、陳昌標及他社員三四人，少頃語堂、矛塵、顧頡剛、陳萬里俱至，同至洞天夜飯」。

從一九二六年九月八日魯迅到校後四天至一九二七年一月八日魯迅離校前八天，魯迅與顧頡剛的關係在《魯迅日記》裡並無結怨或交惡的記錄。在事實上，魯迅同顧頡剛在廈大國學研究院同事期間也未起公開的衝突。魯迅與顧頡剛於一九二六年一月八日「俱至」鼓浪嶼《民鐘日報》社並「同至」洞天酒樓夜飯，乃由於「廈大學生得知魯迅辭職與學校腐敗有關，很快掀起改革學校的運動。校方一面假意挽留魯迅，一面推卸責任，說魯迅離廈是因胡適派與魯迅派相互排斥，《民鐘日報》據此發表通訊，魯迅因約林語堂同往該報澄清事實」[42]，即章廷謙（川島）所謂「雙方都在否認」[43]。質言之，魯迅與顧頡剛一直到了一九二七年一月八日仍在公開場合共同否認魯迅派與胡適派在廈大的衝突。此後，一九二七年一月十二日，顧頡剛在尤其主導的《廈大國學研究院週刊》第一卷第二期上，刊發廈大學生刊物《鼓浪》的「送魯迅專號」（第6號，1927年1月5日）之目錄廣告。

然而，在此期間，魯迅在給許廣平、許壽裳、章廷謙、沈兼士諸人的信中，卻一再表示對顧頡剛的不滿甚至厭惡。從雙方的關係來說，這是單方的、私下的表示。

在魯迅和顧頡剛先後離開廈大以後，一九二七年七月兩人始發生衝突。起因是一九二七年五月十一日漢口《中央日報》副刊第四十八號發表編者孫伏園的〈魯迅先生脫離廣東中文〉，文中引謝玉生和魯迅給編者的兩封信，指顧頡剛「在廈大造作謠言，污衊迅師」及「反對民黨」。顧頡剛閱報即致信魯迅表示擬「提起訴訟」。此後，尤其是一九三二年《三閒集》出版、一九三三年《兩地書》出版後，兩人的結怨和交惡才公開化。

---

42 引自《魯迅全集》，卷14，「往鼓浪嶼民鐘報館」條下註，頁641-642。

43 引自川島：〈和魯迅先生在廈門相處的日子〉，載《紅旗飄飄》第1集，1957年。

魯迅與顧頡剛在廈大國學研究院工作期間始終維持了正常的同事關係，兩人彼此結怨並交惡乃在離校以後。其間起因頗多，而旁人的傳播渲染是其中之一。在今天，兩位學術前輩均已謝世，惟留下各自的學術成就令後人共同景仰。

（五）魯迅《兩地書・六六》謂：「山根先生仍舊專門薦人，圖書館有一缺，又在計劃薦人了，是胡適之的書記員，但這回好像不大順手似的」[44]。其後又在一九二六年十一月二十一日致章廷謙信、一九二六年十二月十九日致沈兼士信中談及此事。

「胡適之的書記員」指程憬。程憬於一九二六年十一月到廈大謀職，住在南普陀寺。程憬後來成為著名學者，有《夏民族考》（1930）、《中國的羿與希臘的赫克利斯》（1936）、《古蜀的洪水傳說與中原的洪水神話》（1942）、《后羿與赫克利斯的比較》（1943）、《山海經考》（1943）、《古代神話中的天、地及崑崙山》（1944）等著述，一九五〇年逝世，留下書稿《中國古代神話研究》。[45]

程憬到廈大謀職而未得，其原因蓋在當時廈大校主陳嘉庚先生「南洋橡膠營業不佳，核減廈大經費」[46]也。作為學養很好的北大學人，程憬已在廈大近旁卻未得其門而入，這是值得同情的遭遇，而廈大未得其人，則是一件憾事。

附帶言之，當時還有羅常培、張頤、陳定謨、莊澤宣等北大學人在廈大國文、哲學、教育等系科任職，他們同在廈大國學研究院任職的北大學人魯迅亦時相過從，事載《魯迅日記》。

二〇〇二年一月二日

---

44 引自《魯迅全集》（北京市：人民文學出版社，1981年），卷11，頁183。

45 據《中國神話學文論選萃》（北京市：中國廣播電視出版社，1994年），上卷，頁588。

46 請參見拙論：〈魯迅在廈門若干史實考（之二）〉，載《福建師大學報》1980年第2期。

廈門大學國學研究院與泉州歷史文化研究

廈門大學國學研究院（以下簡稱廈大國學院）從籌辦（1925年12月）、開辦（1926年9月）到停辦（1927年2月），存留的歷史相對短暫但發生的影響相當深遠。

廈大國學院戴密微、張星烺、陳萬里、顧頡剛諸教授及其合作者廈大哲學系艾鍔風教授，共同傾心於泉州歷史文化的研究。這在當時而言乃是該院研究的熱點，於今視之則是「泉州學」研究的起點。

拙論〈北京大學學人與廈門大學國學研究院〉[1]對廈大國學院的歷史和影響有所描述。

本文擬簡要介紹廈大國學院在泉州歷史文化研究方面的若干情況、在「泉州學」初創時期的不泯之功。

一

據我聞見所及，廈大國學院在泉州歷史文化研究方面的成果包括：戴密微、艾鍔風《刺桐雙塔》，張星烺〈中世紀之泉州〉、〈泉州訪古記〉，陳萬里〈泉州第一次遊記〉，顧頡剛〈泉州的土地神〉、〈天后〉，以及艾鍔風《福建閩南的兩座方形石塔》、《刺桐的花崗岩石碑斷片》。

1　載北京《魯訊研究月刊》2002年第3期。

(一) 戴密微、艾鍔風《刺桐雙塔》

《刺桐雙塔》為英文著作。

《刺桐雙塔》(*The Twin Pagodas Of Zayton*) 書之副題為「中國晚近佛教雕刻之研究」(A Study of Later Buddhist Sculpture in China),哈佛大學出版社一九三五年出版。

本書列為「哈佛-燕京研究院專著系列」第二卷,書之作者為時任北平輔仁大學教授的艾鍔風(G. Ecke)和時任巴黎東方語言學校教授的戴密微(P. Demieville)。

書之目錄[2]為:

前言
介紹(艾鍔風)
　一、刺桐/二、塔之建築/三、雕刻/四、註解與書目
肖像研究與歷史資料(戴密微)
　一、肖像研究:a. 西塔故事1-5/b. 東塔之座基/c. 東塔故事1-5/d. 結論
　二、歷史資料:a. 書目/b. 開元寺/c. 塔與還願幢/d. 西塔/e. 東塔/f. 泉州的佛教工匠與外國和尚
圖集(艾鍔風)

書之前言指出:「當本書作者一起在廈門大學居留的時候,艾鍔風在一九二五年首先留意及於泉州眾塔的壯美。廈門大學是新加坡華僑大慈善家陳嘉庚先生那時在家鄉新近建立的。在考察之後發現,這些塔對於建築學、對於佛教雕刻和肖像研究的學生皆有意趣。鑒於這些資

2　譯自《刺桐雙塔》(*The Twin Pagodas of Zayton*)(劍橋:哈佛大學出版社,1935年),頁VI。

訊不為西方學者所知，艾鍔風乃決定加以收集」;「開元寺住持圓瑛法師發動了這一工作；開元寺僧性願法師製作了關於雕刻的傳統解釋之記錄，這給了戴密微從事收於這本書的肖像研究的最初動力」；當時開元寺東、西塔正在維修，「艾鍔風的雇員韓慶榮先生不顧風暴、戰事和其他困難，在傾斜的腳手架上協助完成工作」。[3]據此可知，本書收錄的主要是作者在廈大工作期間的研究成果。其時，戴密微係廈大國學院籌備總委員會委員；[4]艾鍔風則是同廈大國學院有密切合作關係的學者，他曾同戴密微、張星烺、陳萬里合作從事田野調查，並同戴密微合作著書。

經多年訪求，我近先後獲贈和得見《刺桐雙塔》之影印本和原版本。[5]

(二) 張星烺〈中世紀之泉州〉、〈泉州訪古記〉

張星烺於一九二六年九月至一九二七年一月在廈大國學院工作，曾任該院研究教授和代理主任。

一九二六年十月三十一日，張星烺偕陳萬里、艾鍔風赴泉州進行田野調查。

一九二六年十一月十二日，張星烺在廈大國學院第一次學術講演會上發表題為〈中世紀之泉州〉的講演，《廈門大學國學研究院週刊》「錄其節目如下」：[6]

---

3 摘譯自《刺桐雙塔》(*The Twin Pagodas of Zayton*)，頁VI、VII。

4 據〈廈大國學研究院籌備總委員會職員名單〉，載《廈大週刊》第132期（1925年12月19日）。

5 我在寫作〈〈泉州訪古記〉的幾個史實〉（收入拙著：《閩臺歷史社會與民俗文化》，廈門市：鷺江出版社，2000年）時，尚無緣一睹其書，於文中提及「艾鍔風另有英文著作《泉州東西塔》」而語焉不詳。

6 引自《廈門大學國學研究院週刊》第1卷第1期（1927年1月5日）。

一、考古學與史學之關係

二、泉州設置之歷史

三、泉州何時始與外國人通商

四、宋末元初泉州之大盛

五、泉州之外國人之居留地

六、外國人記錄之泉州

七、唐末時外國人在中國享有若干治外法權

八、外國人與中國人雜婚

九、外國人之教育

十、外國人在泉州之勢力

十一、西方各種宗教之由泉州輸入

十二、外國人之同化於中國

據《廈門大學國學研究院週刊》第一卷第一期〈本院紀事〉稱：張星烺此次「講稿定在國學院季刊中發表，季刊定於一月中付印，讀者稍遲當可讀其全文」；另據《廈門大學國學院季刊》第一期〈目錄〉，[7]《廈門大學國學院季刊》第一期收有張星烺的〈泉州訪古記〉，有學者推斷〈泉州訪古記〉即張星烺的講稿〈中世紀之泉州〉。

實際上，《廈門大學國學院季刊》後來並未印成出版，〈泉州訪古記〉改於一九二八年十月在《史學與地學》雜誌第四期發表。從〈泉州訪古記〉的結構和內容看，〈泉州訪古記〉在結構上不合於〈中世紀之泉州〉的「節目」；在內容上毫不涉及「考古學與史學之關係」、「唐末時外國人在中國享有若干治外法權」等「節目」，對涉及的「節目」亦概未充分闡述。

〈泉州訪古記〉是張星烺在泉州歷史文化研究方面繼〈中世紀之泉州〉的另一種論文。

7　載《廈大週刊》第164期（1926年11月20日）。

我藏有〈泉州訪古記〉一九八〇年打字油印本。該版本是「福建省泉州海外交通史博物館資料室」於一九八〇年十一月，據《史學與地學》雜誌第四期（中國史地學會編，1928年10月1日）打字油印的。

（三）陳萬里〈泉州第一次遊記〉

陳萬里於一九二六年九月受聘為廈大國學院「考古學導師兼造型部幹事」。[8]

一九二六年十月三十一日，陳萬里偕張星烺、艾鍔風赴泉州進行田野調查。

一九二七年一月五日，陳萬里〈泉州第一次遊記〉開始在《廈門大學國學研究院週刊》第一期、第二期（1927年1月12日）、第三期（1927年1月19日）連載。其後因《廈門大學國學研究院週刊》隨廈大國學院停頓和停辦而中止連載。

陳萬里〈泉州第一次遊記〉記遊以時為序，此點乃與張星烺〈泉州訪古記〉相同。但張星烺用「陽曆」，記一九二六年「陽曆十月三十一日」至十一月三日之經歷；陳萬里則有意隱去具體日期，記「十五，──，三日」及「四日」之經歷，至「五日」之部分經歷乃中止。[9]

我藏有《廈門大學國學研究院週刊》第一期之影印本、第二期及第三期之原版本。

（四）顧頡剛〈泉州的土地神〉、〈天后〉

顧頡剛於一九二六年九月至一九二七年二月任廈大國學院研究教授。

8 據《廈大週刊》第156期（1926年9月25日）。

9 據查，一九二六年十月三十一日為當年農曆九月二十五日。陳萬里所記「十五，──，三日」亦非農曆日期。

一九二六年十一至十二月間，顧頡剛赴泉州進行「風俗調查」。

一九二六年十二月二十六日，顧頡剛寫成〈泉州的土地神〉，該文副題為「泉州風俗調查記之一」。

〈泉州的土地神〉於一九二七年一月五日、一月十二日在《廈門大學國學研究院週刊》第一期、第二期連載完畢。

顧頡剛另有〈天后〉一文交《廈門大學國學研究院週刊》第四期，該刊「第一卷第四期目錄預告」[10]有顧頡剛的〈天后〉一文。但《廈門大學國學研究院週刊》第四期並未印成出版。顧頡剛的〈天后〉乃改於一九二八年在廣州中山大學《民俗》週刊第四十一、四十二期合刊上發表。文後有作者附記（1928年12月2日）略謂：「這篇文字是我前年在廈門寫的。這兩年中我知道的天后事實較前多了，可是永永得不到作文的時間，所以不能加上許多新材料」云云。另據容肇祖〈天后〉[11]所記顧頡剛「後來遊福州購得《天后聖母聖蹟圖志》，記錄較詳，未暇更作」可知，〈天后〉一文是顧頡剛在廈大國學院工作期間從廈門、泉州兩地收集資料完成的，該文記錄的「天后」信仰也是泉州的民間信仰。〈天后〉可能是顧頡剛計劃中的「泉州風俗調查記之二」。

（五）艾鍔風《福建閩南的兩座方形石塔》、《刺桐的花崗岩石碑斷片》

據《刺桐雙塔》之〈註解與書目〉，艾鍔風關於泉州歷史文化的研究成果還有英文著作《福建閩南的兩座方形石塔》（*The Ashlar Pagodas at Fu-Ching in Southern Fu-ching*）、德文著作《刺桐的花崗岩石碑斷片》（*Zaytonische Granitbruecken*）。

---

10 載《廈門大學國學研究院週刊》第3期（1927年1月19日）。

11 載廣州《民俗》週刊，1928年第41、42期合刊。

二

戴密微、張星烺、陳萬里、顧頡剛和艾鍔風諸教授在上記著述裡提供的若干觀點和資訊，乃是今之「泉州學」研究的資源，頗值得重視。

茲舉其要點。

（一）關於「刺桐」（「才通」）的爭論

張星烺〈泉州訪古記〉記：

> 刺桐城之名，見之於《馬可波羅遊記》、《和德里遊記》、《馬黎諾里奉使東方錄》、《拔都他遊記》，具言為世界第一商港。

又記：

> 元時西方遊客之才通港（Zayton, Zaitun, Station）（即刺桐之轉音）為泉州毫無疑問。然西國尚有多人，疑為漳州者，有疑為今廈門港者，皆未熟中國史書，故有此無謂之爭論也。《福建通志》卷五十九〈物產〉〈刺桐〉條云：泉郡繞城皆植刺桐，號桐城，又曰溫陵城。……卷四十二〈古蹟〉云：刺桐城，節度使留從效重加版築，傍植刺桐，歲久繁密，其木高大，枝葉蔚茂，初夏時開發，鮮紅。……才通（Zayton）之為泉州，更如日月之明，尚復何疑哉。

戴密微、艾鍔風《刺桐雙塔》有〈刺桐〉一節，明確提出：「現在，關於泉州（官方名稱為福建省晉江縣）與中世紀旅行者所謂刺桐之身分的爭論已經結束」，並加註說明：「J. Kuwabara 在重新審查刺桐難題上的五個不同理論後斷定，刺桐必然是泉州。Fr. Hirth 說：宋元時期的刺桐即泉州的論斷現在幾乎被普遍接受。A・C・Moule 說：刺桐即泉州，現在已無可置疑」。[12]

J. Kuwabara 即日本漢學家桑原騭藏，Fr. Hirth 即德國漢學家夏德，A・C・Moule 即英國漢學家穆爾，他們分別在《蒲壽庚考》（*On P'u Shou-keng*, 1928）、《趙汝適》（*Chao Jukua*, 1911）和《一五五〇年以前的中國基督徒》（*Christians in China Before the Year of 1550*, 1930）裡認定刺桐即泉州的結論。

泉州舊稱刺桐城，外國旅行者以音譯之名 Zayton 或 Zaitun 記之。數百年後有人誤以 Zayton 或 Zaitun 為音譯之名，由此發生了爭論。從《刺桐雙塔》的資訊看，一九一一年已形成共識，形成「宋元時期的刺桐即泉州的論斷現在幾乎被普遍接受」的狀況。

附帶言之，近讀白慕申（Christopher Bo Bramsen）在丹麥駐華大使任上的《丹麥與中國的官方關係（1674-2000）》一書，[13]書中稱：

> （丹麥）「福爾圖那號」一六七四年晚離開哥本哈根駛向中國。……一六七六年晚到達福建省的福州。他們建立過一個丹麥貿易集散點；但除開地名 Holjeur 或 Hulguur 外，丹麥人在中國的第一個貿易站在哪裡並沒有確切的記載。在售出了他們的大部分帶著的丹麥和印度貨物並買進了中國貨物之後，丹麥商人旋於一六七七年十月乘「福爾圖那號」離開中國，返回丹麥。

實際上，Holjeur 或 Hulguur 就是「確切的記載」。Holjeur 或 Hulguur 是泉州後渚港的音譯之名，固無疑也。這是以音譯記泉州地名，數百

12 摘譯自《刺桐雙塔》（*The Twin Pagodas of Zayton*），頁3。

13 白慕申：《丹麥與中國的官方關係（1674-2000）》（哥本哈根北歐亞洲研究所（NIAS）出版部，2000年，中英文對照本）。

年後不知其地所在的又一個例子。

(二) 泉州在中西交通史、中外文化交流史上的地位

張星烺〈泉州訪古記〉指出:「泉州為中世紀時，世界第一大商埠」;「余在昔研究中西交通史，得知泉州為中古東西文化交換地點，中外貨物輸出輸入之中心地」;「當宋元之世，泉州為第一大商埠。……外國賈客蟻聚，蕃貨薈集於此，由中國往外國，由外國來中國，莫不於泉州放洋登陸。馬可波羅、馬黎諾里回歐洲，自刺桐放洋。孟德高維奴、和德里、拔都他來中國，先抵刺桐港登陸。……西極之國如摩洛哥、義大利等，皆有遊客足跡至泉州，其大食、波斯之賈胡寄居於此者當更不知其幾千、萬矣」;「宋吳自牧《夢粱錄》卷十二『江海船艦』條云:『若欲船泛外國買賣，則是泉州便可出洋』。《宋史》〈外國傳〉及趙汝適《諸蕃志》，計海外諸國距中國遠近，皆以泉州為起點。」

陳萬里〈泉州第一次遊記〉謂:「泉州為中世紀中國唯一大商港，在中外交通史上占有極重要的地位」;「在中世紀的時候，泉州可以為世界獨一無二的大商港」;張星烺「是研究中外交通史的專門學者」，到泉州「為其所專門研究的學問搜尋材料。鍔風之遊泉州，此實第三次，他所依戀不能忘情的是開元寺的古塔。在我，希望一往靈山，探索回教徒的古墓。」

(三) 刺桐十字架

陳萬里〈泉州第一次遊記〉記:

> 路經奏魁宮，在東壁上發見古十字架石刻一方。原來泉州有三塊十字架石刻，載在光緒十五年湖北崇正書院所刊的《真福和德里傳》書上，(一) 明萬曆己未出土於泉州南邑西山下，

> （二）崇禎十一年二月得於泉州城水陸寺中，於耶穌受難瞻禮之前日，奉入教堂，（三）泉州仁風門外三里許，東湖畔舊有東禪寺，離寺百十步有古十字架石，崇禎十一年三月，教友見之，奉入堂中保存。在該書上有一段按語：「水陸、東禪二寺皆起於唐，十字碑石亦悉於該寺內外得之。是十字架不能遽指為唐之前所有，亦當與景教碑先後有也」云云。昨晚亮丞（按：即張星烺）曾以此事問任神父，據說已無下落。今天忽然看見《和德里傳》上所沒有記載的一塊石刻，當然非常高興，準備用過午飯後，再來椎拓攝影。

張星烺〈泉州訪古記〉亦有相近的記載，略謂：

> 路過奏魁宮，亦小寺廟也。其牆壁上有石刻小神像，像頂有十字架像，胸亦有十字架，又有兩翼，其為古代基督教徒所遺留者，可以無疑也。……午後復往奏魁宮，萬里將前所見之古基督教神像攝影，以留紀念。

顧頡剛〈泉州的土地神〉則就奏魁宮十字架石刻有補充記載，其文曰：

> 奏魁宮中有古代天主教教徒墳上的天使神像，砌入左廡。這塊石像，本來流落在奏魁宮附近，有一個美國人肯出五百塊買去，寬仁鋪中人不肯，乘重修的機會索性砌入壁中，與關聖一龕相對，現在燒香到天使像前的也頗有其人了。……民眾要在土地廟裡保存古蹟的心即此可見。

這裡所謂寬仁鋪是舊時泉州「城內和和附郭的地方」劃分而成的三十六鋪之一，寬仁鋪在城南隅；各鋪各有「鋪祠」奉祀本鋪神明（鋪祠相當於土地廟），奏魁宮為寬仁鋪之「鋪祠」。

艾鍔風在《刺桐雙塔》之〈註解與書目〉一節裡記：

> 猶太教（？）十字架，一九〇五年由任道遠神父（Father Serfin Moya）在寬仁鋪的奏魁宮發現，該奏魁宮保持至今。我於一九二七年在那裡拍了照片。[14]

《刺桐雙塔》之〈圖集〉收有奏魁宮十字架的照片（編號為 PL70b）。

陳萬里曾將奏魁宮十字架拓本贈給魯迅。事載《魯迅日記》一九二六年十二月二十九日，又載《魯迅日記》一九二六年「書帳」。

（四）法國漢學大師沙畹對「刺桐雙塔」的研究

戴密微、艾鍔風《刺桐雙塔》記：

> 大約在一九一七年，M. Georges Lecomte，當時的法國駐廈門領事曾經訪問泉州並經莫牙神父指點觀看了東塔座基上著名的雕刻。他請當地一名攝影師給那些雕刻拍了照，並將照片送給了熟知雕刻的肖像研究之道的 Edouard Chavannes。這位偉大漢學家的過早逝世中斷了這一工作；那些照片以及 Edouard Chavannes 用相當潦草的鉛筆字跡寫下的少量註解留給了 Foucher 教授，此人又將照片轉給 Przyluski 教授。當本書已經交稿，本書作者對這批珍貴的照片一無所知。一九三三年二月，Foucher 教授和 Przyluski 教授偶然看到了艾鍔風攝製的部分照片，他們認出先前那批為 M. Georges Lecomte 攝製的雕刻照片，並相當仁慈地將 Chavannes 留下的資料託付戴密微。照片質劣不可用，Chavannes 的部分註解卻對本書的最後修訂有

14 摘譯自《刺桐雙塔》（*The Twin Pagodas of Zayton*），頁22。

所助益。[15]

M. Georges Lecomte 的中文名為陸公德或陸功德，查《清季中外使領年表》，[16]陸公德於一九〇四年任法國駐北海副領事兼葡萄牙駐北海領事，一九〇六年十二月任法國駐廈門副領事兼西班牙駐廈門領事，一九〇七年兼任俄國駐廈門領事。Edouard Chavannes 即法國漢學大師沙畹。

根據戴密微、艾鍔風的上述記載，法國漢學大師沙畹也曾研究「刺桐雙塔」的雕刻，並寫有註解；沙畹的註解對《刺桐雙塔》出版前的最後修訂有所助益。

（五）「普通話」

一九〇六年，語言學家朱文熊首次提出用「普通話」作為全國共同語（「各省通行之語」）之名；民國初年乃確定以「國語」為國家共同語之名。

張星烺〈泉州訪古記〉三次使用「普通話」或「普通語」之名：

一、「有江西僧某，能普通語」，江西僧某即當時泉州開元寺知客僧釋智遠；

二、「適有晉江人陳育才者，字澤山，能普通語，來周旋吾輩」；

三、「鄭先生能普通話，問其先人之事，慷慨而談，有其先人豪爽之風」。

---

15 摘譯自《刺桐雙塔》（*The Twin Pagodas of Zayton*），頁VII。

16 中國第一歷史檔案館，福建師大歷史系編：《清季中外使領年表》（北京市：中華書局，1988年）。

陳萬里〈泉州第一次遊記〉也使用了「普通話」之名；「護路軍隊多山東、河南人，跟他們說普通話，居然稱呼『老鄉』了」。

從上記資訊看，「普通話」之名提出後，學界贊成而用之者頗不乏其人；泉州在上世紀二十年代，國語（「普通話」）普及的工作亦非乏善可陳也。

（六）泉州民間信仰的若干特異情節

顧頡剛〈泉州的土地神〉記：泉州的土地廟「有的是一間小屋，塑上一尊白鬚神像，題為『福德正神』」，「在荒丘敗園之間的僅僅是一所小屋，除了一尊小偶像之外什麼都沒有」。

這裡記錄的是泉州乃至閩南地區土地神信仰的一個特異情節：土地廟幾乎概不配祀土地婆。顧頡剛所見泉州安海土地廟鰲頭宮的楹聯不是外地土地廟常見的「公公十分公道，婆婆一片婆心」，而是「天下無雙大老，世間第一正神」。泉州乃至閩南民間相傳，土地公有均分天下財富的想法而遭到土地婆的反對，因為土地婆擔心天下均貧富以後，將無人肯當轎伕，而土地婆平日出門、土地婆的女兒來日出嫁都得坐轎。民間將天下貧富不均的現象歸咎於土地婆，所以泉州乃至閩南地區土地廟幾乎概不配祀土地婆。

〈泉州的土地神〉又記：「泉州城內和附郭的地方，共分為三十六鋪」，「凡是一鋪中地方大一點的，又分為數境（大約二個至三個）」；各鋪、境有各自的神祠（「此地稱神祠為『宮』，也稱為『古地』和『福地』」）、供奉各自的地方保護神，鋪、境的劃分亦是神明勢力範圍的劃分；「這許多城內的神祠又分為『東佛』和『西佛』。這並不是就城的東西分列的，乃是地方上的兩個大黨派。這黨派起於兩個大戶人家。清初，泉州城內有兩個名人，一是打平臺灣封為靖海侯的施琅，一是翰林富鴻基。富鴻基嫁女於施家，問施琅行民禮呢，還是行官禮。施琅是位極人臣的人，聽了此話很生氣，在婚娶的那天，他便供了皇上的黃衣，使富鴻基見了不能不下跪。哪裡知道，富鴻基家中有『五日權君』的鐵鼻，施琅去了，他也高高供著。從此兩家交惡，親家變成了冤家。他們倆一文一武，很得地方上人民的信仰，就各各植起黨來；富家在西，施家在東，因此把各鋪境分成了東佛和西佛兩派。每逢迎神賽會的時候，東西兩派遇見，各不相讓，常至打架，以至流血斃命」。

〈泉州的土地神〉還記錄了「祀神的混亂」情形：

> 祀神的混亂，看奏魁宮就可以，宮名奏魁，聯上又說「魁杓獻瑞」，則閣上應祀魁星，但是我們上去一看，祀的神卻是觀音，桌圍上寫的字也是「奏魁大慈悲」，，祀觀音也罷了，而神龕的匾額卻又是「蕊榜文衡」，難道他們去請觀音大士看文章嗎？

民間信仰本來具有隨意隨俗的走向，顧頡剛在〈泉州的土地神〉裡特地指出：「民眾的信仰本不能適合於我們的理性。我們要解釋它，原只能順了它的演進的歷史去解釋，而不能用了我們的理性去解釋」。

（七）「泉州同志」：田野調查的嚮導、助手和報告人

顧頡剛在〈泉州的土地神〉一文臨末處說：「這一次的游覽，全仗劉谷葦先生的領導，他又告我許多傳說，這文中的材料有許多是從劉先生的口中得到的，我真是非常地感激」，他並且「希望劉先生和泉州同志肯加以切實的指正和增補」。張星烺、陳萬里在田野調查中也得到泉州當地人士張葦鄰、任國珍、任道遠（即莫牙神父）、鄭時雨、陳育才、釋智遠、許寶玉等人包括提示調查線索和地點、提供文字和口碑資料在內的種種協助。戴密微、艾鍔風則在書中向吳曾、吳大璜、圓瑛大和尚、釋性願等泉州當地人士的協助表示感謝。

戴密微記錄佛教典故曾得開元寺僧釋性願的協助，因而相當準確；他譯述民間口碑如柳三娘的故事、「此地古稱佛國、滿街都是聖人」的名言等也得到報告人很好的配合，因而亦頗為傳神。戴密微在《刺桐雙塔》之〈泉州的佛教工匠和外國和尚〉一節裡，據《開元寺志》、《紫雲開士傳》和《泉州府志》寫道：「大約在十一世紀末住在開元寺的可遵雖然據說有西方和尚的長相，有絡腮鬍、髭鬍和藍眼睛，但他出生於鄰近南安縣屬的一個徐姓家庭」。[17]《開元寺志》、《紫雲開士傳》分別在一九二七年和一九二九年才有重刻本和重印本，戴密微當年所見當為舊刻本，而《泉州府志》在當時「木板已毀百餘塊，舊刻復不易得」。[18]看來，熱心於弘揚鄉邦歷史文化的泉州當地人士向戴密微提供了珍貴的舊刻古籍。

附帶言之，《開元寺志》和《紫雲開士傳》均有「釋可遵」傳略，唯《紫雲開士傳》有（可遵）「微有髭，碧眼，狀若胡僧然」之語。戴密微讀書的眼力頗為精審。

（八）「泉州學」豐富而精彩的「節目」

《廈門大學國學研究院週刊》所錄張星烺〈中世紀之泉州〉諸「節目」，於今視之，簡直是「泉州學」研究之大綱。

廈大國學院戴密微、張星烺、陳萬里、顧頡剛教授及其合作者艾鍔風教授當年的研究還涉及蒲壽庚、留從效、鄭成功和施琅等泉州歷史文化名人，清靜寺、先賢墓、鄭和行香碑等泉州文化古蹟，天主教、基督教、佛教、伊斯蘭教、道教、摩尼教、印度教、猶太教[19]及

---

17 摘譯自《刺桐雙塔》（*The Twin Pagodas of Zayton*），頁95。

18 陳萬里：〈泉州第一次遊記（續）〉，載《廈門大學國學研究院週刊》第2期（1927年1月12日）。

19 例如：《刺桐雙塔》之〈圖集〉就收有印度教（Hindu）遺跡照片四幀（編號PL69a-b），猶太教（Nestorian）遺跡照片一幀（編號PL70 b），並提及「摩尼教的蹤跡」（the trace of Manichaeism）。

聶斯托里派（「景教」）、聖方濟各會、耶穌會、密宗等宗教和教派在泉州的傳播，等。他們當年已經創製了「泉州學」豐富而精彩的「節目」表。

二〇〇二年七月八日於杭州旅次

廈門大學國學研究院的幾個史實

一

一九二六年十月三十一日，陳萬里偕張星烺、艾鍔風赴泉州做為期四天的田野調查。作為此次田野調查的報告，陳萬里和張星烺各有〈泉州第一次遊記〉和〈泉州訪古記〉。

陳萬里〈泉州第一次遊記〉於一九二七年一月在《廈門大學國學研究院週刊》第一至三期連載至其行程第三天遊記的部分內容而中止。該文以橫排方式刊出，文中記其工作的始發日期為「十五，——，三日」。拙稿〈廈門大學國學研究院與泉州歷史文化研究〉據此推斷：

> 陳萬里〈泉州第一次遊記〉記遊以時為序，此點乃與張星烺〈泉州訪古記〉相同。但張星烺用「陽曆」，記一九二六年「陽曆十月三十一日」至十一月三日之經歷；陳萬里則有意隱去具體日期，記「十五，——，三日」及「四日」之經歷，至「五日」之部分經歷乃中止。

我近發現陳萬里《閩南遊記》（上海市：開明書店，1930年3月），書收〈泉州第一次遊記〉、〈漳州遊記〉、〈泉州第二次遊記〉、〈泉州第三次遊記〉和〈旅廈雜記〉各文。該書採用豎排方式，書中〈泉州第一次遊記〉記其工作的始發之日為「十五，一一，三日」即一九二六年十一月三日。看來，陳萬里並非有意隱去具體日期。

那麼，陳萬里所記日期是陰曆抑或陽曆？陰曆「十五，一一，三日」為陽曆一九二六年十二月七日，而《廈門大學國學研究院週刊》第一卷第一期（1927年1月5日）之〈本院紀事〉記：一九二六年十一月十二日（下午）二時，張星烺主講〈中世紀之泉州〉，「蓋張教授由泉州旅行回來，述其平日之研究及實際上之所得也」。[1]據此可知，陳萬里所記「十五，一一，三日」不是陰曆日期，而是陽曆日期。

在張星烺〈泉州訪古記〉裡，一九二六年十一月三日是其田野工作的結束之日；在陳萬里〈泉州第一次遊記〉裡，一九二六年十一月三日為其田野工作的始發之日。兩者所記，必有一誤。

查另一同行人艾鍔風的相關著述《刺桐雙塔》（與戴密微合著），未見關於此次田野調查工作日期的記載。但從閩南沿海之潮汐時刻可以推測，陳萬里所記屬於誤記。

〈泉州第一次遊記〉記：

> 六日清早到汽車站，輪船就擱在車站南面淺灘上，候潮約兩時餘出口。下午二時到廈門。

同行的張星烺在〈泉州訪古記〉則明確記其歸程乃是「晨買舟歸廈。登船時，適潮漲，故船泊安海碼頭」，即清晨購買船票，潮漲時刻從安海碼頭登船返廈。

一九二六年十一月六日為陰曆一九二六年十月初二日。按照閩南沿海居民推算潮汐時刻的方法推算，當天潮漲時刻為下午一點三十。從「清早」看見「輪船就擱在車站南面的淺灘上」，到潮漲登船出口，其間「候潮」的時間肯定不可能只有「兩時餘」；從潮漲登船出口，到抵達廈門，其間也肯定不可能只有從下午一時半至「下午二時」的半個小時。

1　《廈門大學國學研究院週刊》第1卷第1期（1927年1月5日）。

從張星烺〈泉州訪古記〉所記，一九二六年十一月三日為其田野工作結束歸返廈門之日。一九二六年十一月三日為陰曆一九二六年九月廿八日，當天潮漲時刻為上午十點二十。此一時刻，前合於「清早」起「候潮約兩時餘」，後合於「下午二時到廈門」。

看來，陳萬里〈泉州第一次遊記〉誤結束之日（1926年11月3日）為始發之日，在時間上誤推了三天。陳萬里、張星烺、艾鍔風同赴泉州做田野調查的時間為一九二六年十月三十一日至一九二六年十一月三日。

漲潮是一個過程，歷時六個小時，潮漲則是一個轉折點，潮水至此達到最高水位並開始退潮；退潮也是一個過程，歷時亦是六個小時，潮退同樣是一個轉折點，潮水至此達到最低水位並開始漲潮。開船時刻的確定宜考慮始發地和到達地的靠岸或近岸停泊問題，但開船時刻並不必定於潮漲時刻。陳萬里、張星烺從安海登舟返廈時有「候潮」和「潮漲」的記載，我們今天才可能推知當時開船的時刻。

這裡還有一個補證。《廈大週刊》第一六五期（1926年12月27日）載〈張陳兩先生調查泉州古蹟及關於中外交通史料之報告〉，其編者按云：「本大學國學研究院張星烺、陳萬里兩教授於十月三十一日聘（聯）袂赴泉州，調查泉州古蹟及關於中外交通史料」。

拙稿《廈門大學國學研究院與泉州歷史文化研究》從《廈門大學國學研究院週刊》詳細列出張星烺一九二六年十一月十二日演講〈中世紀之泉州〉的「節目」，並指出：

> 從結構和內容看，〈泉州訪古記〉在結構上不合於〈中世紀之泉州〉的「節目」；在內容上毫不涉及「考古學與史學之關係」，「唐末時外國人在中國享有若干治外法權」等「節目」。對涉及的「節目」亦概未充分闡述。

〈泉州訪古記〉是張星烺在泉州歷史文化研究方面繼〈中世紀之泉州〉的另一種論文。

我又從金雲銘〈福建文化研究書目（五續）〉（載福建協和大學《福建文化》1932年第1卷第5期）查知張星烺有〈中世紀泉州狀況〉一文刊於燕大歷史學會《史學年報》第一期。蒙洪峻峰先生厚意，寄贈從《史學年報》複印而來的〈中世紀泉州狀況〉。細讀之下，其文各章節一一合於《廈門大學國學研究院週刊》所記〈中世紀之泉州〉的「節目」。看來，〈中世紀之泉州〉確是張星烺繼〈泉州訪古記〉的另一種論文，但在發表時改題為〈中世紀泉州狀況〉。

二

陳萬里《閩南遊記》所收〈旅廈雜記〉記：

十五年八月三日始別京華，南下就事。十八日自滬赴廈，海行二日有半。因同行者有沈兼士、顧頡剛、黃振江、潘介泉四先生，時聚甲板談笑，頗不寂寞。而余所不能去懷者，為十九日開始之個人作品展覽會也。先是，余以歷年所攝者，益以西北諸片，陳列於蘇州青年會三日；既到滬，江小鶼君慫恿余在上海開一次展覽會，乃由小鶼假得慕爾堂為陳列會場，日期定十九日，而「新寧」啟行，適在十九日早晨，遂以陳列展覽事完全託之小鶼。猶憶十八日晚，與小鶼、介泉自大馬路北冰洋回到「新寧」船時，倉卒以所有應行陳列各片，檢付小鶼，尚歷歷在目前也。後在廈校，得小鶼來書告我展覽會盛況，上海各報均欲刊載揄揚，為之愧悚。國慶日，偉英、嫻兒、孟甥來廈，即以此陳列於慕爾堂者，復陳列於廈大國學研究院之陳列

> 室，一時參觀者紛至沓來，自此遂有廈大攝影學會之發起。而廈門人士，竟有約余在鼓浪嶼開一次展覽會者，終以僅居數月，即離廈北來，未能一踐宿諾，至今耿耿。[2]

陳萬里、沈兼士、顧頡剛、潘家洵均為江蘇吳縣人，這四位吳縣老鄉與黃振江（黃堅）同行南下，自然是「頗不寂寞」。魯迅《兩地書・五十六》謂：「你想，兼士至於如此胡塗，他請了一個顧頡剛，顧就薦三人陳乃乾、潘家洵、陳萬里，他收了；陳萬里又薦兩人：羅某、黃某，他又收了」[3]。沈兼士、顧頡剛、潘家洵、陳萬里一干人等的薦引關係也許真如魯迅所謂，但他們是同時而不是先後到校的。至於陳萬里的攝影作品，據〈旅廈雜記〉記乃是一九二六年十月十日（「國慶日」）「來廈」並「陳列」的。由於廈大國學研究院陳列室裡已先有「碑碣拓片」（包括魯迅的收藏）一類展品從十月四日起開始陳列，陳萬里的攝影作品加入後顯得不倫不類，遂引起魯迅的反感：「還有可笑的呢。陳萬里並將他所照的照片陳列起來，幾張古壁畫的照片還可以說是與「考古」相關，然而還有什麼『牡丹花』、『夜的北京』、『北京的颳風』、『葦子』……。倘使我是主任，就非令撤去不可，但這裡卻沒有一個人覺得可笑，可見在此也惟有陳萬里們相宜」[4]。《閩南遊記》書前有照片數幀，其中有〈秋〉可能即魯迅所謂「葦子」。從攝影藝術角度看，是很好的作品。

拙稿〈北京大學學人與廈門大學國學研究院〉記：

> 《魯迅日記》一九二六年十二月二十九日記：「陳萬里贈泉州十字架石刻拓本一枚，」又於當年「書帳」內記：「泉州十字石刻拓本一枚，陳萬里贈」。

2　陳萬里：《閩南遊記》（上海市：開明書店，1930年3月），頁56。

3　陳萬里：《閩南遊記》（上海市：開明書店，1930年3月），頁56-57。

4　《許廣平文集》第3冊（南京市：江蘇文藝出版社，1998年11月），頁150。

陳萬里〈泉州第一次遊記〉記有發現該「十字架石刻」的經過，並有「準備用過午飯後，再來椎拓攝影」之語。但從《閩南遊記》所收〈泉州第一次遊記〉之全文看，陳萬里第一次遊泉州並未取得該石刻拓本，《閩南遊記》所收〈泉州第二次遊記〉則有「遂到泉苑，同靄人兄往奏魁宮，拓十字架古石刻」的記載。陳萬里第二次遊泉州時在一九二六年十二月十五日至十二月二十四日，十二月二十四日下午六時抵廈，「關卡海軍兩次稽查，費時頗久。余等先由駁船上岸後，在太古碼頭，僱舢板，以浪大只能到電燈公司而止。在黑夜中沿海岸步行歸寓」[5]。四天後的十二月二十九日，陳萬里將此珍貴的拓本贈予魯迅，自是一番好意。據《魯迅日記》，陳萬里於一九二七年一月八日偕顧頡剛等人陪魯迅「同至洞天夜館」，又於一月十三日偕艾鍔風往訪魯迅。陳萬里還可能參加了一九二七年一月六日國學院同人送別魯迅的餞行會、一九二七年一月十三日林文慶校長送別魯迅的餞行會。

魯迅《兩地書．九十六》謂：

> 陳萬里是只能在會場上唱崑腔，真是到了所謂「俳優蓄之」的境遇。但此輩也正與此地相宜。[6]

陳萬里《閩南遊記》所收〈旅廈雜記〉對自己的此一愛好和專長也有所記，略謂：

> 余於授課及自己研究之餘，除拾貝遣興外，常與莘田唱皮簧為樂，操弦者為南開轉學之某君。嗣後鄭君囑余授崑曲，早因戀人蔡女士則習《長生殿》之〈定情賜盒〉，未得曲笛，以常笛奏之，其聲高亢激越，竟若梆子班中所習聞者。以海濱素不聞

5　陳萬里：《閩南遊記》（上海市：開明書店，1930年3月），頁51。

6　《許廣平文集》第3冊（南京市：江蘇文藝出版社，1998年11月），頁241。

崑曲，遂亦假用之，不嫌樵殺焉。[7]

拙稿〈北京大學學人與廈門大學國學研究院〉關於汪劍餘「同魯迅的關係，當是研究生接受導師指導的關係」、程憬「已在廈大近旁卻未得其門而入，這是值得同情的遭遇，而廈大未得其人，則是一件憾事」的說法有推論過度之嫌，這已經洪峻峰先生在〈廈門大學國學研究院與國學系〉（載《魯迅研究月刊》2003年第6期）一文裡指出，本人於此表示接受批評的誠意和謝意。

《魯迅全集》（北京市：人民文學出版社，1982年）第十五卷第三十七頁於「汪劍餘」條下有註云：

> 汪劍餘，湖南益陽人。曾任上海正風文學院中國文化史及中國社會問題教授。

陳玉堂《中國文學史舊著書目提要》[8]第二十三頁於「本國文學史」條下記：

> 汪劍餘（湖南益陽人）編，上海歷史研究社出版，新文化書店總代售，一九二五年四月初版，三十二開本，二四八頁，約七萬餘字。

如果上記「汪劍餘」與《魯迅日記》中的「汪劍餘」、廈大國學研究院「審查合格之研究生」名單中的「汪劍餘」同屬一人，則汪劍餘成為廈大國學研究院研究生之前已有專著《本國文學史》出版。

7　陳萬里：《閩南遊記》（上海市：開明書店，1930年3月），頁58-59。

8　陳玉堂：《中國文學史舊著書目提要》（上海市：上海社會科學院文學研究所，1985年1月，非版本書）。

三

一九二六年十二月十三日，廈門大學國學研究院風俗調查會召開成立大會[9]。

一九二六年十二月十五日，陳萬里第二次遊泉州，同行者為顧頡剛和王肇鼎。陳萬里〈泉州第二次遊記〉記：一九二六年十二月十六日，「經道口街育文堂，頡剛為風俗調查會購得泉州唱本數十冊」[10]一九二六年十二月十七日，「往南大街，頡剛為風俗調查會購件」。[11]王肇鼎亦江蘇吳縣人，時任廈門大學國學研究院編輯。

一九二七年一月十六日，即魯迅離廈赴廣州的第二天，陳萬里第三次遊泉州。其〈泉州第三次遊記〉記：一九二七年一月十七日，「余與谷葦往訪市政局。交涉搬運大街上阿剌伯文殘石至廈大國學研究院事」。[12]

我另見陳錫襄〈閩學會的經過〉記有廈大國學研究院後期的一樁史實，其文曰：

> 一九二七年一月，顧頡剛、容肇祖、潘洵（按，應為潘家洵）諸先生來福州為廈門大學國學研究院購買圖書及風俗物品。他們見到一些閩學會的陳跡，覺得它的夭折很為可惜，於是乎商談廈大的國學研究院和協大的國學系合組個大規模的閩學會，而其中最重要的條件便是由前者給我們經濟上的援助。商議的結果，賓于先生和我便應了他們的邀請到廈門去。在陰曆正月初六七左右，我們假座廈門青年會開個正式的會議。議決辦法

9 《廈門大學國學研究院週刊》第1卷第1期（1927年1月5日）。

10 陳萬里：《閩南遊記》（上海市：開明書店，1930年3月），頁29。

11 陳萬里：《閩南遊記》（上海市：開明書店，1930年3月），頁32。

12 陳萬里：《閩南遊記》（上海市：開明書店，1930年3月），頁55。

> 六條，已登載當時的廈報，不再贅錄。我回福州以後，廈大取消國學研究院的事情擴大，不久福州的反文化侵略的健兒與帝國主義者及其走狗肉搏決戰，我便在這當中跟著一班協大革命的青年努力於反帝運動的奮鬥，終於染了一身血跡離開福州，同時在廈門的朋友也各自分散了。[13]

一九二七年正月初六日為陽曆一九二七年二月七日；賓于即鄭賓于，時任福建協和大學國學系教授，後來出有《中國文學流變史》（書分3冊，北新書局1930年10月至1933年11月陸續出齊），《魯迅日記》一九二七年二月二十四日有「得鄭賓于信」的記載。

據《廈門大學成立七週年紀念特刊》，廈門大學國學研究院乃於一九二七年二月中旬停辦。那麼，廈大國學研究院「審查合格之研究生」在國學院停辦以後狀況如何？我從薛澄清〈鄭成功歷史研究的開端〉[14]見到如下記載：

> 屬稿至此，忽承同學相告：泉州安海某氏尚藏有成功親筆之日記，廈大國學院研究生伍君，現正向其借鈔云云。聞之甚喜。苟其書不出偽托，殊足珍重也。吾恨未識某氏，吾願伍君有以教之！十六年，四月廿日，在廈大囊螢樓。

「廈大國學院研究生伍君」即伍遠資，是廈大國學研究院「審查合格之研究生」中之一員，當時任廈門同文小學校長。看來，在廈大國學研究院停辦以後二個月，該院研究生中至少有伍遠資尚能繼續其學業。

---

13 陳錫襄：〈閩學會的經過〉，載廣東中山大學《語言歷史研究所週刊》第1卷第7號（1927年12月13日）。

14 載廣東中山大學《語言歷史研究所週刊》第1卷第1號（1927年11月1日）。

《閩南遊記》書前之羅常培〈序〉記：

> 今夏復承顧頡剛先生囑我將林玉堂先生的〈閩粵方言之來源〉，張亮丞先生的〈中世紀的泉州〉、〈泉州訪古記〉，頡剛先生的〈泉州土地神〉，孟恕的〈泉州傳說〉，萬里這幾篇遊記，連我的〈閩南方言研究〉、〈朱熹與閩南〉、〈清源山遊記〉等，編成一冊《閩南講學集刊》，結果因事竟未竣事。[15]

羅常培於一九二六至一九二七年間在廈門大學國文系任職；孟恕即王肇鼎。按照顧頡剛編錄《閩南講學集刊》的思路，把廈門大學國學研究院和國文系學者一九二六至一九二七年間在閩南文化方面的研究成果編錄成冊，當是一部鉅著。羅常培的〈廈門音系〉、〈清源山上的戍卒詩〉[16]、〈朱熹對於閩南風俗的影響〉[17]，以及廈門大學國學研究院研究生魏應麒的〈洛陽橋的傳說〉[18]等亦當在編錄之列。

拙稿〈廈門大學國學研究院與泉州歷史文化研究〉摘譯艾鍔風、戴密微合著之英文著作《刺桐雙塔》的一段話稱：

> 當時開元寺東、西塔正在維修，「艾鍔風的雇員韓慶榮先生不顧風暴、戰事和其他困難，在傾斜的腳手架上協助完成工作。」

我近從一九二九年在菲律賓出版的陳祖澤《溫陵探古錄》一書裡看到了艾鍔風在泉州做田野調查的記載：「有廈大教授德人艾克博士，盡

15 陳萬里：《閩南遊記》（上海市：開明書店，1930年3月），頁IV。

16 載《民間文藝》1927年第2期。

17 載廣東中山大學《語言歷史研究所週刊》第1卷第4號（1927年11月22日）。

18 載《民俗週刊》第47期（1928年）。

攝塔面石像，計得一百六十餘尊，靡款千有餘元，聞擬為專集，售之歐美，每本訂價六七十元，亦可見雙塔之價值矣」，並且看到照片「重修雙塔時所搭之木架」，彌足珍貴。

《溫陵探古錄》還收有畫像照片「明延平郡王鄭成功及其夫人」，該照片不知與陳萬里第一次遊泉州時在安海「往照相館定印延平遺像」[19]是否出於同一底片？知者幸告。

拙稿〈廈門大學國學研究院與泉州歷史文化研究〉舉出〈泉州訪古記〉、〈泉州第一次遊記〉使用「普通話」一詞的四個例證。魯迅在廈門期間於《兩地書．四十六》也用了「普通話」一詞：「昨天僱了一個人，叫做流水，然而是替工，今天本人來了，叫做春來，也能說幾句普通話」。

二〇〇三年十月二十六日

---

19 陳萬里：《閩南遊記》（上海市：開明書店，1930年3月），頁15。

福建協和大學與福建文化研究的學術傳統

一

福建協和大學是中國歷史上的十六所教會大學之一。

據校史資料記載，福建協和大學乃由基督教福建六差會（傳教團）[1]在一九一一年三月二十五日聯合倡辦、於一九一六年二月十六日正式開辦。

學校開辦前後，英文校名和中文校名幾經變動。羅德里克・斯科特（Roderick Sketch）《福建協和大學》記：

> 記錄顯示，關於校名曾有過波動：一九一四年為Fukien Union University，一九一五年為Fukien Christian College，一九一六年為 Fukien Union College，一九一八年為 Fukien Christian University。一九一五年選定的中文校名——福建協和大學——沒有變化，其意思是福建聯合大學。那時，每個人都不加區別地圍繞著 College 和 University 兩個單詞琢磨不定。後來，中國政府為各類學校的等級確定了嚴格的定義和術語。[2]

---

1 參與倡辦福建協和大學的基督教福建六差會（傳教團）包括公理會、美以美會、歸正會、倫敦會、聖公會和長老會。

2 引自羅德里克・斯科特：《福建協和大學》（珠海市：珠海出版社，1999年8月），頁15。羅德里克・斯科特於一九一七年至一九四九年任教和任職於福建協和大學，在校使用的中文名為徐光榮。

實際上，學校的中文校名並非「沒有變化」：一九一六年，學校開辦時稱「福建協和大學」；一九三一年，學校以一校三院（文、理和教育學院）的建置申請立案，按照教育部關於教育學院須由公立大學辦理，大學應包括三個以上學院之規定，學校撤銷教育學院後改以「福建協和學院」獲准立案；一九三九年，學校內遷閩北山區，並逐步調整院系學科，增設農學院（分農藝、園藝、農業經濟、農業教育四系），學校乃於一九四二年獲准升格，恢復「福建協和大學」之名。

一九一六年二月三日，福建協和大學發布〈福建協和大學校招生廣告〉，其文略謂：

> 邇來智識日新，文學增進，閩中最高學校僅有中學，以故畢業諸生紛紛出洋不已，且阻於巨費而抱向隅者比比皆是，教會惜之，用特議照英美最良辦法創辦大學校，課程一切另刊說明書呈閱。茲已組織就緒，聘定洋師八名，皆畢業英美大學名下士，並聘精於漢文及專門算術各師相與講授之。莘莘學子，庶幾有志竟成焉。凡願學者，請於二月七號為始，遞日午後到校報名，以便試驗入學。附列簡章，即希垂注。此布。[3]

對此布告之「閩中最高學校僅有中學」一語，宜有說焉：在協和大學開辦之前，福建已有華南女子大學於一九一四年開辦大學一、二、三年級課程。在協和大學開辦之後，華南女子大學乃於一九一七年增辦大學四年級課程。因此，福建協和大學校方一向自視為「閩中正式大學教育之開始」。「閩中最高學校僅有中學」亦是協大校方的一種自大之說。學校開辦之初「聘定」的「洋師八名」即八位外籍教授為：莊

3 引自福建省政協文史資料委員會：《文史資料選編・基督教天主教編》（福州市：福建人民出版社，2003年1月），頁362。

才偉（Edwin Chester Jones），一九一六至一九二三年在校，校長兼化學教授；何樂益（Lewis Hodous），一九一六年在校，比較宗教學教授；克立鶡（C. R. Kellogg），一九一六至一九三九年在校，生物學教授；倪樂善（Rev. C. A. Neff），一九一六至一九二六年在校，社會學和歷史學教授；萬拔文（Rev. W. S. Rakenham Walsh），一九一六至一九一九年在校，英國文學教授；徐光榮（Roderich R. Scott），一九一六年受聘，一九一七至一九四九在校，英語和哲學教授；薛來西（Clement M. L. Sites），一九一六至一九二七年在校，政治學、經濟學與宗教教授；饒衛禮（George M. Newell），一九一五年董事會第二次會議議決「同意鐃衛禮部分時間在大學執教」，一九一六年起任兼化學教授。至於「精於漢文」之師即國學教授，人數初定為兩名，知名者有郭紹虞（一九二二年至一九二四年在校）、葉聖陶（一九二三年至一九二四年在校）、陳錫襄（一九二四年至一九二七年在校）、董作賓（一九二五年至一九二六年在校）、鄭賓于（一九二六年至一九二七年在校）等。

一九一六年二月十六日（星期一），福建協和大學正式開辦。其時，專任教授和兼任教授凡九人，包括外藉教授莊才偉、何樂益、克立鶡、倪樂善、萬拔文、薛來西、饒衛禮（徐光榮尚未到校）和兩名國學教授[4]；招收的學生則有八十一人之譜。與其他教會大學同年度的在校生數（嶺南大學二十三人、之江大學二十五人、滬江大學四十五人，華西大學七十六人、金陵大學一一八人）相比，福建協和大學校方又一次自信地誇言：「我們開始了。我們不僅是最新的而且是中國最大的大學之一。」[5]

福建協和大學的理科建設、文科建設和農科建設曾分別得到美國

---

4 福建省檔案館所藏「福建協和大學教職員名單概況表」是一九三二年以後的資料，一九一六年的國學教授之名待查考。

5 引自羅德里克．斯科特：《福建協和大學》，頁16。

羅氏基金會、美國霍爾基金會和福建省政府的資助。其中，美國霍爾基金會提供福建協和大學使用的基金總額為二十萬美元。楊昌棟〈對福建協和大學的片斷回憶〉一文記：

> 繼羅氏基金會專款之後是哈佛燕京學社的大筆專款。該學社的歷史是這樣的：美國電解法製鋁的發明者查理·霍爾生前立下遺囑，死後把遺產三分之一用於促進日本、亞洲大陸、土耳其、巴爾幹等地的教育。他們組織託事部專管這部分遺產，初次分配給協大的是五萬美元。一九二五年一月三十日，託事部來信說，這款應充為基金，不得用於教授神學。一九二八年十二月，託事部又用證券再給協大約五萬美元，並且說在哈佛燕京學社所掌握的證券及現款的收入中，協大將來也能在其他名義或條件下得到更多的款目。協大從這方面所得充為基金的有二十萬美元，指定每年利息收入，作為從事中國和其他地方文化的研究、教授和出版之用。[6]

福建協和大學的文科、理科和農科各有一批傑出人才，在教學和學術研究方面亦各有豐碩的成果。

作為教會大學，福建協和大學的歷史乃終結於一九四九年八月。

二

福建文化研究是福建協和大學的學術強項之一。

吳梓明、梁元生主編的《中國教會大學文獻目錄第一輯：中國教會大學歷史文獻綜覽》第十四章〈福建協和大學〉謂：

6　引自福建省政協文史資料委員會：《文史資料選編·基督教天主教編》，頁370-371。楊昌棟曾任福建協和大學校長。

> 就文科而言，以中文系最為突出，在赫爾基金會及哈佛燕京學社資助下，教學研究均有長足進展，該系在著名學者王冶心、陳遵統、嚴叔夏相繼主持下，推動中國文化研究、成立學會、出版書刊，其中以福建文化研究，最受學界注重。中文系師生，先後成立「閩學會」（1926）及「福建文化研究會」（1931），謀求整理福建鄉土文化作為推動中國文化研究之基石，先後出版《福建文化》（期刊）及《福建文化叢書》，協大遂以福建文化史研究著稱學界。[7]

就目前聞見所及的資訊來研判，福建協和大學之福建文化研究大約經歷了兩個階段（建校初期即1916-1923年間之狀況，囿於所見的相關資訊相當稀缺，暫付闕如）。

（一）由「閩學會」啟動的階段（1924-1931）

一九二四年秋，陳錫襄從北京大學南下就任福建協和大學國學教授。其時，陳錫襄「即想把北大的風俗調查會、歌謠研究會、方言調查會、考古學會的計劃熔而為一，組個大規模的『閩學會』」。福建協和大學閩學會的計劃和創會的艱難，陳錫襄於〈閩學會的經過〉一文記之甚詳，其文曰：

> 所以要如此組織的原因，（一）福建關於以上各項的材料都特別的豐富；（二）這幾方面的研究是互為綜錯，不易分開或擇要先舉；（三）創辦之始，以蒐集材料為要圖，則範圍不妨稍寬一點。是年十一月曾寫一封長信與沈兼士先生報告此事，所

7　引自吳梓明、梁元生主編：《中國教會大學文獻目錄第一輯：中國教會大學文獻綜覽》（香港：香港中文大學崇基學院，1998年5月），頁195。

以自那時北京的朋友們便知道我們有這項的計劃。但是我當時單身匹馬，蓋以福州學術界的荒蕪——關於這節很想做一篇文章報告，但此刻是沒有工夫的——，這事一直到董作賓先生於一九二五年春來到福州才協同討論具體的辦法。當時在同學方面很熱心幫忙的有陳明鑑、葉華芬、江鼎伊、劉松青諸君。然而我們所在的是一所教會大學，學校的宗旨在於傳教，對於這種學術的計劃，雖然並沒公然加以反對，但是贊助是萬萬不能的；董先生和我都是窮光蛋，而我們所竭蹶以從的國學系又只有一筆『其小無內』的預算，經濟極端沒有把握。後來勉強由國學系借得二十元，復由我和董先生兩人合捐十元，閩學會就是這樣子開始的。學校既不與幫忙，只有向同學們「請命」，我們便寫了些宣言和通告——當時還沒有「標語」——並把福建的縣分列一詳表，把簽名的按其籍貫分屬各縣，而空其無人擔任者，希望引起他們的興趣，結果，經三次簽名之後，共得五十餘人，約占全校人數三分之一，分二十餘縣。這樣地，官民合辦的閩學會于以成立，職員于以選出，章程于以草成，計劃於以釐定。成立的日期此刻忘記了，手邊又無材料可據，大概約在是年四月杪，離五卅慘案的發生沒有多久的時候。我們進行的計劃見於章程中者如下：搜求古今閩人及有關閩學之著述，並整理研究之；調查並研究福建民族、語言、風俗、歌謠、古物、天產物等項；刊行週刊或雜誌，隨時發表研究成績；編輯閩學叢書如福建文藝史、學術史、語言史、民族史、風俗史、宗教史、經籍志及名人學者年譜等；設立閩學圖書室，收藏閩學圖書及本會研究成績；創辦閩學陳刊室，內分風俗、宗教、古物等部。[8]

8　引自陳錫襄：〈閩學會的經過〉，載《中山大學語言歷史研究所週刊》第1卷第7號（1927年12月13日）。

據福建協和大學的學籍檔案（Scholoarship Record），參與閩學會創會工作的「陳明鑑、葉華芬、江鼎伊、劉松青諸君」均是該校文科一九二三年級的學生（其中，江鼎伊於一九二二年入學，似因休學改為一九二三年級）。

閩學會成立後，活動時斷時續，其後並且因董作賓、陳錫襄先後離校轉任廣州中山大學教職而於一九二七年告歇。然而，閩學會的學術計劃在校內發生了影響，由閩學會啟動的福建文化研究取得了相當可觀的成績。

據陳錫襄〈閩學會的經過〉，「閩學會的成績」包括：

> 一、董作賓「集在閩的著作名曰《鼓峰集》，內有閩謠、閩俗、畲民考略、方言方音等，一部分已在北大國學門週刊及本校（按：指中山大學），語言歷史研究所週刊及民間文藝發表」，具體篇目有：〈說畲〉、〈唐哺與諸娘〉、〈高湖的一夜〉、〈福建畲民考略〉；
>
> 二、「劉松青君的〈福州疍戶調查記〉」，在國學門週刊（按：指北京大學國學門週刊）發表」；
>
> 三、「江鼎伊君曾採集了一千多首福建的歌謠，並且加以很詳細的整理，但成績都未曾發表」；
>
> 四、「葉君華芬有不少關於福建民族研究的文章，據云此刻正在整理舊作」；
>
> 五、陳錫襄則收集了「幾十種的志書、幾百種的唱本、幾十件的風俗品」，並寫有〈閩中倭患考略〉、〈客家與畲民〉、〈從福建通志的列傳和經籍所見到本省各時代各區域的文化狀況〉、〈閩學書目輯錄〉和〈閩中宗教考略〉等文稿。

另據我聞見所及，一九二四至一九三一年間，福建協和大學師生在福建文化研究方面的成績還有：

一、董作賓：〈閩俗瑣聞〉，載《中山大學語言歷史研究所週刊》，第一卷第二號，一九二七年十一月八日；

二、董作賓：〈續閩俗瑣聞〉，載《廈門大學集美國專學生會季刊》[9]第一期，一九二七年；

三、董作賓：〈閩謠篇〉，載《民間文藝》第二期至第七期，一九二七年；

四、董作賓：〈關於諸娘的討論〉，載《中山大學語言歷史研究所週刊》第一卷第三號，一九二七年一月十五日；

五、董作賓：〈畲語十八名〉，載《北京大學研究所國學門週刊》，第二卷，一九二六年；

六、克立鶚：〈福建省的「山達」〉（The San Tak of Fukien Province），載《中國文理雜誌》（*The China Journal of Science and Arts*），第四卷第五期，一九二六年五月；

七、克立鶚、江鼎伊[10]：〈對福建土著的進一步研究〉（Further Notes on Aborigines of Fukien），載《中國文理雜誌》（*The China Journal of Science and Arts*），第五卷第二期，一九二七年二月；

八、沙善德[11]：〈福建鄉土文學之研究〉（Studies in the Folk Literature of Fukien），載《福建協和大學自然歷史學會彙

9 一九二六年九月，集美學校創辦國學專門部（簡稱集美國專），錄取舊制中學生四十四人，修業年限為四年。一九二七年九月移並廈門大學文科，稱廈門大學集美國專。一九三一年，國專首屆四十四名學生中有三十七人畢業。

10 該文發表時，江鼎伊使用的英文名為Chiang Ting I，與其學籍檔案上的英文名相同。Chiang Ting I可譯為江鼎一世，又可譯為江鼎一。

11 沙善德為福建協和大學外籍教授，英文名為Malcolm F. Farley，一九二二至一九三六年在校，任西文系主任兼英語和法語教授。

編》（*Procceding of the Natural History Society of Fukien Christiam University*），第一卷，一九二八年；

九、沙善德：〈福建鄉土文學研究：自然歷史與兒童歌謠〉（Studies in Folk Literature of Fukien Natural History and Nursery Phymes），載《福建協和大學自然歷史學會彙編》（*Proccedings of the Natural History Society of Fukien Christian University*），第二卷，一九二八年。

福建協和大學閩學會的「宣言」實際上是一篇福建文化研究引論，該會的「宣言」加上該會的〈普通徵求表（分圖書之部、器物之部、記述之部）〉、〈風俗調查表（分環境之部、思想之部、習慣之部）〉、〈歌謠採集範圍〉、〈古物調查範圍〉構成了完整的福建文化研究大綱，構成了將「北大的風俗調查會、歌謠研究會方言調查會、考古學會的計劃」和福建文化及其研究狀況緊密結合的高水準的文件。

福建協和大學閩學會的「宣言」曾於一九二六年刊於《閩潮》週刊，「宣言」及其他文件後來由陳錫襄於一九二七年十二月在〈閩學會的經過〉一文裡予以公布。

（二）福建文化研究會主導的階段（1931-1949）

福建協和大學福建文化研究會於一九三一年成立。

由閩學會啟動，校內已養成福建文化研究的學術氛圍和學術基礎；得哈佛燕京學社協助，校方又有霍爾基金會對「中國和其他地方文化的研究、教授和出版」的專項資助，福建協和大學福建文化研究會的工作自然有了一個很好的先決條件。

一九三一至一九三二年的〈校長報告〉指出：

中文系在兩個方面取得了最突出的成就。本專業學生在過去是

> 寥寥無幾，現在已增加到十三人。該系還在整個學生團體裡激發起學習中國文化的更大興趣，取得很大成功。通過福建文化協會（按，應譯為：福建文化研究會）的組織和各種公開會議，有百分之八十以上的學生團體加入了六個自願組織的小組，即（一）福建史地小組；（二）經濟產品小組；（三）方言小組；（四）民族問題研究組；（五）習俗及宗教概念小組，以及（六）民俗與大眾文學小組。這些小組的研究結果都在《福建文化》上得以發表。到上學期結束時，該雜誌共出了四期[12]。

《福建文化》創刊於一九三一年十二月，一九四八年六月出至第三十八期。該刊第一期至第二十七期由福建協和大學福建文化研究會出版，第二十八期至第三十一期改由福建協和大學文學院出版，第三十二期至第三十八期改由福建協和大學中國文化研究會（從福建文化研究會易名而來）出版，一九四九年，《福建文化》與《協大藝文》（福建協和大學協大藝文社出版）合併為《協大學報》（年刊），《福建文化》遂告終刊；福建文化研究會「分作史地、語言、風俗、物產、歌謠、民族等股，令學者分股研究，然後向共同的目標進行；並且每一股中，又分作若干類專門研究」[13]；福建協和大學的教師（包括專任和兼任、中國教員和外籍教授）和學生在福建文化研究方面的成果，除了「在《福建文化》上得以發表」外，還散見於《協大藝文》、《協大學術》等校內刊物，以及燕京大學《社會學界》、中山大學《語言歷史研究所週刊》和《民俗》等外校刊物、美國《亞細亞》（*Asia*）香港《自然界》（*Hong Kong Naturalist*）等英文刊物。

在《福建文化》創刊號上，際唐（即郭際唐）發表〈關於福建文

12 引自羅德里克．斯科特：《福建協和大學》，頁76。

13 際唐：〈關於福建文化研究會與協和大學的幾句話〉，載《福建文化》第1卷第1期（1932年12月）。際唐即郭際唐，時任福建協和大學教授。

化研究會與協和大學的幾句話〉，以協大校方和學者慣用的自信口吻說道：

> 協和大學是福建省最高的學府，這是大家所公認的。那末福建省數千年來固有的文化，不是我們協和大學來研究提倡，是誰來研究提倡呢？

「福建省最高的學府」之說也許向來就有爭議，但福建文化研究會在福建協和大學校內、外作為一個核心研究機構的地位，則是「大家所公認的」。

在校內，校方「表明可以盡力的贊助」，「在言論方面，都把『福建文化研究會』這個名詞，用在任何學術團體之前、把它升坐在本校學術團體的第一位。從一九三一年試驗式的成立以來，加入這個研究的同學們，占本校學生數的百分七十以上」，「我們現在（按：指一九三三年）的會員有一百另四人」。為配合福建文化研究會的活動，「國文系特別請了兩位先生，陳遵統先生開了一課『福建文學史』，魏應麒先生開一課『福建民俗學及宗教神話研究』」，王冶心「開了一課『福建文獻研究』。」福建文化研究會風俗股，「鄭慶瑞先生主任的，他是非常的肯負責任，召集過好幾次的研究會，又得到社會學專門家，如劉強、魏應麒、林天蘭的幫助，特印了一種風俗調查表，打算從調查入手」，其餘各股，「一是民族股，陳文淵博士主任的」，「一是物產股，曾克熙先生主任的」，「一是歌謠股，同學鄭益士先生主任的」，「一是語言股，同學陳庚蓀先生主任的」，「史地股……有中國歷史研究專門家郭際唐先生主任」[14]。

---

14 冶心：〈福建文化研究會的過去與未來〉，載《福建文化》第1卷第8期（1933年）。冶心即王冶心，時任福建協和大教授。

在校外，各地知名學者吳高梓、林惠祥、翁國樑、傅衣凌、沈祖牟、韓振華、葉國慶等多人曾同福建文化研究會發生聯繫。如，吳高梓曾得該會協助，於一九二八年來閩調查並完成〈福州蜑民調查〉（刊於燕京大學《社會學界》第4卷），在福建協和大學發表學術演講（演講記錄稿〈研究福建民族的範圍和方法〉刊於《福建文化》第1卷第4期）；林惠祥曾參與《福建文化》第三卷第二十三期「諺語專輯」的編選，並發表〈諺語結論〉一文[15]；翁國樑曾在《福建文化》發表〈福建荔枝考〉（刊於第11期）、〈福建蕃薯考〉（刊於第13期）、〈閩南兩種唐代的石刻〉（刊於第16期）、〈閩南粵北謎語相似之問題〉（刊於第21期）、〈福建猺民誤作客家考〉（刊於第38期）等論文，並以《福建文化》專輯的形式出版《漳州史蹟專號》；傅衣凌曾在《福建文化》發表〈明清時代福建佃農風潮考略〉（刊於第28期）、〈明清時代福建的搶米風潮〉（刊於第29期）、〈清初的閩粵浙沿海考〉（刊於第30期）、〈清乾隆福建吃老官齋匪滋事考〉（刊於第31期）、〈福建畬姓考〉（刊於第32期），並曾由福建協和大學福建文化研究會出版專著《福建佃農經濟叢考》；沈祖牟曾在《福建文化》發表〈謝鈔考〉（刊於第28期）；韓振華曾在《福建文化》發表〈日本初割臺灣十五年中理蕃暴行〉（刊於第35期）；葉國慶曾在《福建文化》發表〈再論楊文廣平閩〉（刊於第34期）。

據初步統計，福建協和大學校內、外學者在《福建文化》發表福建文化研究論文二一〇餘種，作者九十餘人。

福建協和大學福建文化研究的成績還包括設立「沙氏博物館」，陳列外籍教授沙善德收集的福建古代瓷器、銅器、漆器、石器、絲綢以及各種質地（銅、石、陶、白臘、竹等）的燈具；出版「文史叢

15 〈諺語結論〉發表時，作者署名誤植為「林祥惠」。近年，我曾參與發起和組織紀念林惠祥教授逝世五十週年和百年誕辰的活動，以及紀念文集和林惠祥遺稿的出版未見此文。〈諺語結論〉是新近發現的林氏佚文。

刊」叢書，包括《陳第年譜》（金雲銘）、《福建佃農經濟叢考》（傅衣凌）等專著。

福建文化研究會「是閩學會的復活」[16]。從閩學會到福建文化研究會，福建協和大學的學者於福建文化研究用力甚勤、貢獻良多。

三

福建協和大學在福建文化研究方面取得的成績、贏得的地位，端賴校內學者的協力和接力、校外學者的參議和參與。從福建文化研究之民族、史地、風俗、語言、歌謠、物產等各個專項看，莫不如此；就福建文化研究之整個領域而言，當然亦是如此。

茲以福建民族研究為例。福建協和大學福建民族研究專項的成績，從各個時期校內教員和學生在校內、外刊物發表的論文，以及校內刊物發表的校內、外學者的論文檢索，得二十種：董作賓〈說畬〉（刊於《北京大學研究所國學門週刊》）、〈福建畬民考略〉（刊於《中山大學語言歷史研究所週刊》）、〈畬語十八名〉（刊於《北京大學研究所國學門週刊》）；克立鵠〈福建的「山達」〉（刊於《中國文理雜誌》）；克立鵠、江鼎伊〈對福建土著的進一步研究〉（刊於《中國文理雜誌》）；劉松青〈福州蜑戶調查記〉（刊於《北京大學研究所國學門週刊》）；魏應麒〈畬民之起源與「畬」字之商訂〉（刊於《福建文化》）；翁國樑〈福建蜑民誤稱客家考〉（刊於《福建文化》）；王孝泉〈從地理民族的變遷談到研究福建文化的途徑〉（刊於《福建文化》）；〈研究福建民族的範圍和方法〉（刊於《福建文化》）；沈驥〈福建省幾個特殊民族的研究〉（刊於《福建文化》）；林國銶〈福州城語

16 冶心：〈福建文化研究會的過去與未來〉，載《福建文化》第1卷第8期（1933年）。冶心即王冶心，時任福建協和大教授。

言之起源及其變遷〉(刊於《福建文化》);張增齡〈從福州歌謠中找出福建原始文化上社會制度〉(刊於《福建文化》);郭毓麟〈福建之民族與地勢〉(刊於《福建文化》);翁紹耳〈福州北嶺黃土崗特種部族人民生活〉(刊於《福建文化》)、〈北嶺黃土崗特種人民生產概況〉(刊於《大農經》);管長墉〈福建之畲民〉(刊於《福建文化》);王新民〈越王勾踐子孫移閩考〉(刊於《福建文化》);傅衣淩〈福建畬姓考〉(刊於《福建文化》);陳文濤〈閩人蛇種及福建非閩之辨正〉(刊於《福建文化》)。此外還有發表時間和刊物尚待查考的陳錫襄〈畬民與客家〉等文。

再以福建歌謠研究為例。福建協和大學校內學者在校內、外刊物發表,以及校外學者於各個時期在校內刊物發表的有關福建歌、謠、諺、謎、曲之研究成果至少有三十四種:董作賓〈閩謠篇〉(刊於《民間文藝》):劉強〈閩謠選解〉(刊於燕京大學《社會學界》);沙善德〈福建鄉土文學研究〉、〈福建鄉土文學研究:自然歷史與兒童歌謠〉(刊於《福建協和大學自然歷史學會彙編》);蔡朝陽〈漳浦的歌謠〉(刊於《福建文化》);沈強〈閩南歌謠鱗爪〉(刊於《福建文化》);陳希誠〈談談福州的俗曲〉(刊於《福建文化》);張增齡〈從福州歌謠中找出福建原始文化上社會制度〉、〈福州謎語之心理的歷史的研究〉(刊於《福建文化》);鄭伊孚〈福州歌謠六首〉(刊於《福建文化》);愛斯齡〈福州情歌四首(附譜)〉(刊於《福建文化》);邱清濂〈福州童謠二十一首〉、〈雜謠十二首〉、〈福州謎語二十題〉、〈閩北諺語〉(刊於《福建文化》);陳瀛〈永泰歌謠十四首〉(刊於《福建文化》);宜苐〈福州謎語一束〉(刊於《福建文化》);寄生〈福州謎語斷片〉(刊於《福建文化》);張炳勛〈閩縣謎語〉(刊於《福建文化》);楊樹芬〈莆田的謎語〉、〈莆田諺語〉(刊於《福建文化》);黃子余〈莆田民間字謎初探〉(刊於《福建文化》);翁國樑〈閩南粵北謎語相似的問題〉(刊於《福建文化》);高瓊珍〈泉州謎語〉、〈泉州字謎〉、〈泉州民諺〉（刊於《福建文化》）；潘瑜竟〈泉州謎語十二則〉（刊於《福建文化》）；李佩蓮〈同安謎語〉（刊於《福建文化》）；李兆民〈從我國的古諺民諺等說到閩諺〉（刊於《福建文化》）；高時良、張增齡〈福州諺語〉（刊於《福建文化》）；碧溪人〈同安諺語〉（刊於《福建文化》）；春雪〈福建農家諺〉（刊於《福建文化》）；林惠祥〈諺語結論〉（刊於《福建文化》）；朱維幹〈泉南古曲在中國音樂上之地位〉（刊於《福建文化》）。

校外學者參加意見，吳高梓到校演講、就「福建民族研究的範圍和方法」發表意見，林惠祥為《福建文化》之〈諺語專輯〉作總結性的〈諺語結論〉，即其例也。陳錫襄〈閩學會的經過〉也記錄了顧頡剛、容肇祖、潘家洵到福州提議合作的事蹟，略謂：

> 一九二七年一月，顧頡剛、容肇祖、潘家洵諸先生來福州為廈門大學國學研究院購買圖書及風俗物品。他們曾見到一些閩學會的陳跡，覺得他的夭折很為可惜，於是乎商議合廈大的國學研究院和協大的國學系合組個大規模的閩學會，而其中最重要的條件，便是由前者給我們經濟上的援助。商議的結果，賓于先生和我便應了他們的邀請到廈門去。在陰曆正月初六、七左右，我們假座廈門青年會開個正式的會，議決辦法六條，已登載當時的廈報，不再贅錄。[17]

顧頡剛、容肇祖和潘家洵的提議，最終並無結果。但他們很快同陳錫襄、董作賓在中山大學成為同事。

一九二八年，容肇祖在〈北大歌謠研究會及風俗調查會的經過〉[18]一文裡寫道：

---

17 引自陳錫襄：〈閩學會的經過〉。

18 載《民俗週刊》1928年第17、18期合刊。

> 現在北大的這樣工作已停止，北大的名稱已取消。然而好的是北大歌謠、風俗的種子散布在各地。即本校中，亦不乏北大歌謠研究會及風俗調查會的會員。如顧頡剛先生、董作賓先生、陳錫襄先生、鍾敬文先生，皆是曾經努力幫忙過，做過工作的。

陳錫襄、董作賓和顧頡剛先後於一九二四、一九二五和一九二六年從北京南下福建。他們於短暫居留期間，在福建協和大學，也在廈門大學[19]播種了北京大學的學術種子。

在福建協和大學，陳錫襄設計的閩學會的研究計劃，乃是不折不扣的北大國學門學術計劃的福建版；繼起的福建文化研究會，則是不折不扣地實施了這一福建版的北大計劃。可以肯定地說，福建協和大學在福建文化研究方面的學術淵源乃出於北京大學。

福建協和大學在福建文化研究方面往往涉及臺灣。例如，《福建文化》刊有林希謙〈美國公文書中關於占領臺灣的計劃〉（載該刊第28期）、韓振華〈日本初割臺灣十五年中理蕃暴行〉（刊於該刊第35期）、周鳳泉〈鄭克塽讓臺始末〉（刊於該刊第38期）等臺灣研究論文；所刊劉品端、周國瑞、林國鉥〈志書中所見之福建各府婚喪風俗斷片〉（刊於該刊第7期），論及的「福建各府」包括了臺灣府。《福建文化》所刊有關福建海防、倭患、地理、方志、航海、明鄭的論文，有的也涉及臺灣；所刊有關福建風俗、方言、物產的論文，則幾乎都同臺灣有關。此乃閩、臺兩地在歷史上、文化上、地理上難分難解的關係使然。涉臺性是福建協和大學福建文化研究的一個特點。

源於北大、由閩學會和福建文化研究會啟動和主導，福建協和大學福建文化研究的學術傳統發生了深遠的學術影響。在今天，福建師

19　顧頡剛在廈門大學的學術活動，我另有〈北京大學學人與廈門大學國學院〉（載《魯迅研究月刊》2002年第3期）和〈廈門大學國學研究院與泉州歷史文化研究〉（載《海交史研究》2002年第2期）論及。

範大學歷史系和閩臺區域研究中心繼承並發展了這一傳統，在閩臺區域之民族、史地、風俗、歌謠、語言、物產等方面，在前輩學者研究的基礎上，取得了驕人的成績。

二〇〇三年六月三日午夜

一九四五至一九四八年：福建文人與臺灣文學

閩臺關係史上有兩個迄未引起研究者充分重視的時段。

日據臺灣初期（1895-1897）。施士洁、許南英、汪春源等臺灣詩人滿懷悲憤，相繼離臺流寓於福建各地。

臺灣光復初期（1945-1948）。葉明勳、王新民、歐坦生等福建文人滿腔熱忱，先後有赴臺或涉臺的活動。

在今天對福建學者來說，這兩個時段的研究一為隔世研究、一為隔岸研究，其艱難可知矣。

吾人願勉為其難。我在割臺之恥一百週年、臺灣光復五十週年的一九九五年，完成了《臺灣近代詩人在福建》一書的寫作。其時乃有寫作本文的計劃。

同《臺灣近代詩人在福建》一樣，本文亦是「真正意義上的『拋磚引玉』之作」，[1]期盼引起兩岸學者對本文議題的共同興趣。

一

「中國的文壇和報壇是表姐妹，血緣是很密切的」[2]；福建和臺灣則是親兄弟，關係尤為親近。

---

1 汪毅夫：《臺灣近代詩人在福建》（臺北市：幼獅文化事業公司，1998年4月），頁227。

2 曹聚仁：《文壇五十年》（上海市：東方出版中心，1997年），頁8。

臺灣光復初期（1945-1948），一批福建報人先後來到了臺灣。他們或是記者、或是編輯，嫻於編報、又善作文，既發新聞、亦編文藝。到臺後囿於生活和工作的條件、社會和政治的生態，文學的才華和文學的活動或曾受限受阻，他們仍然或多或少同臺灣文壇有所關聯。

這批人士中到臺時間最早的當推葉明勳。據我所見福建協和大學的學籍檔案和校史資料，葉明勳係福建浦城縣人，一九三六年考入福建協和大學（入學年齡23歲），一九四〇年畢業並留校任職於訓導處（曾任代訓導長）。葉明勳在校期間曾任福建協和大學抗建劇團（原名救亡劇團）團長。該團曾於一九四〇年暑期巡迴演出於閩、浙、贛、皖四省，一路開展抗日宣傳。其後，葉明勳赴美國州立科羅拉多大學新聞學院、史丹福大學新聞研究院研習報學。一九四五年九月二十八日，葉明勳以「中央通訊社採訪」即中央社記者的身分列名於當天成立的「臺灣省行政長官公署、臺灣警備司令部前進指揮所」名單[3]。一九四五年十月五日，葉明勳隨該所其他成員從重慶飛赴臺北。葉明勳到臺後初任中央社駐臺特派員，後改任中央社臺北分社主任，其住所和辦事處所分別為臺北「明石町舊高橋知事官邸」和「壽町三丁目十四番地」[4]（後改名「西寧南街」[5]）。葉明勳在當時擔任的是臺灣報界最為顯赫的職務，加上他熱心於「福建協和大學臺灣校友會」[6]一類聯誼活動，因而在臺灣文化界有很好的人緣。一九四六年五月四日，臺灣文藝社成立，葉明勳為該社發起人之一。葉明勳的夫人嚴停雲後來以「華嚴」的筆名從事文學創作，成為臺灣著名小說家。嚴停雲係福建閩侯人，中國近代文化名人嚴復的孫女。

3　鄭梓：《戰後臺灣的接收與重建》（臺北市：新化圖書公司，1994年3月），頁66-68。

4　見《臺灣省行政長官公署公報》第1卷第2期（1945年12月5日）。

5　見《臺灣省行政長官公署公報》1947年春季號，頁144。

6　該會於一九四六年三月三十一日成立，葉明勳以「得票最多，推為常務幹事」，「會址假中央社臺北分社內，俾葉校友可就近主持」。見《閩臺關係檔案資料》（廈門市：鷺江出版社，1992年），頁741。

長期擔任福建改進出版社社長的著名報人黎烈文於一九四六年初到臺。臺灣《新生報》一九四八年三月十三日有張明的〈在臺灣的作家〉記：

> 光復後第一個來臺灣的中國作家（按：應為大陸作家）是黎烈文。在抗戰中黎烈文一直留在福建永安主持改進出版社並主編《現代文藝》月刊，……黎烈文和陳前長官（按：指陳儀）私交甚篤，來臺前即係應陳邀，最初任《新生報》副社長，其後即在（任）省立師範學院教授。

黎烈文到臺後擔任的報界和教育界職務，都同文學相關。隨黎烈文到臺的還有其夫人雨田女士。雨田女士名許粵華，曾任改進出版社《現代兒童》主編，並曾在該社出版短篇小說集《罪》和散文集《水上》。我曾見一九四七年《臺灣省政府公報》所刊臺灣省教育廳的〈推薦書目〉，內有雨田的作品[7]，又曾見同年福建廈門《明日文藝》「下期預刊小說」目錄裡有雨田的〈零點五〉。

曾任福建《中央日報》記者的沈嫄璋於一九四六年隨丈夫姚勇來到臺，並於一九四七年進入臺灣《新生報》社。沈嫄璋在臺灣光復前夕的一九四五年六月十一日，曾以「《中央日報》社代表」的身分，出席「福建省會暨永安各界舉行臺灣淪陷五十週年紀念大會籌備會」[8]。到臺後，沈嫄璋除主要採寫《陳長官談憲政》[9]一類省政新聞外，也發表〈新中國劇社的長成〉、[10]〈人類文化的里程碑〉[11]一類文化新

7　臺灣省行政長官公署於一九四七年四月二十四日奉命改制為臺灣省政府。

8　《閩臺關係檔案資料》（廈門市：鷺江出版社，1992年），頁369

9　載《臺灣月刊》第5期（1947年2月10日）。

10　載《臺灣月刊》第3、4期合刊（1947年1月10日）。

11　載臺灣《新生版》1948年3月24日。

聞。姚勇來曾任福建《南方日報》、《福建民報》、《中央日報》等報記者和改進出版社《戰時民眾》編輯。姚勇來在福建的常用筆名為「丫·狼狽」(「狼狽」為英文 LONGBABY 的音譯)，並以此名聞於福建報壇和文壇。姚勇來在福建也曾以「姚隼」為筆名，其〈割棄了的盲腸〉、〈犧牛〉、〈夜酒樓〉、〈新生〉[12]和〈放舟下沙縣〉[13]等均署名「姚隼」。到臺後，姚勇來最初供職於臺灣省行政長官公署新聞室（該新聞室後改稱「臺灣省政府新聞處」，為秘書處下設機構。一九四八年八月三十一日《臺灣省政府合署辦公施行細則》規定：「秘書處設新聞處」)，後與沈嫄璋雙雙進入臺灣《新生報》社。他以「姚隼」為筆名在《臺灣月刊》、《新生報》等發表作品，如〈新臺灣之旅〉、〈人與人之間及其他〉、〈橋之讚頌〉、〈橋頭二題〉、〈十年〉、〈海浴場上〉、〈化蕃兩公主〉等作品[14]，並以〈論爭雜感〉[15]等文參加了在一九四七年發起的「臺灣文學論議」。其〈十年〉所記「八年當中，我們輾轉在後方的山城裡，過著最起碼最艱難困苦的日子，我們逃過難，我們挨過炸彈，我們挨過疾病，我們挨過飢餓」乃是姚勇來、沈嫄璋夫婦抗戰時期在福建山城永安的生活經歷。

曾任福建《中央日報》、《東南日報》、《福建時報》等報特約記者的何敏先於一九四六年到臺任職於教育部門。他得工作職務（教育處視察）之便，遊歷臺灣各地，寫成《環遊臺灣》一書在臺灣出版。何敏先離臺返閩後於一九四八年八月，以業餘特約記者身分，參加福州市記者公會。何敏先字文聰，福建福州人。[16]

---

12 分別載福建永安《現代文藝》第1卷第4期（1940年7月25日）、第1卷第6期（1940年9月25日）、第3卷第2期（1941年5月25日）。第4卷第6期（1942年3月25日）。

13 載福建永安《現代青年》第2卷第5期（1940年9月）。

14 〈新臺灣之旅〉、〈人與人之間〉載於〈臺灣月刊〉，〈橋之讚頌〉、〈橋頭二題〉、〈十年〉、〈海浴場上〉、〈化蕃兩公主〉均載臺灣《新生報》。

15 載臺灣《新生報》1948年6月20日。

16 參見《福州新聞志·報業志》(福州市：福建人民出版社，1997年6月)，頁397-399。

一九四六年，廈門《青年日報》記者林良到臺供職於臺灣省國語推行委員會。臺灣光復初期，國語推行運動在臺灣有很強的勢頭、也有很強的陣容。除了著名語言學家魏建功受聘擔任臺灣省國語推行委員會（該會成立於1946年4月1日）主任委員外，我們從一九四八年臺灣各界哀輓許壽裳教授的詩、詞、聯、文，如臺灣省國語推行委員會《敬悼本會委員許季茀先生》文並註、汪怡《輓詞》三首並註[17]等可知，一九一三年教育部召開讀音統一會時到會的四十四名會員中，至少有許壽裳、汪怡二人於臺灣光復初期在臺灣活動。林良到臺後最初任職於臺灣省國語推行委員會研究組，後改派到該會《國語日報》編輯兒童副刊（該副刊創刊於1948年11月23日）。林良於此一時期開始從事兒童文學創作，並以「子敏」的筆名聞於臺灣文學界。林良（子敏）係福建同安縣人，於今有臺灣兒童文學創作的「大家長」和「長青樹」之譽。[18]

一九四七年二月，福建報人鄭文蔚等人創辦的《中外日報》在臺灣曇花一現。鄭文蔚在福建曾主編《文座》月刊（1936年7月1日創刊於福州），並曾任中央通訊社福州分社總編輯。一九四六年，鄭文蔚到臺籌辦民營的《中外日報》，並邀請福建報人寇冰華、陳石安和趙肅芳到臺分別擔任該報總主筆、副總編輯和攝影記者。寇冰華曾主持福建《大成日報》等報編務，並曾任中央通訊社福州分社總編輯；陳石安曾任福建《中央日報》、《大成日報》、《東南日報》等報編輯和記者；趙肅芳則是《東南日報》攝影記者。一九四七年二月一日，《中外日報》正式發刊，不久因臺灣「二二八事件」發生而停刊。《光復後臺灣地區文壇大事紀要（增訂本）》（臺北市：文訊雜誌社，1995年6月2版）記：「（1947年2月）一日，《中外日報》在臺北市創刊，發行人林宗賢、社長鄭文蔚，主筆寇冰華」。《中外日報》停刊後，寇冰

17 載《臺灣文化》第3卷第4號（1948年5月1日），臺灣文化協進會出版。

18 王林：〈日月潭邊的童心淺唱〉，載《臺灣研究集刊》1998年第2期。

華、陳石安和趙肅芳於三月間先後離開臺灣。幾個月後，陳石安再次赴臺，在臺灣從事報業和報學研究。陳石安的報學研究成果有《報學概論》、《新聞編輯學》等，陳石安還以「苓憑」的筆名創作文學作品。[19]鄭文蔚也留居臺灣，臺灣《新生報》一九四八年八月二十八日曾刊有鄭文蔚同文友的唱和詩，鄭文蔚的和詩乃「以近狀串次成章」，詩曰：

> 舊地悲歡仍此身，重來時節又殘春。未消鬱勃樽前氣，猶對娉婷月下人。從昔才氣關困厄，至今世亂幸全真。斯鄉尚有求田計，不向雲間露一鱗（「悔向雲間露一鱗」，定庵句）。

從是詩看，鄭文蔚的心境「鬱勃」而處境「困厄」，顯然與其文學才華受限、文學活動受阻有關。

臺灣光復初期赴臺的福建報人，除了上記十數人，我從史料聞見所及的尚有高拜石、路世坤、倪師壇、周玉津、鄭天宇、鄧錡昌、卓克淦等十數人。其中，高拜石曾任《福建民報》、《建國日報》總編輯，一九四七年到臺後曾任職於臺灣省政府新聞處；路世坤在福建曾任編輯和記者，一九四六年到臺後曾任《自由日報》（1946年12月10日創刊）總編輯，一九四七年二月任「臺灣省行政長官公署財政處科員」[20]，後轉入臺灣《新生報》社；倪師壇曾任永安《改進》主編，到臺後曾任臺灣《公論報》（1947年10月25日創刊）總主筆；周玉津曾任福建改進出版社編輯，到臺後曾任臺灣《日月潭週報》（1946年4月創刊）主編；……。

---

19 參見徐君藩等編：《兩岸故人集》（福州市：海峽文藝出版社，1994年），頁203；徐君藩等編：《福州文壇回憶錄》（福州市：海潮攝影藝術出版社，1993年），頁256-257。

20 據《臺灣省行政長官公署公報》1947年春字（1947年2月28日），頁792。

二

福建學者對臺灣的研究起步較早、出手亦快。迨臺灣光復之時，已形成一定的研究實力和研究成果。

舉例言之。在臺灣經濟史研究方面，周憲文的名著《臺灣經濟史》之撰述，「止於臺灣光復，初稿大體完成，且已擇要發表」[21]。周憲文於一九四一年來閩籌建暨南大學建陽分校並任分校校長，一九四二年暨南大學總校遷閩與分校合併，周憲文改任商學院院長。一九四四年到福建永安從事學術研究，曾在改進出版社出版《中外古今談》一書（列為《改進文庫》第二十一種）。周憲文於一九四六年二月到臺就任臺灣省法商學院院長。

在臺灣文學研究方面，亦復如是。

一九四五年四月三十日，朱劍芒在福建永安《龍鳳》創刊號發表〈臺灣詩詞叢話〉。

朱劍芒係南社詩人，知名學者，「一九四一年流浪到福建，曾供職於省政府」，一九四五年六月十五日端陽節在福建永安組織南社閩集並任社長，「當時社員多數在省政府各部門工作」。[22]

〈臺灣詩詞叢話〉論及鄭成功、梁啟超、許南英、譚嗣同、章太炎諸人詩詞作品，其議論頗可注意。如：

> 清季，新會梁啟超亡命日本曾拾獲鄭氏五言、七絕各一首，揭櫫《新民叢報》。惜事隔四十年，余已不復憶其隻字。他日臺島重光，甚願與彼土中有志之士，益蒐鄭氏之遺墨而付之剞劂。即或所制寥寥，而吉光片羽，亦足與岳鄂王〈滿江紅〉、

21 周憲文：〈臺灣經濟史自序〉，引自政協浙江省椒江市委員會文史工作委員會編：《椒江文史資料》第9輯（1991年7月）。

22 顧國華編：《文壇憶舊初編》（上海市：上海書店，1999年），頁211-213。

文文山〈正氣歌〉，鼎足而存。

又如：

許氏復有〈祝英臺近〉一詞，係謁五妃廟所作。詞云：「杜鵑聲，精衛恨，國破主恩斷。桂子空山，宿草餘芳甸。記曾璇室瑤房，寵承魚貫，從君死，一條組練。那曾見，荒塚二月清明，村翁新麥飯。撮土為香，一盞寒泉薦。徘徊斷碣殘碑，貞妃小傳，也羞殺新朝群彥！」末語罵得簡賅，無奈賣國者流，且以識時自命，而恬不知恥乎？

又如：

任公《海桑吟》中有〈臺灣雜詩〉十七首，其第十首亦係憑弔五妃墓之作。詩云：「五妃從死地，竹淚滿南州。銅輦成千古，天香聚一丘。遺民占廟食，秀骨補天愁。遠望煤山村，棠花不盡秋」。就詩論詩，此首亦殊平凡，蓋湘江二妃，淚成斑竹，僅寫帝舜崩於蒼梧後之極度哀傷，初未有從死之說，與五妃之同時殉身，微嫌不類，至頷聯「銅輦」、「天香」等字面，亦殊浮泛，腹聯「秀骨補天愁」一語，直不知所云矣。任公《飲冰室詩話》中，固嘗自承不善作詩，有「每作律詩一首，或數日不能完成」之說。可見工於文者未必工詩，不獨□□固為然也。

此外，朱劍芒於文中三次提及「吾友周子召南」，謂：

吾友周子召南，熟於臺灣掌故，徵文考獻，亦至勤篤，最近有

《臺灣詩歌》之選輯。

又謂：

> 召南既有《臺灣詩歌》選輯之計劃，深盼其搜得譚氏遺集，盡采其游臺所作，當有慷慨激昂，睥睨一世之作品，以供我歌泣也。

又謂：

> 茲於召南處復得〈玉山吟社席上即事〉一首，亦章氏在臺所作。

從上記看，當時尚有周召南者在福建從事臺灣文學研究，徵文考獻，有選輯《臺灣詩歌》之計劃並已輯得相當資料。[23]

《龍鳳》創刊號還刊有〈丘逢甲談「贅」〉一文。文中稱「閩人丘煒爕於光緒二十二年曾著《菽園贅談》一書，逢甲為之序，自稱臺灣宗弟，就『贅』字特加發揮」並節錄有丘逢甲之序文，略謂：

> ……當今天下而談贅，則又何者非贅？三公九卿，翊天子治天下者也，今知政者僅權要數人，其他雖和戰大事若罔聞焉，則大臣贅。……知府、知州、知縣，不知府、州、縣中之民生苦樂、戶口盈虛也，則守土之吏皆贅。……中土吾土也，而公地焉、租界焉、捕房焉、船塢焉、礦地焉，山藏海塹，不敢自閟，環起要挾，予取予攜，蓋呼喝所加，無求而不得也，則主

23 關於周召南的情況，我曾向章振乾、鄭庭椿、趙玉林、陳庭煊等老人徵詢，均不得而知。此周召南是否即擔任《臺灣之聲》（1946年6月1日創刊）主編的周召南？識者幸告。

> 權贅。……平等之約，與國所同也，獨至吾國，不能從同也，屆期而修，只益彼而吾益損，則約□贅。……徵稅，吾自有之權也，而若限焉，且非客卿，若即不能集事，則關政贅。……講制造者，歷年成事，若人若物，仍事借材，言式則我舊而人新，言用則人利而我鈍；糜以巨款，而但益虛廢也；假以雄職，則只知盤踞也，則船政贅。……陸師步伐，猶拾人唾餘而不克自治，是舊額之靡、新寡之罠，固未得齊整以理也；乃以陸將用長海軍，甲船炮艇，不游弋保商民，而以迎送奉人吏；南軍北軍，時而不聯，倉卒遇戰，陸潰而海亦敗，或樹降幡焉，用是重為天下僇笑，則兵政亦贅。……是故今而不談則已，今日而談贅，固天下有人人所同痛哭流涕長太息而不能已者。

此文為丘逢甲佚文。我所見丘煒爰（菽園）《菽園贅談》之大字本（十四卷本）和小字本（七卷本）書前均無此序文。[24]文獻難得，《龍鳳》節錄丘逢甲佚文，亦當視為福建學者在臺灣文學研究方面的一項成績。

一九四七年，福建國立海疆學校教授王新民在該校《海疆學報》第一卷第二期（1947年4月15日）發表〈清初臺灣番族原始文學資料〉。

福建國立海疆學校創辦於一九四四年。該校「創辦的動機，是為收復臺灣而儲備人才」，[25]校址先後設於福建仙遊、南安和晉江。王新

---

24 丘煒爰（菽園）《揮麈拾遺》謂丘逢甲「所撰《贅談》、《揮麈》序，文中亦屢點談字、贅字、麈字」，可知丘逢甲確曾為《菽園贅談》（1897）和《五百石洞天揮麈》（1899）撰序。《菽園贅談》書前未刊丘序，可能與丘煒爰不滿其「特加發揮」有關。又，〈丘逢甲談「贅」〉在龍鳳月刊發表屬於補白，其目錄不載，非讀書細心者不能見。

25 蟻校長（蟻碩）：〈創造光榮的歷史〉，載《國立海疆學校校刊》第15期（1948年11月5日）。

民後來擔任該校海疆資料室主任。[26]

〈清初臺灣番族原始文學資料〉以近萬字之譜，從多種文獻收集前人採集的居住在臺灣的少數民族的口傳文學，以直音法注音、以意譯法釋義，如：

> 〈麻豆思春歌〉：「唉加安呂燕（夜間難寐），音那馬無力圭肢腰（從前遇著美女子），礁圭勞音毛番（心中歡喜難說）」（《臺海使槎錄》，卷五）

又將收集而得的「清初臺灣番族原始文學資料」分為戀愛、祭祖、務農、婚嫁、告誡、會飲、祝禱、狩獵和其他凡九類，並略加考證。

王新民此文開篇即指出清人筆記中誤閩南方言語詞為「番族土語」之謬，表現了福建學者在臺灣文學研究方面地近臺灣、人常往來，熟悉臺灣方言等情況的優勢。

王新民此文發表之後，臺灣學者王錦江（王詩琅）在臺灣《新生報》副刊《文藝》第九期（1947年7月3日）發表〈臺灣新文學運動史料〉，將臺灣新文學運動分為三個時期：

> 第一期是一九二四年的發軔迄一九三二年的萌芽期，第二期是續此到一九三六年的本格化時期，第三期是中文被禁到光復為止的日文全盛時期。

兩者相提並論，王新民做的是分類研究，王錦江做的是分期研究；王新民研究的是民間文學，王錦江研究的是文人創作；王新民研

26 〈海疆資料室成立，聘王新民、楊懷仁為正、副主任〉，載《國專海疆學校校刊》第15期（1948年11月5日）。

究臺灣舊文學，王錦江研究臺灣新文學。王新民和王錦江的研究都屬於臺灣文學史的編述。

三

臺灣光復初期，臺灣的文藝創作頗為活躍。福建的作家和藝術家亦與有力焉。

一九四五年十月，曾任福建國立音樂學校校長和教授的著名音樂家蔡繼琨來到臺灣。十月三十日，蔡繼琨被委派為「臺灣省行政長官公署宣傳委員會委員」。[27]同年十二月，「臺灣省警備司令部交響樂團」成立，團址設於臺北「第三高等女學紀念舍館」，[28]蔡繼琨任團長。不久，「臺灣省警備司令部交響樂團」改名為「臺灣省行政長官公署交響樂團」，蔡繼琨仍任團長。臺灣省行政長官公署交響樂團在臺灣光復初期經常舉辦演奏會，並曾赴閩訪問演出。我藏有當時該團在臺灣某次演奏會的節目表，並曾見該團訪閩演出的紀念刊，從中可以想見其時的盛況，亦可以想見該團在臺灣光復初期對於提升臺灣文藝水準的影響力。蔡繼琨於今被譽為臺灣交響樂之父。蔡繼琨在臺灣《新生報》也寫有〈戲劇節感言〉一類短文。

一九四六年十一月，福建的劇作家林舒謙和木刻家朱鳴崗幾乎同時接受了臺灣省訓練團的教職。

據《臺灣省行政長官公署公報》，林舒謙於一九四六年十一月二十八日受委派擔任「臺灣省訓練團主任秘書」[29]；朱鳴崗則先在一九四六年十一月二十七日受委派擔任「臺灣省訓練團講師兼訓導處美術

---

27 《臺灣省行政長官公署公報》第1卷第2期（1945年12月5日）。

28 《臺灣省行政長官公署公報》第1卷第2期（1945年12月5日）。

29 《臺灣省行政長官公署公報》1946年冬字，頁774。

指導員」。[30]

林舒謙三十年代初開始在福建《國光日報》副刊〈縱橫〉發表戲劇作品。其後，林舒謙在福建各報刊發表了〈抬頭〉、〈生眼睛的子彈〉、〈噴火口〉、〈毒〉、〈戰〉、〈最後一幕〉、〈同一線上〉、〈臥薪嘗膽〉等數十種劇作。抗戰期間，林舒謙曾任福州文化界救亡協會戲劇股股長、抗敵後援會抗敵劇團編選股股長兼演出股股長、抗敵後授會抗敵劇團總幹事、福建省教育廳戰時國民教育巡迴教學團幹事、福建省教育廳民眾教育第一巡迴教學團團長，並擔任《福建劇壇》半月刊（1941年7月創刊）主編（另兩名主編為陳啟肅和石叔明）。林舒謙在臺活動情況幾乎未見記載，於今可以確知和推知的是：他曾親身經歷臺灣「二二八事件」發生的全過程、他在臺灣省訓練團教職任上為培養臺灣的文學藝術創作人才做了有益的工作。

朱鳴崗在抗戰時期曾任福建長汀僑民師範學校和永安師範學校美術教員，並曾在福建各報刊發表木刻和繪畫作品，如〈慰問〉[31]、〈流亡〉[32]、〈戰時婦女的工作〉（漫畫十二幅）[33]等。在臺灣，朱鳴崗也有〈交通四題〉[34]、〈街頭小街〉[35]等美術作品發表，並有〈刃鋒和他的木刻〉[36]等藝術評論。同林舒謙一樣，朱鳴崗也在臺灣省訓練團的教職任上培養臺灣的創作人才。

在福建與朱鳴崗同時和齊名的美術家還有木刻家吳忠翰（吳宗漢）和畫家陳庭詩（耳氏）。此二人亦同臺灣的文藝創作發生了關係。吳宗翰於一九四六年十月二十日在臺灣《和平日報》上發表〈讀

30 《臺灣省行政長官公署公報》1946年冬字，頁762。

31 載福建永安《現代文藝》第4卷第1期（1941年10月25日）。

32 載福建永安《現代文藝》第4卷第6期（1942年3月25日）。

33 載福建永安《戰時木刻》第4期。

34 載《臺灣月刊》第3、4期合刊（1947年1月10日）。

35 收入江慕雲：《為臺灣說話》（上海市：上海中國印書館，1948年9月）。

36 載臺灣《新生報》1948年10月8日。

《魯迅書簡》後感錄〉。這是一篇研究魯迅、談論「木刻上諸種問題」的文論，又是紀念魯迅的時論。它同當時眾多的有關魯迅的文章一起，構成了臺灣光復初期臺灣文壇的「魯迅風潮」。據我所知，吳忠翰此文曾以〈《魯迅書簡》讀後感——關於木刻上諸種問題〉為題先在一九四六年一月廈門《閩南新報》副刊〈藝壇〉上發表。臺灣《和平日報》刊登此文可能屬於從福建報刊轉摘、也可能是從福建來稿採用。陳庭詩是聾啞畫家，到臺前在福州生活書店工作。曾在福建各報刊發表美術作品，如在永安《戰時木刻》發表《皇軍三部曲》（系列漫畫三幅）等，一九四七年到上海參加全國木刻展，同年赴臺。到臺後，陳庭詩潛心於繪畫藝術，很快引起廣泛的讚譽。

一九四七年二月，福建作家歐坦生到臺灣基隆中學任教。歐坦生從一九三六年開始發表小說，一九四一年考入暨南大學建陽分校，一九四五年畢業。歐坦生的小說創作曾受到張天翼的影響，他用過「異風」的筆名（異、翼同音）。到臺前，歐坦生曾在上海《文藝春秋》發表小說〈泥坑〉，並向該刊投寄小說〈訓導主任〉和〈婚事〉[37]。歐坦生到臺即躬逢臺灣「二二八事件」發生。他以此親身經歷寫成小說〈沉醉〉[38]。〈沉醉〉發表後，引起臺灣著名作家楊逵的注意和好評，他在〈臺灣文學問答〉一文裡說：

> 去年十一月號的《文藝春秋》曾有邊疆文學特輯，其中一篇以臺灣為背景的〈沉醉〉，是「臺灣文學」的好樣本[39]。

---

37 〈泥坑〉、〈訓導主任〉和〈婚事〉分別載《文藝春秋》第3卷第4期（1946年10月15日）第4卷第3期（1947年3月15日）和第5卷第2期（1947年8月15日）。

38 載《文藝春秋》第5卷第4期（1947年11月15日）。

39 轉引自《1947-1949：臺灣文學問題論議集》（臺北市：人間出版社，1999年），頁142。

楊逵還將〈沉醉〉收入他主編的《臺灣文學》第二輯（1948年9月）。歐坦生後來改用「丁樹南」的筆名從事文學批評，並卓然自成一家。

曾在福建創辦《明日文藝》（1945年12月15日創刊於莆田，1946年5月1日第2期起改在廈門出版，曾乃碩為該刊發行人，並曾任該刊主編）、並曾發表《李清照評傳》[40]等文學作品的曾乃碩於一九四七至一九四八年間到臺灣。到臺後從事文史研究和教學，成績斐然。

一九四六年初畢業於廈門大學銀行系的姚一葦（原名姚公偉），在福建學習和工作期間以「姚宇」和「袁三愆」的筆名發表小說、翻譯作品和文藝評論。如一九四三年七月發表於永安《改進》的小說〈輸血者〉，一九四五年十月發表於永安《改進》的小說〈春蠶〉、一九四六年五月發表於廈門《明日文藝》的小說〈翡翠鳥〉、一九四五年七月發表於福建《中央日報》的小說〈料草〉和一九四五年四月發表於福建長汀《中南日報》的戲劇評論〈論《總建築師》〉等。姚一葦於一九四六年九月一日到臺，十月一日進入臺灣省銀行公庫部任辦事員。姚一葦後來成為臺灣最有影響力的劇作家和評論家。

曾任福建省立師範學校校長、並曾有詩劇〈悲壯的別離〉（1938年9月刊於福建《抗敵戲劇》半月刊）等作品發表的唐守謙於一九四五年十一月三十日就任臺灣省立臺北師範學校校長[41]；原在廈門擔任教育工作和編輯工作的陳香，於一九四八年到臺，曾任臺灣《少年時報》週刊（1948年11月創刊）主編；在福建以寫文藝評論見長的俞棘，到臺後曾任臺灣《中華日報》（1946年2月20日創刊）總編輯；吳東權於一九四六年中學畢業後，從福建莆田到臺灣任職於日產接收委員會，一九四七年在臺灣《全民日報》（1947年7月創刊）開始發表作

40 載《公餘季刊》創刊號（1944年9月15日）（漳州市：平和縣訓練所畢業學員聯絡站）。

41 《臺灣省行政長官公署公報》第1卷第3期（1945年12月8日）。

品，於今成為臺灣著名小說家[42]。唐守謙、陳香、俞棘、吳東權等人臺灣光復初期的文學活動，以及當時臺灣報刊採用福建作者來稿的情況，都值得我們進一步探其究竟。

二〇〇一年十月十八日

於廈門大學臺灣研究中心兼職研究員辦公室

42 參見徐迺翔主編：《臺灣新文學辭典》（成都市：四川人民出版社，1989年），頁95-96。

魏建功等「語文學術專家」與光復初期臺灣國語運動

一

一九四五年十月二十五日，臺灣光復。

光復初期（1945-1948）臺灣國語運動即日進入了官方籌劃和民眾自發並行的過渡階段。

按照《臺灣接管計劃綱要》（1945年3月）關於「接管後應確定國語普及計劃，限期逐步實行。中小學校以國語為必修科，公教人員應首先遵用國語。各地方原設之日語講習所，應即改為國語講習所，並先訓練國語師資」[1]之規定，以及臺灣省行政長官陳儀[2]關於「本人到臺灣後，擬先著手國語和國文的教授，務期達到使臺胞明白了解祖國文化之目的。此項工作艱巨，然以本人在福建推行國語運動之經驗而言，則此種工作在臺灣省可望於四年內大抵完成」[3]的設想，臺灣省行政長官公署及其相關部門和機構，臺灣省各市、縣政府乃積極籌劃國語運動。

陳儀早年留日、嫻於日語，當年臺灣民眾通曉日語者亦約占七成之譜。[4]陳儀在臺灣光復之日、於「中國戰區臺灣省受降典禮」結束

1　引自陳鳴鐘、陳興唐主編：《臺灣光復和光復後五年省情》上冊（南京市：南京出版社，1989年12月），頁54。

2　據《國民政府公報》，1945年8月29日「國民政府令：特任陳儀為臺灣省行政長官」。

3　見重慶《大公報》1945年9月2日。

4　據薛綏之：〈旅臺雜記〉，載《北方雜誌》第6期（1947年5月）。薛綏之當年在臺任國文教員、《世界日報》駐臺記者。1985年1月在山東大學教授任上病逝。

後乃用國語在電臺廣播講話。這是官方「遵用國語」、推行國語的第一個姿態。翌月，陳儀為《國語廣播教本》（林忠編著）題簽[5]是又一個姿態。

官方在此一階段籌劃國語運動的主要舉措乃在於「學校」和「學者」兩個方面。

在「學校」方面，臺灣省行政長官公署教育處「以語文教育為急務，決定自卅五年度上學期起，各學校一律用國語教學」[6]。為配合此一決定，教育處著手編輯、出版「國民學校暫用國語課本、中等學校暫用國語課本」和「民眾國語讀本」，並辦理國語師資的徵聘和訓練[7]。臺灣省行政長官公署的其他機構如訓練團及臺灣省各縣、市政府也參與徵聘國語師資的工作。

這裡所謂（民國）「卅五年度上學期」係指一九四六年度春季開學之「上學期」，而不是一九四六至一九四七學年度秋季開學之「上學期」。我們從一九四六年五月〈臺灣省行政長官公署教育處答省參議會質詢〉所記「臺灣同胞大家都知道普及國語之必要，但在過渡時期，各校教員不一定通曉國語，所以學校教授用語，暫採用本地方言，勢所難免，因此，在高雄縣就發生一種教育之嚴重問題，就是學校教員用閩南語講授，而客家學生不通閩南語，感覺非常痛苦」[8]可以確知；教育處版的「國民學校暫用國語課本、中等學校暫用國語課本」和「民眾國語讀本」在一九四六年二月以前亦應已出版，魏建功〈「國語運動在臺灣的意義」申解〉一文提及一九四六年「陰曆元宵（按：即1946年2月16日）晚上的事」：「我們的女工周來富介紹她的

---

5 據臺灣《新生報》1945年11月23日、11月25日之〈新書預告〉。

6 臺灣省行政長官公署教育處：〈臺灣省教育復員工作報告〉，1947年3月。引自陳鳴鐘、陳興唐主編：《臺灣光復和光復後五年省情》上冊，頁412。

7 〈臺灣省行政長官公署教育處工作報告〉，1946年5月，引自陳鳴鐘、陳興唐主編：《臺灣光復和光復後五年省情》上冊，頁365。

8 引自陳鳴鐘、陳興唐主編：《臺灣光復和光復後五年省情》上冊，頁374。

兩個同伴周美玉、廖寶玉來學國語，我請王子和（炬）先生教她們。起初讀的教育處印行的民眾國語讀本」、[9]提及「教育處印行的民眾國語讀本」；臺灣省行政長官公署及其相關處室和機構，臺灣省各縣、市政府在一九四六年二月以前徵聘國語師資的工作也留有歷史記錄。如，一九四六年一月，臺灣省訓練團有電文稱：

> 臺灣省訓練團徵聘國音國語教員多位，以大學出身、曾任高中國語教師、能教注音符號及通閩南語者為合格，待遇從優，旅費另發，請速代登報徵聘逕行赴臺或來榕轉臺[10]。

廈門《江聲報》一九四六年一月十日報導：

> 臺灣高雄市政府擬聘閩南籍小學教師一百名，委託泉州新南書社為申請登記處，……。時間：自本月五日起至十五日止。有志赴臺從事小教工作者，可檢同證件及二吋半身像片兩張前往登記，候輪赴臺云。[11]

在「學者」方面，臺灣省行政長官公署教育處「請准教育部調派國語推行委員（會）魏常委建功等三人，並在渝、滬邀請專家多人，先後到臺，成立本省國語推行委員會，進行各項基礎工作。」[12]教育部調派的三名國語推行委員會人員是常委魏建功、專委何容和王炬，教育

9　引自《魏建功文集》（南京市：江蘇教育出版社，2001年7月），卷4，頁311。

10　引自福建省檔案館、廈門市檔案館編：《閩臺關係檔案資料》（廈門市：鷺江出版社 1993年6月，頁401。

11　引自福建省檔案館、廈門市檔案館編：《閩臺關係檔案資料》（廈門市：鷺江出版社 1993年6月，頁401-402。

12　〈臺灣省行政長官公署教育處工作報告〉，1946年5月，引自陳鳴鐘、陳興唐主編：《臺灣光復和光復後五年省情》上冊，頁364。

處在渝、滬邀請的專家則有孫培良、張宣枕、王潔宇、齊鐵恨等人。

臺灣民眾自發參與國語運動的狀況亦自「臺灣光復當日」始。李嚴秀峰〈臺北蘆州李氏古厝沿革簡介〉記：

> 日寇統治臺灣時期，我政府曾派設中華領事館駐設臺灣。領事為曾啟明先生，浙江溫州人。李氏李祖武、李新蔗與其私交甚篤，願為其宣揚國語運動，每於清晨拂曉時分，密至該館向曾領事學習國語，再祕密傳授家人。至臺灣光復當日，李氏族人率先創辦國語補習班，免費教授國語，鄉人聞風而至者眾多，約二百餘人，共設三班，由李祖武、李新蔗教授之，達年餘之久，足見臺灣同胞熱愛祖國之愛國精神。

王禹農編著的《標準國語講義錄》一書也在一九四五年十月二十五日即「臺灣光復當日」由東方出版社出版。同年在臺灣出版的同類著作還有陳茂雲《國語會話讀本》（臺北國語普及會，1945）等。

當然，官方的籌劃也包括了「對社會上私人或機關團體之傳習國語者，予以示範及協助，使其合於標準」[13]，包括了對民眾自發「傳習國語」活動的指導。

臺灣省國語推行委員會是一九四六年四月二日正式成立的。該會《組織規程》（1946年4月2日公布）第二條規定：

> 本會設委員十九至二十五人，除教育處主管國民教育及民眾教育科長為當然委員外，餘由教育處遴選語文學術專家，呈請行政長官公署聘派之。[14]

13 〈臺灣省行政長官公署教育處工作報告〉，1946年5月，引自陳鳴鐘、陳興唐主編：《臺灣光復和光復後五年省情》上冊，頁364。

14 引自張博宇編：《臺灣地區國語運動史料》（臺北市：臺灣商務印書館，1974年11月），頁71。

此一規定明確宣示臺灣國語運動從官方籌劃、民眾自發到學者（「語文學術專家」）主導的轉折。

然而，臺灣省國語推行委員會在正式建立之前已有開展工作的記錄。

吳永坤記：魏建功「與『國語會』同事何容、王炬以及女師院國語專修科部分師生於一九四六年二月春節抵達臺北，出任臺灣省國語推行委員會主任委員，主持在臺推行國語工作」[15]。查當年春節正月初一為西曆二月二日，星期六。

另據魏建功〈「國語運動在臺灣的意義」申解〉記：「我到臺灣的第二個星期日晚上，曾經在廣播電臺廣播了一篇廣播詞」，該廣播詞題為〈國語運動在臺灣的意義〉，於一九四六年二月十日刊於臺灣《人民導報》。一九四六年二月十日為星期日，恰是一九四六年春節正月初一以後的「第二個星期日」。顯然，魏建功首次到臺的日期為一九四六年二月二日。

據我聞見所及，一九四六年二月二日以後，臺灣省國語推行委員會開展工作的記錄有：

> 一九四六年二月八日（正月初七，星期五），臺灣省行政長官公署「員工之國語訓練，由國語推行委員會委員講授，自二月八日至三月三十日，參加講習者一二〇人」；[16]
>
> 一九四六年二月十日（正月初九，星期日），臺灣省國語推行委員會主任委員魏建功發表廣播講話，講題為〈國語運動在臺灣的意義〉；

---

15 吳永坤：〈「茍利國家生死以」──寫在〈魏建功文集〉出版與魏建功先生百年誕辰之際〉，載北京《中華讀書報》2002年7月21日。

16 〈臺灣省行政長官公署教育處工作報告〉，1946年5月，引自陳鳴鐘、陳興唐主編：《臺灣光復和光復後五年省情》上冊，頁364。

> 一九四六年二月十六日（正月十五，星期六），國語推行委員會委員王炬在宿舍講授國語，聽者女工周來富、周美玉、廖寶玉三人，採用教材為《民眾國語讀本》（臺灣省行政長官公署教育處編）；
> 一九四六年二月十七日（正月十六，星期日），魏建功作〈「國語運動在臺灣的意義」申解〉。

在我看來，光復初期臺灣國語運動轉入學者主導的正規階段乃自魏建功教授到臺的一九四六年二月二日始；此前，從一九四五年十月二十五日迄於一九四六年二月一日恰屆百日之期，光復初期臺灣國語運動經歷了整整一百天的過渡階段。

二

一九四六年四月二日，臺灣省行政長官公署教育處公布臺灣省國語推行委員會組成人員：

主任委員	魏建功				
副主任委員	何　容				
常務委員	方師鐸	李劍南	齊鐵恨	孫培良	王玉川
委員	馬學良	林紹賢	龔書熾	蕭家霖	徐敘賢
	周辨明	張同光	朱兆祥	沈仲章	曾德培
	葉　桐	嚴學宭	吳守禮	王潔宇	王　炬[17]

上記諸人中，曾德培和葉桐分別是臺灣省行政長官公署教育處國民教

17 引自張博宇編：《臺灣地區國語運動史料》，頁74。

育科科長和民眾教育科科長，按照《臺灣省國語推行委員會組織規程》第二條之規定列名為「當然委員」；其他各位皆是「語文學術專家」，魏建功等人並且是著名的「語文學術專家」。

一九四七年四月二十四日，臺灣省行政長官公署奉命改制為臺灣省政府[18]；同年六月，臺灣省國語推行委員會組成人員隨之調整，主任委員魏建功改任專門委員，副主任委員何容改任主任委員，新聘洪炎秋為副主任委員，新聘祁志賢、王壽康、梁容若為常務委員，新聘董長志為專門委員，新聘游彌堅、李萬居、黃純青等為兼職委員。[19]

按照《臺灣省國語推行委員會組織規程》的規定，該會除常委及委員兼任調查研究、編輯審查、訓練宣傳各組組長外，另聘總務組長一人，並設編輯、編審、視導、辦事員等各若干人，並且「必要時得呈請行政長官延聘專家擔任專門委員或編輯」。因此，光復初期曾參與臺灣國語推行委員會工作的語文學術專家並不囿於臺灣省行政長官公署教育處、臺灣省政府教育廳先後公布的臺灣省國語推行委員會組成人員。

例如，張宣忱曾任臺灣省國語推行委員會總務組組長，負責該會「文書撰擬、收發、保管及印信典守」、「預算決算之編制」、「庶務及出納」、「國音國語圖書資料之印刷」及其他事務；[20]許壽裳曾任臺灣省國語推行委員會兼職委員或專門委員（許壽裳於1948年1月28日遇刺逝世後，臺灣省國語推行委員會的輓詞乃以〈敬悼本會委員許季茀先生〉[21]為題）；夏德儀、黃得時曾任臺灣省國語推行委員會編輯，義務為該會《國語日報》編輯副刊；[22]汪怡自稱於光復初期「來臺養

---

18 據《國民政府公報》，1947年4月24日「國民政府令：臺灣省行政長官公署著改製為臺灣省政府。」

19 據張博宇編：《臺灣地區國語運動史料》，頁33。

20 據張博宇編：《臺灣地區國語運動史料》，頁73。

21 載《臺灣文化》第3卷第4期（1948年5月1日）。

22 據張博宇編：《臺灣地區國語運動史料》，頁93。

痾」。[23]作為「部開的在臺委員」、[24]作為教育部國語推行委員會及其前身教育部讀音統一會、國語統一籌備會、國語統一籌備委員會的資深委員，汪怡同臺灣省國語推行委員會保持了密切的關係，後來並出任該會《國語日報》董事；林良於光復初期受聘擔任臺灣省國語推行委員會編輯，曾任《國語日報》之〈兒童副刊〉（1948年11月23日創刊）主編。臺灣省國語推行委員會在臺灣廣播電臺開設「國音示範講座」（齊鐵恨主講，1946年），林良是該講座的閩南語翻譯。林良後來以「子敏」為筆名，成為著名的兒童文學作家。此外，曾從事山東方言調查的王向辰（筆名「老向」），於光復初期到臺灣工作；[25]「俞敏是『燕京大學研究院』的研究生」，於光復初期「在臺灣推行國語教育」；[26]洪篤仁於光復初期到臺灣任「臺灣省行政長官公署教育處視察」，[27]離臺後曾任廈門大學語言學教授；……。

從學術陣容看，光復初期臺灣的國語運動具有兩個明顯的傳統。

一是從讀音統一會、國語統一籌備會、國語統一籌備委員會而來的教育部國語推行委員會的傳統。

據黎錦熙《國語運動史綱》[28]一書記載，一九一三年二月十五日至五月二十二日，教育部在北京召開讀音統一會，審議通過《注音字母》方案和《國音推行方法七條》等文件。許壽裳、汪怡列名於該會八十名代表、四十四名到會代表名錄；一九一九年四月二十一日，教

23 語見汪怡：〈輓許壽裳詩題注〉，《臺灣文化》第3卷第4期（1948年5月1日）。

24 語見張博宇編：《臺灣地區國語運動史料》，頁91。

25 據《中國新文學大系（1927-1937）》第19集（上海市：上海文藝出版社，1989年5月），頁424。

26 倪海曙：《中國拼音文字運動史簡編》（上海市：上海時代出版社，1950年6月再版），頁207。

27 據《臺灣省行政長官公署公報》1947年夏字，頁89，關於「本公署教育處視察洪篤仁」的免職令，1947年4月7日。

28 黎錦熙：《國語運動史綱》（上海市：上海商務印書館，1934年）。

育部國語統一籌備會成立，汪怡、蕭家霖等為委員；一九二三年，教育部國語統一籌備會審議「請組織『國語羅馬字委員會』」案，汪怡為該案連署人之一。國語統一籌備會議決設立國語羅馬字拼音研究委員會，汪怡、周辨明等為委員；一九二八年，國語統一籌備會改為國語統一籌備委員會，汪怡、魏建功等為常委，蕭家霖等為委員。

一九四〇年，國語統一籌備委員會改為國語推行委員會，魏建功、汪怡、何容、王炬、蕭家霖等為常委、專委或委員。

上記魏建功、汪怡、何容、王炬、蕭家霖、周辨明、許壽裳諸人以外，齊鐵恨、王壽康、王玉川、張宣忱、王向辰等人也曾在教育部國語推行委員會及其前身的中國大辭典編纂處、國語羅馬字促進會、《國語小報》社和國語專修科等相關機構任職。

另一是承蔡元培、胡適、錢玄同而來的北京大學的傳統。光復初期在臺灣主持或參與臺灣國語推行委員會工作的「語文學術專家」中，魏建功、何容、方師鐸、龔書熾、馬學良、許壽裳、夏德儀、沈仲章、洪炎秋等人曾經受業或執業於北京大學。這幾位才華橫溢的北大學人使得北大與臺灣、北大與光復初期臺灣的國語運動發生了一種親近的關聯。

舉例言之。

一九四六年一月二十七日，臺灣省國語推行委員會主任委員魏建功於來臺就任途中，在上海寫下〈回憶敬愛的老師錢玄同先生〉。文中稱：

> 我從民國十七年受先生命追隨做國語統一的運動，一直到現在。我們都是研究中國語文的書呆子，對於正音和識字兩件事總想得到賢明的當局勵精實行。先生在日對於注音符號標準的改定，譯音符號拼音方式的討論，簡體字系統的整理，中國大辭典編纂處的計劃，無一不有周密的主張和熱忱的倡導。抗戰

以來，南北阻隔，國語推行委員會到二十九年才繼續工作，距先生逝世已一年有餘。最近臺灣光復，國語推行工作，我們責無旁貸，奉調前往，一切正待請教于先生，偏偏先生下世已有了七年！過滬待機，適逢《國文月刊》為紀念八年來逝世與國文有關的學者，徵文於我，教我寫關于先生的文字，我只好先寫這一篇瑣細的回憶，姑且作為我紀念先生的第一次公開的文字。[29]

魏建功不僅記錄了追隨錢玄同「做國語統一運動」、奉調赴臺繼續「國語推行工作」的歷程，並且還在文中記錄了錢玄同關於「國語元祖劉繼莊先生」和「國語紀元」、關於「統一國語，研究方言，製造音字」及「改古文為白話文」（即「國語的四大涵義」）的看法和說法。魏建功乃秉承了母校的傳統、先師的理念，跨海投身於光復初期臺灣的國語運動。

一九四六年九月，魏建功到北京、上海徵聘國語師資。〈臺灣省教育復員報告〉記：

又於三十五年九月初，在平、滬兩地設立本處駐平、滬徵選教員辦事處，派國語推行委員會主任魏建功、本處編審室主任沈其達分別兼任辦事處正、副主任，負責辦理平、滬兩地教員徵選事宜。[30]

在北京，魏建功將「臺灣省行政長官公署教育處招考國語推行員辦事處」設於母校「北大文學院」。[31]北大同臺灣、同光復初期臺灣的國語

29 引自《魏建功文集》，卷5，頁531。

30 引自福建省檔案館、廈門市檔案館編：《閩臺關係檔案資料》，頁745。

31 引自張博宇編：《臺灣地區國語運動史料》，頁39。

推行運動的親近關聯，由此平添一樁生動的事例。

一九四七年九月一日，《臺灣文化》在〈文化動態〉欄內報告：

> 魏建功為錢玄同入室弟子，平居彼此來往信札極多，魏氏擬將所藏錢氏遺札，付之影印。[32]

魏建功在臺影印的錢玄同遺札，「封面寫『錢玄同先生遺墨』，扉頁寫『先師吳興錢玄同先生手札弟子魏建功敬藏』」[33]。

附帶言之，關於錢玄同遺札之影印件和原件的下落，張中行《負暄瑣話》記：

> 有一次談到錢玄同先生，我說我還保持著他（按：指魏建功）影印的錢先生的遺墨，問他記得否。他說，原件就在抽屜裡，我如果想要，可以送一、兩份。不久前北大舊同學吳君來，已經拿走一些。說著，他拉開抽屜，把錢先生信的黏貼本拿出來，還有十幾份，我挑了一份，是民國二十年（1931）八月二十九日所寫，內容是通知魏先生，北大決定聘請他擔任研究所的職務，月薪二百八十元，時間自八月起云云。[34]

洪炎秋於一九二九年畢業於北京大學教育系。傅振倫《七十年所見所聞》記：

> 北大教育系同學洪標，臺灣省人，其伯父洪棄生著《臺灣戰紀》（初名《瀛海偕亡記》）二卷，《中東戰紀》一卷），抒其國

---

32 據《臺灣文化》第2卷第8期（1947年9月1日出版）。

33 引自張中行：《負暄瑣話》（哈爾濱市：黑龍江人民出版社，1986年），頁67-68。

34 引自張中行：《負暄瑣話》，頁67-68。

家喪地之悲，在北京大學出版部發行，流行不廣。[35]

傅振倫亦是北京大學一九二九年畢業生。這裡所記「洪標」即洪炎秋，「其伯父」應為「其父」。洪炎秋歸返臺灣後，於一九四七年六月出任臺灣省國語推行委員會副主任委員。一九四七年他曾撰寫〈國內名士印象記〉，記取北大師友之種種情形，在《臺灣文化》連載。

三

當光復初期臺灣的國語運動從過渡階段轉入正規階段，起而發揮主導作用的魏建功等「語文學術專家」自然從官方籌劃的力道、民眾自發的熱忱得到了支持。官方和民眾的支持是國語運動順利推展的重要條件。

然而，國語運動的推展有其自身的規律。魏建功等「語文學術專家」順應國語運動推展的規律、而不是順從官方籌劃或民眾自發的傾向，確實發揮了學者的主導作用。例如，一九四六年二月十六日，臺灣省行政長官陳儀在臺灣廣播電臺的廣播講話裡強調：

> 對於國文，我希望我們要剛性的推行，不能稍有柔性。……我們推行國語，必須剛性的，俾可增加效率。[36]

臺灣省行政長官公署教育處關於從一九四六年春季開學之上學期起「各學校一律用國語教學」的決定正是官方的剛性政策之一。魏建功在該決定實施半年以後，又將「各學校一律用國語教學」的剛性時限

35 引自傅振倫：《七十年所見所聞》（上海市：華東師範大學出版社，1997年12月），頁54。

36 陳儀：〈陳長官講演詞〉，載臺灣《新生報》（1946年2月16日）。

柔性地延長了兩年。一九四六年七月三十日，魏建功在《新生報》上撰文指出：

> 我們很佩服本省的各樣年紀的人士，都異常熱心的學習國語，在很短的時間裡就能用來演說和對話。最近暑假開始，有許多學校舉行懇親會或學藝會遊藝會，我們得躬逢其盛，眼看著國語運用的很發達。我們相信不出兩年一定達到學校教育全用國語的理想。[37]

又如，對於社會上熱心傳習國語而不得其法的民眾，魏建功亦提出嚴肅的勸告：「我們在這裡敬告熱心傳播國語的人士，千萬別把臺灣朋友領到迷途裡去！」[38]

轉入正規階段後，光復初期臺灣的國語運動貫徹的學術理念，乃出於對清代初年以來「三百年間國語運動學者所見的要點」[39]或「三百年來前輩所指引的方針」[40]，對「臺灣的今日現實」[41]即「臺灣現行語言的情形」[42]的採認。

魏建功在一九四六年夏季寫作的〈國語運動的綱領〉、〈何以要從臺灣話學習國語〉和〈國語的四大涵義〉，集中闡述了光復初期臺灣國語運動的學術理念。

「劉繼莊是清初學者，撰《新韻譜》，梁任公特別表彰出來的。劉氏一六四八年生，快有三百年了」。[43]劉繼莊即劉獻廷，梁啟超《清

---

37 引自《魏建功文集》，卷4，頁348。
38 引自《魏建功文集》，卷4，頁340。
39 語見《魏建功文集》，卷4，頁323-324。
40 語見《魏建功文集》，卷4，頁327。
41 語見《魏建功文集》，卷4，頁324。
42 語見《魏建功文集》，卷4，頁320。
43 引自《魏建功文集》，卷4，頁323。

代學術概論》有專節評估他的學術成就[44]。劉繼莊生於一六四八年，時當清代初年（清順治五年）。其《新韻譜》在語言學術史上具有劃時代的意義，其生年遂被認定為清代初年以來國語運動的肇始之年。

魏建功指出：

> 這裡我們還要引錢玄同先生的一段話，來證明勞氏（按：指勞乃宣）的意見現在是國語運動史上的主要思想。民國二十二年，後於勞氏此文（按：指勞乃宣〈致中外日報書〉）二十八年，錢先生說：「我以為『國語』一詞，涵義甚廣。決非『本國現行標準語』一義所能包括，最重要的有『統一國語』『研究方言』『製造音字』三義（改古文為白話文亦是一義）。而此三義者，劉繼莊均已見到，故言及國語，當開始於劉繼莊也。……信能行劉氏之教，實現國語之三要義，則必能『利濟天下後世』無疑也」（見〈以公曆一六四「八」歲在「戊」子為國語紀元議〉）[45]。

這就是「三百年間國語運動學者所見的要點」或「三百年來前輩所指引的方針」也。

魏建功以同樣精審的眼力掃描「臺灣現行語言的情形」：

> 一、是臺灣人寫文章，多少有一點受日本語法的影響。
> 二、是臺灣人認國字（漢字），幾乎全是日本文裡所用的漢字觀念。
> 三、是臺灣人學國語，很有日本人語音的影響，也大半用日本人學中國話的方法。

---

44 見梁啟超：《清代學術概論》（上海市：上海古籍出版社，1998年1月），頁24-26。

45 引自《魏建功文集》，卷4，頁323。

四、是臺灣人說臺灣話沒有說日本話方便了。

五、是臺灣人在交際場所往往不知不覺要用日本話，即是日本人所謂「挨拶」的時候都要說日本話。

六、是臺灣人因為臺灣話與日本話沒有關係，因而對於祖國國語的感覺也大有毫無關係似的。

七、是臺灣人因為日本話的標準訓練，養成很自然的信守標準的習慣，對祖國國語沒有絕對標準感到困難。

八、是臺灣人自己嘴裡的臺灣話用詞與國語相同，卻不知道國語用詞是什麼，往往感覺國語詞彙難得知道。

九、是臺灣人不知道尋求一條捷徑，去學國語，即是沒有外省各地自然從原對照現象國語的觀念。[46]

在上述兩個方面「彙總」[47]的基礎上，魏建功「提出臺灣省國語運動綱領」如下：

一、實行臺語復原，從方音比較學習國語。

二、注重國字讀音，由「孔子曰」引渡到「國音」。

三、刷清日語句法，以國音直接讀文達成文章還原。

四、研究詞類對照，充實語文內容建設新生國語。

五、利用注音符號，溝通各族意志融貫中華文化。

六、鼓勵學習心理，增進教學效能。[48]

上記學術理念的核心，又可以用魏建功的話概括為：用「自家學話的

46 引自《魏建功文集》，卷4，頁320-321。

47 語見《魏建功文集》，卷4，頁324。

48 引自《魏建功文集》，卷4，頁318。

方法」，不用「日本人學中國話的方法」。[49]

從學術實踐看，光復初期臺灣的國語運動乃沿著彼此並行的「統一國語」、「研究方言」、「製造音字」和「改古文為白話文」四條跑道推展。

（一）統一國語

1 公布「國音標準」

一九四六年五月三十日，臺灣省國語推行委員會編印《國音標準彙編》。臺灣省行政長官公署為該書發布公告，其文曰：

> 查推行國語必先統一讀物、統一讀物端賴確立標準。我政府自民國元年，召開讀音統一會，議定注音字母以後，對於國語之統一和推行，歷年逐漸實施，如公布注音字母，通令全國各小學一律教習國音國語，改正「注音字母」的名稱為「注音符號」，採用北平地方現代音係為國音標準，編行《國音常用字彙》，刊布《中華新韻》……等各在案，歷時已久，事成故常，正值本省淪陷，尚未通行。現在既經光復，亟宜播布。本署接收之初，即著手組設臺灣省國語推行委員會，負本省推行國語之任務。現據該會送呈所編之《國音標準彙編》前來，經教育處審查，凡關於注音符號的體式及發音方法，國音的音韻及拼法，聲調及韻呼，捲舌韻的分析，常用字的標準讀法……等，都已編錄在內，適合學習及檢查國音之用，在本省國語推行，可藉以收到標準化的效果。嗣後關於一切注音讀物，悉應以此書為準，合亟公告周知！[50]

49 語見《魏建功文集》，卷4，頁320-321。

50 引自張博宇編：《臺灣地區國語運動史料》，頁86。

2 分發「國語留聲片」

〈臺灣省政府工作報告（1947年度）〉之「教育部分」記：

> 商務印書館有此留聲片一種，尚合本省需要，乃定購一二〇套。除依各縣市國民學校數目比例分發各縣市領用外，省立師範學院與各師範學校及中學校師範班亦各分發一套[51]。

商務印書館的「國語留聲片」名為「國語留聲機片課本」，由趙元任一九二一年在美「發音」，商務印書館「灌製」。

3 舉辦國音示範廣播講座

臺灣省國語推行委員會「派員經常於每日早晨六時在臺灣廣播電臺播音，為各地教師及專員國語教育責任者作發音示範，並解釋語音變化並解答疑問」。[52]

（二）研究方言

1 實驗從方言學習國語

臺灣省國語推行委員會「為實驗從方言學習國語，於三十五年十月一日，成立示範國語推行所，派推行員三人，由王委員潔宇任所長，朱委員兆祥任指導員。所址初設於北投，三十六年六月三日，遷設於淡水。三十六年八月，此項工作告一段落，推行所結束」。[53]〈臺灣省政府工作報告（1947年度）〉亦記：

---

51 引自陳鳴鐘、陳興唐主編：《臺灣光復和光復後五年省情》上冊，頁428。

52 引自陳鳴鐘、陳興唐主編：《臺灣光復和光復後五年省情》上冊，頁429。

53 引自張博宇編：《臺灣地區國語運動史料》，頁88。

三十五年十月十日，調本會（按：指臺灣省國語推行委員會）試用視導三人在北投設立示範國語推行所一所，實驗「用比較類推法以方言學習國語」。[54]

2 編印「臺灣國語比較練習用書」

光復初期，臺灣省國語推行委員會編印的「臺灣國語比較練習用書」[55]有：

《臺灣省適用注音符號十八課》（1946）
《民眾國語讀本（加註國音及方音注音符號）》（1946）
《從臺灣話學習國語》（1946）
《怎樣從臺灣話學習國語》（1946）
《國臺字音對照錄》（1947）
《廈語方言符號傳習小冊》（1947）
《臺灣方音符號》（1948）

（三）製造音字

1 推介注音符號

一九四六年七月十六日，臺灣《新生報》之「國語」副刊第九期發表魏建功〈談注音符號教學方法〉。

一九四六年八月六日，臺灣《新生報》之「國語」副刊第十二期發表林本元〈注音符號的由來〉。林本元係臺灣省籍人士，曾在北京就學。

---

54 引自陳鳴鐘、陳興唐主編：《臺灣光復和光復後五年省情》上冊，頁428。

55 語見〈臺灣省政府工作報告（1947度）〉，陳鳴鐘、陳興唐主編：《臺灣光復和光復後五年省情》上冊，頁428。

一九四八年五月一日，臺灣省國語推行委員會在《臺灣文化》第三卷第四期發表〈敬悼本會委員許季茀先生〉，其文並註曰：

> 三十五年前，讀音統一會上，先生們排難解紛折衷至當確立注音字母的製造原則，奠定了國語運動的規矩。(註)
>
> 三十五年間，國語事業若斷若續，這一套注音字母卻越磨越亮，越用越靈，在臺灣文化復原的工作上已顯示出先生們卓見真實不虛！
>
> 我們正期望追隨先生繼續努力，以語文工具改進文化思想，反正人心徹底收復失地，誰料到您先竟碰上這樣不幸的遭遇！
>
> 我們想不到戕害先生的是這樣一個妖魔小偷兒，卻憬悟到他是受了我們要掃除的異族文化的養育，唉！想念先生的功績，哀悼先生的死！
>
> 註：民國二年二月二十五日讀音統一會在北京開會，距先生之死整三十五年，先生為浙江省代表出席，當時為核定音素，採定字母，爭論紛紜，先生與馬浴藻、朱希祖、周樹人（皆章太炎弟子）提議以簡單漢字為注音字母，遂成定案。
>
> 臺灣省國語推行委員會

此一奇特的悼文，實際上也是注音符號（注音字母）的推介廣告。

2 頒布臺灣方音符號方案

一九四六年一月，臺灣省國語推行委員會頒布該會委員朱兆祥設計的《臺灣方音符號》方案。

一九四六年，臺灣省國語推行委員會編印《臺灣適用注音符號十八課》。

一九四六年，臺灣省行政長官公署教育處編印《民眾國語讀本》，該書註有「方音注音符號」。

一九四七年，臺灣省國語推行委員會「在上海定制五號臺灣方音符號銅模一副，刻下業已整理就緒，亦交由《新生報》社鑄字使用」。[56]

一九四八年，臺灣省國語推行委員會《國語日報》之《語文乙刊》，利用臺灣方音符號來比對方言與國語在聲、韻、調的對應關係。

3 設計方言羅馬字方案

一九四八年九月，臺灣省國語推行委員會委員朱兆祥在《臺灣文化》第三卷第七期發表〈廈語方言羅馬字草案〉，該草案被稱為「臺語方羅」草案或「臺語羅馬字草案」

此前，胡莫在《臺灣文化》第三卷第五期〈廈門方言之羅馬字拼法〉一文裡提出《臺灣新白字》方案。

4 使用國語羅馬字

一九四七年，臺灣省國語推行委員會「與臺北市政府合作，為街路牌上加註國音一一○○塊」。[57]

一九四八年九月，臺灣省國語推行委員會朱兆祥謂：

> 咱們中國的國語羅馬字自經專家制定以後，已於民國十七年九月二十六日由大學院（即教育部）正式公布了。臺灣全省路牌

---

56 引自陳鳴鐘、陳興唐主編：《臺灣光復和光復後五年省情》上冊，頁429。

57 引自陳鳴鐘、陳興唐主編：《臺灣光復和光復後五年省情》上冊，頁430。

的羅馬字注音，即是國定的國語羅馬字的拼音。[58]

（四）改古文為白話文

1 編寫文法教科書

魏建功認為：「自從有新文學以來，因為語文教育方法的忽略，早已忘棄了胡適先生所提倡的『文學的國語』和『國語的文學』的意義了」，[59]「臺灣的國語運動是要把『言文一致』的實效表現出來，而使得『新文化運動』的理想也得到最後勝利。國語中間有與臺灣相同的文法，所有編輯教科書的先生是應該注意發揮的」；[60]在「訓練」用白話文寫作的過程裡，「教文法是最好的辦法」。[61]

光復初期，臺灣省國語推行委員會之「語文學術專家」編寫的文法教科書有：

《怎樣學習國語和國文》，許壽裳編，臺灣省立編譯館，一九四六年。

《實用國語文法》，董長志編，何容、齊鐵恨校閱，臺灣省國語推行委員會，一九四八年。

從單項看，光復初期臺灣國語運動在「改古文為白話文」項下似乎除「教文法」外乏善可陳、「尚待建設」[62]；就總體而言，光復初期臺灣國語運動對於臺灣現代文學實現「改古文為白話文」一項乃是功莫大焉。「改古文為白話文」即「反對文言文，提倡白話文」的首倡者胡

58 引自朱兆祥：〈廈語方言羅馬字草案〉，《臺灣文化》第3卷第7期（1948年9月1日）。

59 引自《魏建功文集》，卷4，頁368。

60 引自《魏建功文集》，卷4，頁314。

61 引自《魏建功文集》，卷4，頁367。

62 引自《魏建功文集》，卷4，頁325。

適嘗謂：

> 當我在一九一六年開始策動這項運動時，我想總得有二十五年至三十年的長期鬥爭〔才會有相當結果〕；它成熟的如此之快，倒是我意料之外的。我們只用了四年的時間，要在學校內以白話文代替文言，幾乎完全成功了。

在一九一九年至一九二〇年兩年之間，全國大、小學生刊物共約四百多種，全是用白話文寫的。[63]

在臺灣光復初期、在光復初期的臺灣，由於國語運動的有力配合，「改古文為白話文」才得以在胡適一九一六年曾經預計的「三十年」屆滿之期開始成熟。

四

關於光復初期臺灣國語運動之學術刊物、學術著述及其他學術資訊，茲據聞見所及，報告如下：

（一）學術刊物

光復初期由臺灣省國語推行委員會及其附屬機構主導的學術刊物包括：

> 臺灣《新生報》之「國語」副刊。週刊，每週二出版。一九四六年五月二十一日出第一期，一九四六年十二月二十四日出至第三十二期乃停刊；

---

63 唐德剛譯註：《胡適口述自傳》（上海市：上海華東師大出版社，1993年4月），頁163。

《國語通訊》，不定期刊，臺灣省國語推行委員會印行。一九四六年十二月出第一期、第二期，一九四七年出至第十四期乃停刊；

《國語旬刊》，臺灣省國語推行委員會示範國語推行所編印，一九四六年創刊，出至第七期乃停刊；

《兒童之友》，不定期刊，「出版兩期」後「因經費困難暫停」。[64]

臺灣《中華日報》北部版之「國語」副刊，一九四八年九月一日出第一期。

《國語日報》，一九四八年十月二十五日創刊。

（二）學術著述

據《臺灣省政府工作報告（1947年度）》，臺灣省國語推行委員會「編審」的語文學術著作包括《注音符號》等「國語講習用書」十六種、《國語推行手冊》等「國語參考用書」八種、《臺灣省適用注音符號十八課》等「臺灣國語比較練習用書」三種，《國語標準彙編》等「國語小叢書」二十九種，《國語常用語用例》等「有關國語書籍」十九種。[65]

上記五類凡七十五種。一九四五至一九四六年間、一九四八年間亦各出書多種。照此，光復初期臺灣國語推行委員會所出之語文學術著述應在一百種以上。其中，《注音國語活葉文選》從一九四五年十二月至一九四六年五月，共銷售三五〇〇〇冊，為當時「五種銷路較佳的書刊」[66]之一。

---

64 據〈臺灣省政府工作報告（1947年度）〉，陳鳴鐘、陳興唐主編：《臺灣光復和光復後五年省情》上冊，頁430。

65 見陳鳴鐘、陳興唐主編：《臺灣光復和光復後五年省情》上冊，頁429-430。

66 據〈臺灣書店工作報告〉，陳鳴鐘、陳興唐主編：《臺灣光復和光復後五年省情》上冊，頁388。

魏建功等語文學術專家撰寫的學術論文，數量上亦頗可觀。魏建功在臺灣省國語推行委員會主任委員、專門委員任上共撰寫學術論文二十四篇，其中二十二篇已收入新近出版的《魏建功文集》。

（三）其他學術資訊

1 關於方言羅馬字的論爭

一九四八年六月，胡莫在〈廈門方言之羅馬字拼音法〉一文（載《臺灣文化》第3卷第5期）裡提出「臺灣新白字」（又稱「新拼音法」）方案。

同年九月，朱兆祥發表〈廈語方言羅馬字草案〉（載《臺灣文化》第3期第7期），對「胡式羅馬字」提出批評，指出：

> 方符的制定，必須以注符為根據。方羅的制定，也必須以國羅為依歸。胡先生的方案乃就教會羅馬字加以修正，與國羅失卻聯繫，這已決定了他的方言羅馬字的前途了。理由很簡單，僅有方羅，沒有國羅，或方羅與國羅失卻聯繫，則方言文學最多也只能在那狹隘的圈子裡打轉，絕難達到發展方言文學的理想目的。如果方羅與國羅脈絡相通，則國語文學和方言文學可以互相吸收、充實、輝映。那麼方言文學才有正常發展的前途。也正是因為必須在互相配合之下，咱們方能看到中國口語文學的全貌。

朱兆祥提出的「臺語羅馬字草案」乃秉承了「以國羅為依歸」的原則。

2 關於「臺灣現行語言的情形」

一九四七年九月，味欖（錢歌川）在《臺灣文化》第二卷第八期發表〈臺灣的國語運動〉，指出：

> 你現在隨便打開一張本地報紙來看，奪目的廣告欄中，便有的是「銘謝」、「急告」、「目藥」、「齒科」、「罐頭專門製造元」、「紛失啟示」、「明細」、「仕度」、「食事」一類的日本話，然而在本省人心目中，卻並不感覺它們與本國話有什麼不同。

又報告：

> 我家裡請了一個本省的女僕，她是一個小學畢業生，說得一口很好的日本話，光復以後才從她母親那裡學會了臺灣話，到我家不到兩個月，又學會了極流利的國語。她有天好像有什麼新發現似的自矜地對我說，她也懂得一種外國語，那就是日本話。我認為她這種自覺是很有意義的。每個本省人是非有這種自覺不可的。必得先感覺到日本話是一種外國話，然後才會想到自己的本國話，有學習的必要。

並指出：

> 臺灣的國語運動，如果只是發音的問題那就很簡單，不難短期推行，可惜還有許多語辭和文法，需要他們從新學習呢！國語運動成功之日，也正是臺灣話復活之時。

味欖（錢歌川）此文印證了魏建功等語文學術專家描述的「臺灣現行語言的情形」。

3 關於「臺灣」和「光復初期」在清代初年以來國語運動史上的地位

在清代初年以來的國語運動史上，「臺灣」和「光復初期」乃是相當重要的地點和時段。

茲舉三個例證。

其一，黎錦熙《國語運動史綱》記：

> 清雍正六年（1728）上諭：「朕每引見大小臣工，凡陳奏履歷之時，唯有閩廣兩省之人，仍係鄉音，不可通曉。……應令福建廣東兩省督撫，轉飭所屬府、州、縣有司及教官，遍為傳示，多方訓導，務使語言明白，使人通曉，不得仍前習為鄉音」。故當時督撫遵諭飭屬建此正音書院。[67]

據劉良璧《重修福建臺灣府志》，清代雍正七年（1729）以後，臺灣、鳳山、彰化、諸羅各縣先後建立正音書院。

其二，據魏建功〈國語的四大涵義〉一文的描述，「國語運動開始有各家注意『文字簡易』，創制拼音文字」的事實除了盧贛章制《廈腔一目了然初階》（1892）外，吳稚暉造《豆芽字母》（1895）、蔡錫勇制《傳音快字》（1896）、力捷三制《閩音快字》（1896）、王炳耀制《拼音字譜》（1896）、沈學著《盛世母音》（1896）、康有為編《十六音》（1896）、王照造《官話合聲字母》（1900）、勞乃宣作《簡字》（1905）皆發生於臺灣「被日本占據」的一八九五年以後。

一八九五年以後，國語運動史上同臺灣關聯的事實有：

> 一八九八年，盧贛章「應了日本臺灣總督兒玉氏之聘，辦理總

67 引自黎錦熙：《國語運動史綱》，頁26-27。

督府學務課事三年，故對於切音新字的形式，意見大變」，遂新著《切音字書》。[68]

一八九八年，工部虞衡司郎中林輅存「以字學繁難，請用切音以便學問」呈請都察院代奏。奏摺中提及盧贛章、力捷三、沈學、王炳耀、蔡錫勇「各有簡明字學刊行於世」[69]。林輅存即林景商，臺灣著名詩人林鶴年之第四子，幼隨父居住於臺灣，一八九五年乃離臺內渡。

其三，魏建功抵臺之初曾滿腔熱忱地預言：「從今以後，我們由臺灣喪失而積極開始的國語運動將要在臺灣收復以後又巧巧的從臺灣積極開始完成大功！」[70]

光復初期臺灣國語運動創造了很好的成績和經驗。如，發揮學者（「語文學術專家」）的主導作用、遵照學術規律辦事；「在臺創辦《國語日報》，是為我國第一份在字旁加註音符號的報紙」[71]；「從語到文」的教學方法；「用比較類推法以方言學習國語」；方羅的制定「必須以國羅為依歸」，等。

一九四九年以後，魏建功擔任中國文字改革協會常務理事、中國文字改革研究會委員、新華辭書社社長、北京大學副校長、中國科學院哲學社會學部委員、《漢語拼音方案》委員會委員、普通話審音委員會委員等重要職務，在大陸語文學界繼續發揮主導作用。光復初期臺灣國語運動的學術經驗，亦得相當完美地融合於當代中國的語言文字工作。

二〇〇二年九月十五日凌晨寫就

68 引自黎錦熙：《國語運動史綱》，頁15。

69 引自黎錦熙：《國語運動史綱》，頁12。

70 引自《魏建功文集》，卷4，頁313。

71 夏德儀：《魏建功文集》〈夏序〉，引自《魏建功文集》卷1，頁1。

語言的轉換與文學的進程

——關於臺灣現代文學的一種解說

臺灣現代文學（包括現代時段的臺灣新文學）及其歷史的研究始於臺灣光復初期、亦即臺灣現代文學史的最後階段（1945-1948）。在此一研究領域，臺灣學者王錦江（詩琅）的〈臺灣新文學運動史料〉（1947）[1]乃是最早、亦是最好的論文之一。王錦江此文留意及於臺灣現代作家的寫作用語、留意及於臺灣現代文學在日據時期發生的「一種特別的、用中文和日文表現的現象」。

於今視之，王錦江當年留意的問題似乎很少受到留意，由此而有弊端多多。例如，有臺灣現代文學史論著對臺灣現代作家吳濁流的文言作品完全未予採認，對其日語作品，則一概將譯文當作原作、將譯者的國語（白話）譯文當作作者的國語（白話）作品來解讀。我們可以就此設問和設想，假若臺灣現代文學作品在寫作用語上的採認標準是國語（白話），文言不是國語（白話），文言作品固當不予採認；但日語也不是國語（白話），日語作品為什麼得到採認？假若日語作品的譯者也如吾閩先賢嚴復、林紓一般將原作譯為文言而不是國語（白話），論者又將如何措置？另有語言學研究論文亦將吳濁流作品之譯文當作原作，從一九七一年的國語（白話）譯文裡取證說明作品作年（1948）之語言現象。

本文擬從語言與文學的關係來考量臺灣現代文學的分野、臺灣現代文學史的分期、臺灣現代文學作品的分類，以及臺灣現代作家創、譯用語問題的分析。

1　載臺灣《新生報》1947年7月2日。

一

關於臺灣現代文學和臺灣新文學的「發軔」或「發端」，論者多鎖定於「反對文言文，提倡白話文」，相關著述亦往往以「從文言文到白話文」作為臺灣現代文學史和臺灣新文學史的「第一章」或「第一節」。

這裡有三個問題應當首先澄清和說明。

（一）「臺灣現代文學」不是「臺灣新文學」的同義語

「臺灣現代文學」乃同「臺灣古代文學」、「臺灣近代文學」和「臺灣當代文學」並舉，而「臺灣新文學」則與「臺灣舊文學」對舉。與此相應，臺灣現代文學作品包括了文言作品、國語（白話）作品和日語作品等，而臺灣新文學作品首先就排除了文言作品。

（二）「反對文言文，提倡白話文」的實行與「從文言文到白話文」的實現乃是同一個過程而不是同一回事

「反對文言文，提倡白話文」之議的首倡者胡適曾經記憶道：

> 當我在一九一六年開始策動這項運動時，我想總得有二十五年至三十年的長期鬥爭（才會有相當結果）；它成熟的如此之快，倒是我意料之外的。我們只用了四年時間，要在學校內以白話文代替文言，幾乎完全成功了。在民國九年（1920），北京政府教育部便正式通令全國，於是年秋季始業，所有國民小學中第一、二年級的教材，必須完全用白話文。
>
> 在一九一九年至一九二〇年兩年之間，全國大、小學生刊物共

約四百多種，全是用白話文寫的。[2]

應該毫不含糊地指出，胡適在這裡所記所憶的情形其實並不曾發生於一九一六至一九二〇年間的臺灣。其時，臺灣淪於日本侵略者之手已經二十餘年。日據當局從據臺之初就將「使臺人迅速學習日本語」列入《對臺教育方針》(1895)，開始在臺灣強制推行日語、阻限漢語。臺灣的報刊幾乎都以日語版發行，報刊之「漢文欄」篇幅相當有限。日據當局企圖在臺灣學校和報刊實行的不是「以白話文代替文言」，而是用日語取代漢語。在臺灣，「反對文言文，提倡白話文」的始倡乃在一九二〇年以後，它在臺灣光復以前只是部分地得到部分臺灣現代作家的響應，基於「保持漢文於一線」[3]的理念，部分臺灣現代作家學習和使用文言的活動不曾稍怠，文言一直是臺灣現代作家主要的寫作用語之一；「從文言文到白話文」則在臺灣光復初期（1945-1948）、在胡適一九一六年曾經預計的「三十年」屆滿之期才得「幾乎完全成功」。

(三)「從文言文到白話文」可以表述為「從文言到國語（白話）」

文言即古代漢語書面語；白話即國語（民國初年確定的國家共同語，[4]包括書面語和口頭語），如張我軍一九二五年在臺灣倡言「反對

---

2 唐德剛譯註：《胡適口述自傳》(上海市：上海華東師大出版社，1993年4月)，頁163。

3 葉榮鐘：《日據下臺灣政治社會運動史》下冊（臺中市：晨星出版公司，2000年8月)，頁619。

4 關於「國語」和「共同語」周有光謂：「現代的共同語源出於古代，但不同於古代。……共同語的名稱也經過演變。清末民初稱『國語』(國家共同語)，五十年代稱『普通話』(漢民族共同語)。一九八二年的憲法規定：『國家推廣全國通用的普通話』(全國共同語)。新加坡和海外華人稱『華語』(華人的共同語)。名稱不同，

文言文，提倡白話文」時所稱「我們之所謂白話是指中國的國語」[5]，亦如葉榮鐘一九二九年向臺灣讀者介紹「中國新文學概觀」時所謂「民國九年十年（1920-1921），白話公然叫做國語了」。[6]

那麼，有什麼理由將「從文言文到白話文」，亦即從文言到國語（白話）的轉換作為臺灣現代文學起始的標誌，或者說，作為臺灣現代文學與臺灣近代文學分野的標誌呢？

在我看來，其合理性蓋在於：在臺灣文學史上，包括從文言到國語（白話）在內的語言轉換問題，乃是發生於臺灣現代文學時期的特殊問題、並且始終貫穿於臺灣現代文學的進程；在臺灣現代文學時期，國語（白話）是語言轉換的主要趨向和最終結局。因此，從文言到國語（白話）不僅是臺灣現代文學同臺灣近代文學、也是臺灣現代文學同臺灣當代文學分野的顯要標誌。

首先，從文學總體看，臺灣現代文學的全程乃是「一個文學或語言上的工具去替代另一個工具」[7]、即語言轉換的過程。從語言與文學的關係、從臺灣現代作家的寫作用語來研判，臺灣現代文學史大致可以分為三個階段：

1. 從黃朝琴〈漢文改革論〉和黃呈聰〈論普及白話文的新使命〉在《臺灣》發表、《臺灣民報》創刊的一九二三年起，迄於《臺灣日日新報》、《臺灣新聞》、《臺南新報》和《臺灣新民報》之「漢文版」被迫「廢止」的一九三六年六月為第一階段。在此一階段裡，文言作為傳統的寫作用語，從臺灣古代文學、臺灣近代文學承襲而來，又從臺灣近代文學時期興起的結社聯吟活動的慣性得力，於時間和空間上

實質相同」。語見王均主編：《當代中國的文字改革》（北京市：當代中國出版社，1995年5月），頁2。

5 張光正編：《張我軍全集》（北京市：臺海出版社，2000年），頁56。

6 葉榮鐘：《葉榮鐘早期文集》（臺中市：晨星出版公司，2000年），頁231。

7 唐德剛譯註：《胡適口述自傳》，頁142。

得以延續和普及；另一方面，由於大陸文學革命的影響及於臺灣，也由於黃朝琴、黃呈聰和張我軍一干人等的倡言推展，國語（白話）也成為臺灣現代作家一種時髦的寫作用語。另有部分臺灣現代作家已經養成了用日語寫作的能力，如葉榮鐘《日據下臺灣政治社會運動史》所記：「能夠寫日文的固是濟濟多士」[8]。

2. 從一九三七年七月中國抗日戰爭爆發至一九四五年十月臺灣光復為第二階段。在本階段，日據當局全面取締報刊之漢文版、漢文欄和學校之漢語教學，用國語（白話）寫作的臺灣現代作家基本上失去了發表作品的空間，用文言寫作的臺灣現代作家卻由於日據當局並未取締詩社而有乘隙活動的餘地，文言和日語乃是臺灣現代作家僅有的兩個選項。

3. 臺灣光復初期（1945-1948）為臺灣現代文學的最後階段。在這最後階段裡，隨著國語推行運動的推展，臺灣民眾的國語普及率大幅提升，學校的教材，坊間的書報改用了國語（白話）。用日語寫作的作家幾乎都停止了寫作，文言作品的作者和讀者也一時間失去了熱情，國語（白話）終於取代文言、取代日語成為臺灣現代作家的首選。

總而言之，臺灣現代作家的寫作用語從第一階段的文言加上國語（白話）和日語，到第二階段的文言和日語，再到第三階段的完全採用國語（白話），恰是一個起承轉合的過程，從起到合又恰是一個從文言到國語（白話）的轉換過程。

其次，就作家群體而言，除了洪棄生（1867-1929）、王松（1866-1930）和連橫（1878-1936）等老作家堅持用文言寫作而不移易，使用不同寫作用語的臺灣現代作家在其文學活動中經歷了各不相同的語言的轉換。

8　葉榮鐘：《日據下臺灣政治社會運動史》下冊（臺中市：晨星出版有限公司，2000年8月），頁619。

茲舉例言之。

(一) 從用方言寫作到兼用國語（白話）寫作

臺南南社社友謝星樓（1887-1938）和黃茂笙（1885-1947）終生未放棄用文言寫作。一九二三年七月，謝星樓在《臺灣》發表被譽為「相當優秀的小說」[9]和「現代小說的萌芽」[10]的國語（白話）小說〈犬羊禍〉(同年8月，〈犬羊禍〉又在《臺灣民報》重刊)。黃茂笙的劇作「共有〈誰之錯〉、〈破滅的危機〉、〈暗明夜燈〉、〈復活的玫瑰〉、〈人格問題〉等」，其中〈破滅的危機〉「語言介於文言與白話之間，未完全口語化」。[11]

賴和（1894-1943）、陳虛谷（1891-1965）和楊守愚（1905-1959）均是彰化應社的社友，長於用文言寫作，賴和並且是「在臺灣的舊詩壇嶄然露頭角，成為應社的一員大將」[12]的人物。他們用文言寫作，也用國語（白話）寫作；用國語（白話）寫作新詩，也用國語（白話）寫作小說。

(二) 從用文言起草到用國語（白話）和方言定稿

在臺灣「第一個把白話文的真正價值具體地提示到大眾之前」[13]的賴和，「每寫一篇作品，他總是先用文言文寫好，然後按照文言稿寫成白話文、再改成接近臺灣話的文章」。[14]顯然，賴和「每寫一篇作品」的過程就是一個從文言到國語（白話）的轉換過程。

---

9 葉石濤：《臺灣文學史綱》(新北市：遠景出版社，1987年)，頁33。

10 劉登翰等：《臺灣文學史》上冊（福州市：海峽文藝出版社，1991年)，頁373。

11 吳毓琪：《南社研究》(臺南市：臺南市文化中心，1999年)，頁196-198。

12 葉榮鐘：《臺灣人物群像》(臺中市：晨星出版公司，2000年)，頁286。

13 守愚：〈小說與懶雲〉，收入李南衡主編：《賴和先生全集》(臺北市：明潭出版社，1979年)。

14 王錦江：〈賴懶雲論〉，收入李南衡主編：《賴和先生全集》。

（三）從用文言寫作到兼用日語寫作

吳濁流（1900-1976）早年參加苗栗詩社和大新詩社，一生寫作舊詩上千首。吳濁流頗看重自己的舊詩創作，生前留言以「詩人吳濁流先生葬此佳城」勒其墓碑。[15]一九三六年起，吳濁流用日語寫作〈水月〉、〈泥沼裡的金鯉魚〉和〈亞細亞的孤兒〉等小說名篇。戴國輝指出，吳濁流「雖然吟詠並書寫漢詩，但小說一概都用日文撰寫」。[16]

（四）從用文言寫作到兼用日語和國語（白話）寫作

葉榮鐘（1900-1978）的文學生涯是從用文言寫作舊詩開始的。「葉氏生長於文風鼎盛的鹿港，從小習古詩文，後來到臺中霧峰跟隨林獻堂時加入『櫟社』，與林幼春成忘年交，從十八歲到七十八歲去世時為止，前後六十年詩作不輟」。[17]葉榮鐘的「日文功力系不容被置疑的，……但他的中文造詣不僅不差，甚至有過於北大校友洪炎秋和北師大畢業生張我軍等人」[18]。葉榮鐘在臺灣現代文學時期用文言寫作，也用日語和國語（白話）寫作。

（五）從方言俚語到文言詞語

連橫曾談論「以臺灣語而為小說」的問題。他認為：「臺灣之語，無一語無字，則無一字無來歷」，「其中頗多古義，又有古音、有正音、有變音、有轉音」，他舉出方言俚語中的「灶下八語」來證明

15 鍾肇政：〈鐵血詩人吳濁流〉，轉引自黃重添等：《臺灣新文學概觀》上冊（廈門市：鷺江出版社，1991年），頁50。

16 戴國輝：〈葉榮鐘先生留給我們的淡泊與矜持〉，引自葉榮鐘：《少奇吟草》（臺中市：晨星出版公司，2000年12月），頁29。

17 洪銘水：〈《少奇吟草》跨越世代的見證〉，引自葉榮鐘：《少奇吟草》，頁42-43。

18 戴國輝：〈葉榮鐘先生留給我們的淡泊與矜持〉，引自葉榮鐘：《少奇吟草》，頁29。

「臺灣語」即閩南方言之「高尚典雅」。[19]基於這一判斷，他反對在使用方言俚語時「隨便亂書」即使用同音替代字或生造僻字，要求採用規範的古代漢語對應詞。

顯然，連橫主張的是從方言到文言的轉換。

總而觀之，嘗試用方言寫作的臺灣現代作家鮮有斬獲、亦終未形成群體。對「以臺灣語而為小說」頗為關注的連橫只看中許丙丁的〈小封神〉一篇。但是，在作品裡採用方言俚語在臺灣現代作家中乃是一種創作風氣。部分作家在採用方言俚語時，留意於取其對應的文言詞語。茲以賴和的小說名篇之篇名為證。賴和的〈鬥鬧熱〉（1926）和〈一個同志的批信〉（1935）裡的「鬥」、「鬧熱」和「批」都是方言裡保存下來的古語。鬥，相接謂為鬥，李賀〈梁臺古意〉:「臺前鬥玉作蛟龍」；鬧熱，熱鬧也，白居易〈雪中晏起偶詠所懷兼呈張常侍、韋庶子、皇甫郎中詩〉:「紅塵鬧熱白雪冷」；鬥鬧熱，湊熱鬧也。批，古代指一種上傳下達的公文，在閩南方言裡指各種書信。

（六）從用日語寫作到用國語（白話）寫作

呂赫若（1914-1951）在臺灣光復前用日語寫作，並成為最重要的用日語寫作的臺灣現代作家之一。其日語名作有〈牛車〉、〈暴風雨的故事〉等二十餘種。在臺灣光復初期，呂赫若改用國語（白話）寫作，有〈故鄉的戰事一：改姓名〉（1946）、〈故鄉的戰事二：一個獎〉（1946）、〈月光光——光復以前〉（1946）和〈冬夜〉（1947）等國語（白話）作品發表。

---

19 連橫：《雅言》（臺北市：臺灣銀行經濟研究室，1963年），頁2。

（七）從用方言思考到用日語和國語（白話）寫作

在臺灣光復前用日語寫作的臺灣現代作家，有相當部分運用日語的能力低於其方言的水準。葉榮鐘有與此相關的一番評估，略謂：

> 臺灣人在日本占據的五十一年間，受盡欺凌壓迫，但是在日常生活上最感痛苦的仍然以喪失語言的自由為第一，因為不能自由運用日語（比較臺語而言），未開言就有三分的敗北感，這是筆者身受的感覺，使人永難忘懷。若論筆者年輕時的日語能力，不但自信相當強，跟隨林獻堂先生屢次到東京去訪問日本政要，為他老人家做翻譯，頗受他們的嘉獎，當筆者畢業由東京歸臺時，所擔心的，就是返回故鄉能否用臺語演講一事，以筆者這樣的日語能力，尚且會感覺三分的敗北感，其餘的不是可想而知嗎？[20]

這部分作家在改用國語（白話）寫作的初期，其運用國語（白話）的能力也往往低於方言的水準。因此，他們的寫作過程乃是一個從用方言思考到用日語和國語（白話）寫作的轉換過程，其作品也往往留有用方言思考的痕跡。

以呂赫若的作品為例。林至潔翻譯的、呂赫若的日語小說《財子壽》的中文譯文有「室內打掃的一塵不染，而且擺放了幾張待客用的『猿椅』」之語。[21]「猿椅」其實應譯為「交椅」，是一種有靠背和環行扶手的坐椅，亦稱「太師椅」。在閩南方言裡，「猴」與「交」近音，而猴的日語對應詞是「猿」。呂赫若在其日語作品裡留下了用方

---

20 葉榮鐘：《半壁書齋隨筆》下冊（臺中市：晨星出版公司，2000年12月），頁224。

21 呂赫若著，林至潔譯：《呂赫若小說全集》（臺北市：聯合文學出版社，1995年），頁228。

言思考的痕跡：他生造了「猿椅」一詞來對應閩南方言裡的「交椅」。呂赫若的國語（白話）作品也留有用方言思考的痕跡。如〈冬夜〉有「他是個某某公司的大財子」之語，[22]「財子」應為「財主」，在閩南方言裡，「財主」讀若「財子」，兩者是完全同音的。

當然，也有一些用日語寫作的臺灣現代作家「連思考都全是日文」，[23]他們在臺灣光復初期幾乎完全停止了寫作。例如，張文環「在臺灣光復以前，他是臺灣的中堅作家，做一個文學作家正要步入成熟的境地。就在這當兒，臺灣光復了。……一向用日文寫慣了作品的他，驀然如斷臂將軍，英雄無用武之地，不得不將創作之筆束之高閣，」轉而「認真學習國文」。[24]

(八) 從日語作品到國語（白話）譯文

臺灣光復初期，也有少數用日語寫作的作家一邊學習國語（白話），一邊用日語寫作。其日語作品經他人譯為國語（白話），以此方式間接地實現了從日語到國語（白話）的轉換。

臺灣《新生報》之文藝副刊「橋」，乃是臺灣光復初期重要的文藝園地。該刊編者曾刊登廣告，「歡迎本省作者投稿」，並說明「無論日文與中文均所歡迎」。[25]楊逵的日語作品〈知哥仔伯〉[26]、葉石濤的日語作品〈澎湖島的死刑〉[27]和〈汪昏平・貓・和一個女人〉[28]，就是由潛生譯為國語（白話）並發表於該刊的。

上述種種語言的轉換，其前項都不是國語，其後項的一半以上乃

---

22 呂赫若著，林至潔譯：《呂赫若小說全集》，頁537。

23 鍾肇政：〈創作即翻譯〉，載臺灣《聯合報》1991年8月20日。

24 張光正編：《張我軍全集》，頁366。

25 見臺灣《新生報》1948年8月9日。

26 見臺灣《新生報》1948年7月12日。

27 見臺灣《新生報》1948年7月21日。

28 見臺灣《新生報》1948年8月8日。

是國語（白話）。質言之，國語（白話）乃是臺灣現代文學進程中語言轉換的主要趨向。在臺灣光復初期，完全採用國語（白話）則是語言轉換的最終結局。

二

作為一個歷史時期的遺留，我們今天看到的臺灣現代文學作品略可分為文言作品、國語（白話）作品和日語作品。其中，部分日語作品發表前已經過譯者譯為國語（白話）、已經過一個語言轉換的過程，如楊逵作、潛生譯的〈知哥仔伯〉，葉石濤作、潛生譯的〈澎湖島的死刑〉和〈汪昏平・貓・和一個女人〉；大部分日語作品則在發表後由經過譯者譯為國語（白話）、又經過一個語言轉換的過程。因此，對臺灣現代文學作品還應有原作和譯文之辨；對於譯文又當注意各種譯本之別，如呂赫若作品之施文譯本、鄭清文譯本和林至潔譯本等。

某些臺灣現代文學作品的創作過程其實是一個語言轉換的過程、一個亦創亦譯的過程。如賴和作品的從文言初稿到國語（白話）夾雜方言的定稿，呂赫若作品的從方言腹稿到日語或國語（白話）文稿。與此相應，臺灣現代作家的創作用語其實可以稱為創、譯用語，它涉及文言、國語（白話）、日語和方言。

茲談論臺灣現代作家創、譯用語的若干問題。

（一）臺灣現代文學乃從倡言「反對文言文，提倡白話文」起步、又在日據當局強制阻限漢語的重壓之下艱難地進步。然而，作為古代漢語書面語、作為中國文學傳統的寫作用語，文言在日據時期始終是臺灣作家主要的寫作用語之一。

我在上文已經談到，在臺灣現代文學起步以後、臺灣光復以前，「反對文言文，提倡白話文」只是部分地得到部分臺灣現代作家的響應。我們看到的事實是，部分臺灣現代作家接近和接受了國語（白話），但罕有用文言寫作的臺灣現代作家放鬆或放棄了文言。用文言寫作的臺灣現代作家「提倡作詩，組織詩社以期保持漢文於一線」，[29]他們使用方言、寫作舊詩、結社聯吟，用意乃在「特藉是為讀書識字之楔子」。[30]這是臺灣現代作家主觀方面的原因。從客觀情況看，日據當局政策調整過程中留下的空白也使得用文言寫作的臺灣作家有了乘隙活動的餘地。在日據時期，日據當局的文化政策經歷了一個從籠絡政策到限制政策和扼制政策的調整過程；而臺灣文學則在經歷了短暫的沉寂期（1895-1902）後開始復甦，其標誌是一九○二年臺中櫟社的重振和結社聯吟活動的恢復。作為日本漢文學在臺灣的延伸，侵臺日吏中的漢文學家和漢文學愛好者廣泛地介入結社聯吟的活動，共同傾心於用文言寫作漢詩（中國舊詩）。日本漢文學在臺灣的延伸、日人在臺灣的漢文學活動，最初乃受到日據當局文化籠絡政策的鼓勵，屬於執行文化籠絡政策的行為。當日據當局不再採取文化上的籠絡政策，開始限制並進而扼制中國文學乃至中國文化在臺灣的發展，日本的漢文學卻因感受了中國文學乃至中國文化的魅力而繼續延伸。它在客觀上延長了文化籠絡政策的時效、並使得文化限制政策和文化扼制政策的覆蓋面留有空白，為臺灣作家使用文言、寫作舊詩和結社聯吟活動的公開化和合法化提供了一定程度的保護作用。日據當侷限制並且進而扼制漢語教學和漢文報刊，卻不曾對使用文言、寫作舊詩和結社聯吟的活動實施嚴厲的限令或禁令。據臺灣學者報告，一九○二年臺灣全省共有詩社六家，到臺灣現代文學起步之年的一九二三年增至六十九家，此後，仍然保持逐年增加的慣性，至日據後期的一九四三年竟然攀升至二二六家。[31]這是日人始料不及、亦是我們終於看到的

29 葉榮鐘：《日據下臺灣政治社會運動史》下冊，頁619。

30 臺中櫟社發起人林癡仙語。轉引自林獻堂：《無悶草堂詩存》〈林序〉（臺中市：臺灣省文獻委員會，1960年）。

31 吳毓琪：《南社研究》，頁33-34。

文言成為日據時期臺灣作家（包括臺灣現代作家）主要寫作用語的客觀原因之一。

（二）在臺灣光復以前，用文言寫作的臺灣現代作家有相當部分是透過方言來學習文言，又用方言來誦讀或吟唱文言作品的。

臺灣學者黃美娥報告：

> 考察日據時期本地的詩社活動，尚可發現一有趣之處，由於土地開發關係，本地人口結構包括了閩籍與客籍百姓，因此成立詩社時，也就出現有以閩籍成員為主的詩社，如新竹市區內的「竹社」、「青蓮吟社」、「耕心吟社」……，創立於竹北地區的「來儀吟社」、「御寮吟社」、「鋤社」，以及創立於關西、新埔地區，以客籍成員為主的「陶社」、「大新吟社」、「南瀛吟社」等。由於使用語言不同的關係，吾人可以發現地方境內的各個詩社當其舉行聯吟詩會時，語言對於活動的進行，會發生關鍵性的區隔作用：例如竹北地區的「鋤社」，其舉辦詩會時，往往會與同操閩語的新竹市區文人聯吟，始終未見其與附近的「陶社」或「大新吟社」、「南瀛吟社」舉行區域性的詩社聯吟；而使用客語的「陶社」，則屢與鄰近同屬客語系統的新埔文人或桃園龍潭詩人聚會切磋。[32]

顯然，「操閩語」的作家與「使用客語」的作家都用文言寫作、卻用各自的方言吟唱，由此發生了結社聯吟活動中的方言「區隔」現象。這種方言「區隔」現象，同日據時期臺灣社會方言「區隔」的情況是一致的。當臺灣光復之時，重慶《大公報》記者李純青在臺灣苗栗就曾有「苗栗講客家話，有時要經過兩道翻譯，由國語翻閩南語，再由

32 黃美娥：〈建構中的文學史：新竹地區傳統文學史料的採集、整理與研究〉，臺灣文學史料編纂研討會論文（嘉義縣：中正大學中文系，2000年）。

閩南語翻客家話」[33]的遭遇。

文學上和社會上的方言「區隔」共同反映了國語（白話）低普及率的狀況。以此衡之，臺灣現代文學在臺灣光復初期短短幾年之間迅速實現為「國語的文學」，[34]臺灣光復初期的國語推行運動與有力焉、功莫大焉。

（三）一九二五年十月二十五日，張我軍在《臺灣民報》發表〈中國國語文作法導言〉；[35]翌年，張我軍《中國國語文作法》一書在臺灣出版。二十年後，一九四五年十月二十五日，臺灣光復；翌年，張我軍返回臺灣，並著手編《國文自修講座》。《國文自修講座》一至五卷於一九四七年起陸續在臺灣出版。

《中國國語文作法》乃是「用國文講國文」，而《國文自修講座》則是「借用大多數臺胞能懂的日文做工具」即用日文「講國文」。張我軍說：

> 用文字對現在不懂國文的臺胞講授國文，要用國文做工具。換句話說，要用國文講國文，事實上恐怕是等於不講；假如臺灣方言是能夠用大家都看得懂的文字來表現的話，那麼用它來做工具，可以說是最理想的了。無奈臺灣方言是無法表記的，即使勉強用漢字寫出來，讀起來比國文也許更難懂。所以本講座只好借用大多數臺胞都能懂的日文做工具。但是大約推量起來，讀過六卷之後，淺近的國文也能夠了解了，第七卷以後便可以用國文講解，而實在無法了解的地方才輔之以日文。[36]

33 李純青：〈二十三天的旅行〉，載重慶《大公報》1945年12月6日，引自《望鄉》（臺北市：人間出版社，1993年10月），頁28。

34 胡適語。引自《中國新文學大系·建設理論集》（上海市：良友圖書公司，1935年），頁127。

35 載《臺灣民報》第76號（1925年10月25日）。

36 引自張光正編：《張我軍全集》，頁433。

同編寫《中國國語文作法》時的情形不大相同,《國文自修講座》面對的是「現在不懂國文的臺胞」和「大多數臺胞都能懂」日文的情形,面對的是基本「不懂」國語(白話)和基本「都能懂」日語的讀者。《國文自修講座》因而「只好借用大多數臺胞都能懂的日文做工具」。從張我軍的話語裡,我們感受了苦楚。

從臺灣光復初期國語推行運動的實際情況看,「用國文講國文」、用方言「講國文」也是臺灣民眾曾經採用的講授和學習國語(白話)的方式。臺灣民眾最常用的方式則是借助注音符號、國語羅馬字或方言羅馬字來學習國語。鍾肇政先生自稱在臺灣光復初期透過注音符號和文言讀本學習國語(白話),並宣稱這是不少人「共通的學習經過」;[37]朱兆祥則提及「注符、方符、國羅、方羅」(即注音符號、方言符號、國語羅馬字和方言羅馬字)都是「國語指導員」;[38]胡莫和朱兆祥在臺灣光復初期還分別提出《新拼音法(臺灣新白字)》[39]和「廈語方言羅馬字」之「新草案」,[40]以濟「臺灣方言是無法表記的」之窮。「由方言到國語,由方符到國文,這是國定的左方右國——或左義右音的政策。臺灣省的國語運動正是朝著這個路走的」。[41]

據我聞見所及,臺灣光復初期出版的國語自學輔導讀物,先於張我軍《國文自修講座》的有林忠(臺灣廣播電臺臺長)的《國語廣播教本》(1945)和許壽裳(臺灣省編譯館館長)的《怎樣學習國語和國文》(1946)。

(四)從總體上看,臺灣現代文學作品採用了大量的臺灣方言俚語。某些作家甚至抱持了用方言來寫作小說的態度,某些日語作品在

37 鍾肇政:〈創作即翻譯〉,載臺灣《聯合報》1991年8月20日。

38 朱兆祥:〈廈語方言羅馬字草案〉,載《臺灣文化》第3卷第7號(1948年9月1日)。

39 胡莫:〈廈門方言之羅馬字拼音法〉,載《臺灣文化》第3卷第5號(1948年6月1日)。

40 見《臺灣文化》第3卷第7號,頁13-18。

41 朱兆祥:〈廈語方言羅馬字草案〉。

譯成國語（白話）後，亦是方言俚語迭出。一部《光復前臺灣文學全集》[42]（1920-1945），簡直是一部「臺灣方言語彙」。

例如，廢人（鄭明）的國語（白話）小說〈三更半暝〉[43]篇制短小，採用方言俚語竟達七十餘處：半暝（半夜）、傢伙（家當）、睏（睡覺）、落車（下車）、土粉（灰塵）、生成（天生）、頭面（臉面）、大腸告小腸（喻飢腸轆轆）、安尕（如此這般）、滾水（開水）、無工（沒時間）、緊睏（快睡）、銀角子（錢）、早起（早上）、落眠（入睡）、有影（真的）、後壁（後邊）、淡哺（一點點）、下哺（下午）、淡薄（一點點）、隨時（馬上）、啥貨（什麼）、恁（你）、人客（客人）、干鄙噪（咒罵）、人氣（人緣）、生理（生意）、菜店（酒店）、走桌（跑堂）、舍（對世家子弟一類人物的稱謂）、落崎（下坡）、飼妻子（養家小）、趁（賺）、滾笑（開玩笑）、晏（晚）、住暝（過夜）、知影（知道）、墘（邊沿）、仙（先生）、攏（都）、終世人（一生、一直）、時行（行情好）、頭家（老闆）、無偌遠（不多遠）、暢話（笑話）、敢（恐怕）、二點外鐘（二時許）、娶（領）、拼（清理）、步輦（步行）等。

又如，翁鬧的日語小說《戇伯仔》由鍾肇政譯為國語（白話），[44]譯文裡也有唐山（大陸）、翹（死去）、仙（先生）、銀（錢）、牽手（結婚）、轉來（回來）、蕃薯（地瓜）、查某（女人）、埕子（平地）、紅毛蕃（外國人）、空（閒）、店仔（小店）、街路（街道）、陣（行進的隊伍）、大日頭（炎日）等方言俚語。

由於臺灣現代國語（白話）小說和日語小說之國語（白話）譯文

---

42 鍾肇政、葉石濤主編：《光復前臺灣文學全集》（新北市：遠景出版社，1979年）。

43 原載《臺灣新文學》第1卷第10號（1936年12月）；收入鍾肇政、葉石濤主編：《光復前臺灣文學全集》，卷6。

44 原載《臺灣文藝》第2卷第7號（1935年7月），譯文收入鍾肇政、葉石濤主編：《光復前臺灣文學全集》，卷6。引自鍾肇政、葉石濤主編：《光復前臺灣文學全集》，卷6。

往往夾雜方言和日語，《光復前文學全集》的編者特地採用了文後附註之法：「內容有日語或閩南方言之處，為求不干擾原文，一律附註於後，我們希望附註部分並非是原文的附屬而已，而能自成獨立單元，讓讀者在查閱之餘，能進一步伸入其中，去了解臺灣的歷史文化和風俗習慣。是以，諸如『二林事件』、『臺灣文化協會』、『公益會』、『尾衙』、『開正』、『演武亭鳥仔』、『舉柴仔撞目睛的』、……皆盡可能予以評註」。[45]

我曾在〈臺灣文學：民俗、方言的介入〉[46]一文裡指出：

> 民俗和方言本來就有一層如影相隨的密切關係。民俗學家顧頡剛曾經說：「以風俗解釋方言，即以方言表現風俗，這是民俗學中新創的風格，我深信其必有偉大的發展」。顧頡剛肯定的是人類文化語言學（ethnolinguistics）的研究方向，也是民俗和方言之間的密切關係。臺灣民俗和臺灣方言共同介入臺灣文學，主要是由這層關係約定的。

日據時期，在日據當局文化政策的重壓之下，堅守傳統的民俗習慣和語言習慣成為臺灣人民抵制日據當局文化政策的主要鬥爭方式，成為臺灣人民最為看重的生活方式。傳統的民俗習慣和和語言習慣，臺灣民俗和臺灣方言，自然也為臺灣作家所看重。對於臺灣現代文學作品採用方言俚語的現象，這應該是一種合理的解釋。

那麼，為什麼在臺灣現代文學的進程中，方言作品始終未能自成一類、自成一種氣候呢？

舉例言之。在《光復前臺灣文學全集》裡，柳塘（楊朝枝）的小

45 引自鍾肇政、葉石濤主編：《光復前臺灣文學全集》，卷1，頁5。

46 收入拙著：《臺灣社會與文化》（福州市：海峽文藝出版社，1994年9月）。

說〈有一天〉[47]裡有「誰叫你來的，是你的阿母嗎」和「不是，是我的阿媽叫我來的」之問答。在閩南方言裡，「阿母」指母親，「阿媽」卻是對祖母的稱謂。作者或編者不就此註釋，閩南方言區以外的讀者將困惑不解：媽媽（阿媽）不是母親（阿母），這算什麼回事？廢人（鄭明）的小說〈三更半暝〉裡有「娶查某出局」之語，意即帶妓女出場。在閩南方言裡，「娶」另有「帶領」之意。如果作者或編者於此處不予附註，所有的讀者都會產生歧義，以為書中人物娶了妓女為妻為妾。所謂「方言作品」當然是通篇方言，給通篇方言加註，註文當然多於本文。讀此註文多於本文的作品，對此「櫝多於珠」的情形，讀者往往不堪卒讀。看來，張我軍所謂「臺灣方言是無法表記的」和連橫所謂「以臺灣語而為小說，臺灣人諒亦能知，但恐行之不遠耳」[48]，乃是嘗試用方言寫作的臺灣現代作家鮮有斬獲，方言作品未能自成一類、自成一種氣候的原因。

二○○二年六月九日凌晨

47 收入《光復前臺灣文學全集》，卷5。

48 連橫：《雅言》，頁20-21。

文學的周邊文化關係

——談臺灣文學史研究的幾個問題

癸未之秋、開學伊始，我同研究生張寧、游小波、李詮林諸君商定，他們各以「臺灣古代文學史」、「臺灣近代文學史」和「臺灣現代文學史」作為博士學位論文的選題，我則擔負指導之責。

本人初涉臺灣文學史的研究始於一九八七年十一月，迄今已整整十六個年頭。於此艱難的學術路途之中，自有心得種種、亦有失慮多多。

吾願以治學之得失，報告於同道諸君。

一

文體與文學，關係甚為密切。某種文體的盛行，甚至造就了某一時代文學的風貌。王國維先生嘗謂：

> 凡一代有一代之文學：楚之騷，漢之賦，六代之駢語，唐之詩、宋之詞，元之曲，皆所謂一代之文學，而後世莫能繼焉者也。[1]

誠哉斯言也。

然而，隨著文學的發展、時代的推演，某些文體漸被置於文學的

1 王國維：《宋元戲曲史》〈自序〉（北京市：東方出版社，1996年3月），頁1。

邊緣、漸被視為文學的邊緣文體。

在我看來，我們收集臺灣文學史料的注意力應當及於臺灣作家的聯語、詩鐘、制義、駢文、歌辭等各類邊緣文體的作品。

請試言之。

（一）聯語

聯語也稱楹聯、楹帖、對聯和對子等。

陳寅恪先生曾舉出以「對對子」為清華大學入學試題的理由，略謂：

> （甲）對子可以測驗應試者能否知分別虛實字及其應用，此理易解，不待多言；（乙）對子可以測驗應試者能否分別平仄聲，此節最關重要。聲調高下，與語言變遷文法之關係，學者早有定論。中國之韻文無論矣，即美術性之散文，亦必有適當性之聲調。若讀者不能分平仄，則不能完全欣賞與了解，竟與不讀相去無幾，遑論仿作與轉譯？又中國古文句讀，多依聲調而決定，若讀者不通平仄聲調，則不知其文句起迄，故讀古書，往往誤解。（丙）對子可以測驗讀書之多少，及語藏之貧富。若出一對子，中有專名或成語，而對者能以專名或成語對之，則此人讀書之多少，及語藏之貧富，可以測知。（丁）對子可以測驗思想條理。凡上等之對子，必是正、反、合之三階段。凡能對上等對子者，其人之思想，必貫通而有條理，故可藉之而選拔高材之士。[2]

陳寅恪先生談論的其實也是聯語一體的優越性。

---

2 陳寅恪：〈與劉叔雅論國文試題書〉，轉引自劉麟生：《中國駢文史》（北京市：東方出版社，1996年3月），頁137-138。

「聯語為吾人每日接觸眼簾之物」[3]，其應用範圍相當寬泛，視之為應用文體或文學的邊緣文體當無不可。但是，同文學的關係相當緊密的「上等之對子」在文學史當有一席之地。

有鑒於此，我曾作〈臺灣近代楹聯小札〉和〈臺灣諺聯〉，分別收於拙著《臺灣近代文學叢稿》（1990）和《臺灣社會與文化》（1994）；又曾在寫作《臺灣文學史》（1991）之「近代文學編」時，立專節論述「筆記文學與楹聯藝術」。

臺灣聯語作品和聯語作手於今仍是收羅不全、論列未周，同道諸君在此一方面正可下一番竭澤而漁的功夫，相信將有豐碩的收穫。

（二）詩鐘

詩鐘又名詩畸、折枝和擊缽吟。

詩鐘的創作活動基本上屬於文字遊戲。然而，詩鐘一體傳入臺灣後卻在臺灣文學史上一再發生重要的影響。

我在《臺灣文學史》之「近代文學編」指出：

> 詩鐘（的創作活動）乃是一種具有競技性質的集體活動，有關於時、體、題、韻的嚴格規定和「拈題」、「宣唱聯句」之類具有遊戲趣味的項目。因此，詩鐘在臺灣的傳播促成了臺灣詩人結社聯吟的風氣和雕詞琢句的遊戲之風，使建省初期（1885-1894）的臺灣詩壇呈現出繁榮（及其）背後的虛弱：廣泛而頻繁的文學活動和狹窄而瑣碎的作品題材，相與切磋詩藝與追求形式主義，佳作名篇迭出與無聊之作紛呈。[4]

3　劉麟生：《中國駢文史》，頁122。

4　劉登翰等主編：《臺灣文學史》（福州市：海峽文藝出版社，1991年），頁246-247。引文括號內文字為引用時所加。

又在拙著《中國文化與閩臺社會》（1997）指出：

> 「擊缽吟」一體（包括擊缽聯吟活動中的詩鐘、七絕和七律）的創作是一種具有競技性和趣味性的集體創作，臺中櫟社「以擊缽吟號召，遂令此風靡於全島」則是一種不得已而為之的明智選擇。「擊缽吟」的遊戲形式在集結臺灣詩人、迷惑日據當局方面確有相當的優越性，日據前期臺灣文學詩社林立、詩人輩出、活動頻繁的現象正是在「擊缽吟」的旗幟和幌子下發生的。應該更進一步指出的是：「誰謂遊戲之中無石破天驚之語耶？」臺灣詩人的「擊缽吟」創作也不乏抗日愛國的名句名篇。[5]

近年，我對詩鐘一體同臺灣文學的關係又有新的認識。我注意到，在日據後期，日據當局限制並且進而扼制漢語教學和漢文報刊，卻不曾對使用文言、寫作舊詩和結社聯吟的活動實施嚴厲的限令或禁令。據臺灣學者報告，一九〇二年臺灣全省共有詩社六家，到臺灣現代文學起步之年的一九二三年增至六十九家，此後仍然保持逐年增加的慣性，至日據後期的一九四三年竟然攀升至二二六家[6]，詩鐘（擊缽吟）在日據初期引發的「詩社林立、詩人輩出、活動頻繁」的狀況一直延續到日據後期，詩鐘（擊缽吟）同臺灣文學史的關係也從臺灣近代文學時期維持至於臺灣現代文學時期。

（三）制義

制義又稱制藝、時文、四書文、八比文和八股文，制義寫作是明清科舉制度規定的考試項目。

5　汪毅夫：《中國文化與閩臺社會》（福州市：海峽文藝出版社，1997年4月），頁85。

6　吳毓琪：《南社研究》（臺南市：臺南市文化中心，1999年），頁33-34。

「士既無不出身於科舉，即無不能為制藝。」[7]清代「出身於科舉」的臺灣作家留存的制義作品相當多，並有臺灣作家的制義作品達到全國一流的水平。

盧前（冀野）《八股文小史》[8]據清人梁章鉅《制藝叢話題名》列臺灣教諭鄭兼才為清代嘉慶朝之「制義巨手」之一。

鄭兼才（1758-1822），字文化，號六亭，福建德化人，嘉慶三年（1793）舉鄉試第一。曾兩度擔任臺灣縣學教諭並終老焉。

又，洪棄生《寄鶴齋詩話》謂：

> 同邑有張汝南，名光岳，號璞齋，制藝巨手，衡文者至以方百川為比，而不工詩。[9]

張光岳（1859-1892），字汝南，號璞齋，臺灣彰化人。方百川即方舟，安徽桐城人。方舟、方苞兄弟同出於制藝大家韓慕廬門，「為一代之巨手。」[10]張光岳的制義作品堪「以方百川為比」，自有相當水準。

清代臺灣書院訓練制義寫作的情形，在臺灣作家筆下留有很多記錄。如汪春源《窺園留草》〈汪序〉記「制義試帖」為海東書院的課程，施士洁詩有「我年十八九，沾沾制義不釋手」[11]句。

制義一體有種種嚴格的規定。嚴格規定之下的訓練，實際上就是強化訓練。由此視之，制義同文學是有關聯的，於臺灣文學史著論其作家作品、優劣利弊當無不可。

我在寫作《臺灣文學史》之「近代文學編」時，已發現並抄錄臺

---

7 盧前：《八股文小史》，引自劉麟生：《中國駢文史》，頁162。

8 書成於一九三三年十月，為作者在暨南大學的講稿之一，一九三七年五月由商務印書館出版。

9 洪棄生：《寄鶴齋詩話》，《臺灣文獻叢刊》本（新北市：大通書局，1987年）。

10 盧前：《八股文小史》，引自劉麟生：《中國駢文史》，頁202。

11 施士洁：〈艋川除夕遣懷〉，引自《後蘇龕合集》，《臺灣文獻叢刊》本。

灣近代作家的制義作品十餘種。當時憂慮於「八股文」之名易招致批評，竟然不著一字、不置一詞。於今思之，頗感遺憾。

（四）駢文

駢文源於漢魏，成於六朝。篇章以雙句（儷句，偶句）為主，講究對仗、聲調和韻律（或有不用韻者）。唐代以後多以四字、六字定句，也稱「四六文」。

我初涉臺灣文學史研究以後，首次發現的臺灣作家的佚文就是駢文：施士洁和羅秀蕙分別撰寫的兩篇〈祭江杏邨先生文〉。

讀此二文，賞其字句之美、聲情之茂及其憂國憂民、崇尚正義的思想內容，誰謂駢文無石破天驚之作！

「駢文在吾國文學史中，自有其光榮的史頁」。[12]「六朝之駢語」曾領一代之風騷，駢文作品之佳者自當入史。

（五）歌辭

收集臺灣文學史料，宜留意收集歌辭。

歌辭略分兩類。

一為抒情類。如，王新民教授〈清初臺灣番族原始文學資料〉[13]從清代文獻輯錄的民歌〈麻豆思春歌〉等屬於抒情類的歌辭。〈麻豆思春歌〉是清人以直音法注音、意譯法釋義而記錄下來的，其辭曰：

> 唉加安呂燕（夜間難寐），音那烏無力圭肢腰（從前遇著美女子），礁圭劳音毛番（心中歡喜難說）。

另一類為敘事類。

---

12 劉麟生：《中國駢文史》，頁8。

13 載福建國立海疆學校《海疆學報》第1卷第2期（1947年4月15日）。

連橫《雅言》記臺灣有「採拾臺灣故事，編為歌辭者，如〈戴萬生〉、〈陳守娘〉及〈民主國〉」。

福州大學施舟人、袁冰凌教授伉儷創辦的西觀藏書樓有這方面的收藏。

二

梁啟超先生嘗謂：

> 做文學史，要對於文學很有趣味很能鑑別的人方可以做。他們對於歷代文學流派，一望過去即可知屬某時代，並知屬某派。比如講宋代詩，哪首是西崑派，哪首是江西派，文學不深的人只能剿襲舊說，有文學素養的人一看可以知道。[14]

細思梁任公之言，我覺得若將「有文學素養的人」改為「有國學素養的人」便好。因為我們所見的事實是：「有國學素養的人」來「做文學史」，如王國維做《宋元戲曲史》、胡適做《白話文學史》、魯迅做《中國小說史略》、羅根澤做《樂府文學史》、鄭振鐸做《中國俗文學史》、阿英做《明清小說史》，一出手便是經典之作；而「有文學素養的人」若不曾接受史學訓練，於文學外部的制度知之不多、知之不詳，當他們從事文學史著的寫作，可能在「外部制度與文學史實的論述」一節上有所缺失。

我在〈清代福州對臺文化交流的若干情況〉一文指出：

> 臺灣民間曾有「無福不成衙」之諺流傳。臺灣學者吳瀛濤在

14 梁啟超：《中國歷史研究法》（北京市：東方出版社，1996年3月），頁337。

> 《臺灣諺語》（臺北市：臺灣英文出版社，1979年）一書裡解釋說：「清代，臺灣的官吏多數是福州人，此因福州是福建省的省垣，而當時閩、臺管轄未分離，所有臺灣的州、廳、縣官，大部分是由福建總督、巡撫，從省內揀選，自然上至撫臺衙門的幕僚、下至縣丞衙門的雜員都充斥了福州人」。這裡有一個誤解。清代迴避制度規定：「督撫以下，雜職以上，均各迴避本省」，即非本省，五百里內亦不得為官。但是，教職和武職稍可放寬。「無福不成衙」反映的歷史真相是：清代臺灣各地、各級、各種衙門裡幾乎都有福州人士擔任教職或者幕友。幕友不等同於吳瀛濤所謂「衙門的幕僚」（有官職的佐助人員），是衙門內沒有官職的佐助人員（俗稱「師爺」），他們通常是由衙門長官私人聘請，分管衙門內之刑名、錢谷、文案一類事務[15]。

這裡涉及的幕府制度、職官制度、教育制度和迴避制度，以及這裡不曾涉及的科舉制度等都是文學的外部制度。

文學的外部制度同文學的關係，乃是中文（國文）院（所）出身的學者如我輩宜多加註意的關節。

十年前，我曾就「臺灣幕府與臺灣文學」之課題，選擇唐景崧在臺灣兵備道（任所在臺南）、臺灣布政使和臺灣巡撫（任所在臺北）任上先後辟置的幕府做個案研究。研究結果表明：

> 在近代臺灣，幕府在錄用人才方面以不拘一格、自由流動等優越性為號召，吸引、集結了一批無意、失意或者仍然著意於科舉、仕官之途的文學人才，養成、助長了文學上議政干政、結

15 汪毅夫：《中國文化與閩臺社會》，頁17。

> 社聯吟的風氣，推出了一批優秀的文學作品，對臺灣文學影響至深、增色不少。[16]

我在研究報告裡也提及另一個案：臺灣知府仝卜年辟置的幕府，謂：

> 當然，並非所有的幕府都如唐景崧幕一般熱鬧。如道光末年臺灣知府仝卜年幕中就很是清靜。幕友張新之說：在幕中「日不過出數言，眠食靜息」。他因此有了潛心學術的時間和心境，在仝卜年幕中完成了鉅著《妙復軒評點石頭記》，是書為《紅樓夢》的重要評本之一。[17]

這一情形並不相同的個案反映的也是幕府制度與文學的關係。

在「臺灣幕府與臺灣文學」的課題之下，宜深入進行個案研究和綜合研究，相關的文學史實亦當在臺灣史著裡論述及之。

十餘年來，我於「臺灣的科舉和臺灣的文學」亦頗留心。早年有〈臺灣的科舉和臺灣的文學〉、〈清代臺灣教育科舉若干史實考〉等文，近年則有〈文化：閩江流域與臺灣地區〉、〈清代福州對臺文化交流的若干情況〉、〈地域歷史人群研究：臺灣進士〉之作。

作為文學外部的制度，科舉制度對臺灣文學曾發生多方面的影響。此一方面有頗多問題尚待深入研究。

例如，科舉制度引發的閩、臺兩地文人流動的狀況裡就有「冒籍」問題須得細細考辨。

陳泗東先生曾經指出：

---

16 汪毅夫：《臺灣社會與文化》，頁224。

17 汪毅夫：《臺灣社會與文化》，頁222。

> 臺灣於光緒十一年（1885）才從福建分出，自成一省。清朝一向對臺灣士子有特殊照顧的規定，鄉會試都保留一定的名額。臺灣當時文化較低，據乾隆廿九年巡臺御史奏：「臺灣四縣應試，多福興泉漳四府之人。稍通文墨，不得志於本籍，則指同姓在臺居住者，認為子侄，公然赴考。」……其中晉江人王克捷以諸羅縣（現嘉義縣）秀才中乾隆十八年癸酉（1753）科舉人，更中乾隆廿二年丁丑（1757）科進士，就是典型之例。直至清末閩臺分省前後，依然出現此類事。如泉州土門外下圍村人葉題雁，字映都，號梅珊，就以臺灣籍中庚辰（1880）進士，官郎中、御史。其冒籍情況不明。又如泉州城內新坊腳人李清琦以臺灣彰化籍中光緒二十年甲午（1894）科進士、點翰林。李是明代進步思想家李贄的族裔，關於他的臺籍詳情，我曾詢問他的後代，據說李清琦有一個叔父到臺灣彰化當塾師，李隨他至臺讀書，就彰化籍進秀才，以後他仍然回泉州居住，後代無人留臺。[18]

清代官方對士子冒籍赴考的行為有認定的標準和處罰的措施。王連茂、葉恩典先生〈張士箱家族及其家族文件概述〉記：

> （張士箱）於康熙四十一年（1702）二十九歲時即參與張家重修族譜的工作，說明其學問已在宗族中嶄露頭角。我們雖然不清楚他二十九歲前的經歷，但從他是年「冒籍」入永春學的舉動，已能明了他渴求功名的心態。可惜此舉被發現而除名，這對他的傷害肯定不小。其時，臺灣科舉初興，獲取功名的機會較多，於是閩南一帶不少久困科闈的年輕學子，紛紛轉向臺灣

---

18 陳泗東：《幸園筆耕錄》，下卷（廈門市：鷺江出版社，2003年1月），頁480-481。

> 進學。張士箱也抓住這一契機，於同年毅然東渡，並從此開始了他的人生旅程。
>
> 張士箱抵臺後，初住府城鎮北坊，寄籍鳳山。次年入鳳山縣學，而撥入臺灣府學成為生員，之後補增生、廩生[19]。

張士箱初以永春籍進學，又以鳳山籍進學。一遭除名，一獲認可，其原因乃在冒籍與改籍之別。質言之，改籍不同於冒籍。

據我聞見所及，王克捷、李清琦二人曾分別「隨父居於諸羅」(《臺南縣志》卷八〈人物志〉)和隨叔父「至臺讀書」，李清琦又有「癸巳服闋來臺，取咨文赴禮部試」[20]的記錄，他們改籍為臺灣人，事當無疑；葉題雁於一九〇四年因母喪從北京返回祖籍地泉州居住，一九〇五年病逝，他早年改籍的情況尚待查證。

澄清王克捷、葉題雁、李清琦「冒籍赴考」的問題，事關此三人是否為臺灣進士、是否應該入於臺灣文學史，事關臺灣文學史實的論述。

在「臺灣的職官和臺灣的文學」方面，我曾誤「臺灣府學訓導」為「臺灣府學教諭」、誤以「兵備道」為武職，記臺灣「提督學政」一職的輪流兼理亦曾有誤；也曾有相對準確的論述。如：

> 光緒三年丁丑（1877），丘逢甲自彰化赴臺灣府城（臺南）應院試（童子試的第三級考試）。主是年院試者為福建巡撫丁日昌。丁日昌詢知逢甲姓名、生年，乃撫其頂曰：「甲年逢甲子。」逢甲對曰：「丁歲遇丁公。」丁日昌大喜，笑曰：「無待

---

19 王連茂、葉恩典：《泉州、臺灣張士箱家族文件彙編》（福州市：福建人民出版社，1999年9月），頁2-3。

20 汪毅夫：《臺灣近代詩人在福建》（臺北市：幼獅文化事業公司，1998年4月），頁69。

閱卷，亦知若可為生員也。」及榜出，果以案首入泮。

丘逢甲生於清同治三年甲子（1864）。「甲子」既是干支歷年之首，又是對逢甲的稱謂。以「甲子」入於聯中，則「甲年逢甲子」至少涵有二義：甲年（甲子、甲戌、甲申、甲午、甲辰、甲寅）周而復始適逢甲子之年；甲年（甲子之年）恰逢甲子（謂丘逢甲）誕生。逢甲所對「丁歲遇丁公」就更加巧妙了。「丁歲」乃丁丑歲的簡稱，「丁公」是對丁日昌的尊稱。「丁歲遇丁公」除了「在丁丑歲得遇丁公」之意，還兼有知遇感恩的用意，字字恰到好處，無怪乎丁日昌聞言大喜了。

主持院試本是各省「提督學政」的職責。從一六八四年到一八九五年，臺灣的「提督學政」，先後由分巡臺廈兵備道（1684-1721）、分巡臺廈道（1721-1727）、巡臺御史（1727-1751）、分巡臺灣兵備道（1752-1874）、福建巡撫（1875-1877）、分巡臺灣兵備道（1878-1888）、臺灣巡撫（1888年10月-1895）兼理。光緒丁丑之歲（1872）正是福建巡撫主持臺灣學政的年頭，丘逢甲這才有了「丁歲遇丁公」的機會。[21]

此一文學史實的論述涉及的外部制度包括科舉制度和職官制度。

三

梁啟超先生《中國歷史研究法補編》有言：

文物專史的時代不能隨政治史的時代以劃分時代。固然，政治影響全部社會最大，無論何種文物受政治的影響都很大；不過

21 汪毅夫：《閩臺歷史社會與民俗文化》（廈門市：鷺江出版社，2000年8月），頁191-192。

中國從前的政治史，以朝代分，已很不合理論，尤其是文物專史更不能以朝代為分野。[22]

我在寫作《臺灣文學史》之「近代文學編」時，曾認真考慮過文學圈外的事件尤其是政治事件同文學史分期的問題，並且寫道：

一八五一年咸豐皇帝即位一事同臺灣文學的發展似乎沒有關係。然而從臺灣文學的實際情況看，《瀛洲校士錄》（徐宗幹編）、《嘯雲叢談》（林樹梅）等書刊行於一八五一年；《觀海集》（劉家謀）、《陶村詩稿》（陳肇興）、《北郭園詩鈔》（鄭用錫）、《潛園琴餘草》（林占梅）等書所收主要是一八五一年以後的作品；鄭用錫和林占梅在北郭園、潛園組織的新竹縣作家的集體活動始於一八五一年；《海音詩》（劉家謀）成於一八五一年次年；查小白來臺時在一八五一年等，表明了咸豐元年（1851）乃是臺灣近代文學一個發展階段的起點。[23]

又寫道：

臺灣在建省（1885）以後、中日甲午戰爭（1894）發生以前的八年間，在兵備、拓殖、文治等方面均有較大發展。這一期間臺灣文學也出現空前的繁榮。詩社紛起；開始有初具雛形的文學流派和具有全國水平和全國影響的詩人出現；遊宦詩人的創作活躍。甲午（1894）、乙未（1895）年間，臺灣詩人又以感人的愛國詩作為臺灣近代文學增添了光輝的一頁。[24]

---

22 梁啟超：《中國歷史研究法》，頁340。
23 劉登翰等主編：《臺灣文學史》，上卷，頁214。
24 劉登翰等主編：《臺灣文學史》，上卷，頁243。

一九九三年十月，我在〈《臺灣詩史》辯誤舉隅〉一文指出：

> 以帝王年號的更替來劃分清代臺灣詩的發展階段，無法體現文學史分期的意義。我們知道，政治史和文學史的進程，不是平行推進、互不交叉，也不是亦步亦趨、合而為一的。某些政治變動確實在文學史上劃下很深的痕跡，如鴉片戰爭劃出了整整一個近代文學的時期；某些政治變動則同文學的發展無甚干係，比如，我們從《臺灣詩史》裡根本看不出清代某個帝王的即位對於清代臺灣詩究竟發生了什麼影響。《臺灣詩史》按照政治變動來劃分清代臺灣詩的階段，卻忽略了對清代臺灣詩產生了深刻影響的政治變動（如鴉片戰爭、臺灣建省）、忽略了臺灣詩自身發展的軌跡（如詩鐘、楹聯、竹枝詞等文體的創作風氣對於臺灣詩創作的影響，擊壤派、同光體派等詩派在臺灣的流風）[25]。

從臺灣文學的實際情況出發，我不贊同將「五四」運動發生的一九一九年作為臺灣近代文學和臺灣現代文學分野的界線。我在《臺灣近代詩人在福建》〈引言〉指出：

> 在我看來，一九二三年是臺灣近代文學史的下限，也恰是本書所記諸多人事的截止之期。一九二三年以後，開始有嚴格意義上的臺灣現代文學作品出現，而連雅堂的《臺灣詩乘》（1922年出版），是總結、總評包括臺灣近代文學在內的臺灣舊文學的著作。一八九五年以後離臺內渡的臺灣近代詩人在一九二三年以前大都已駕鶴西去，少數尚健在者如黃宗鼎等，則已不在

---

25 汪毅夫：《臺灣社會與文化》，頁245。

福建活動。[26]

政治變動以外的重大事件如社會運動同文學的關係，亦當實事求是地看待。

茲以一九四五至一九四八年間臺灣的國語運動和臺灣文學的關係為例。

光復初期（1945-1948）臺灣的國語運動經歷了官方籌劃和民眾自發並行的過渡階段和語文學術專家主導的階段，並且在官方、民眾和專家的共同參與之下，成為在臺灣全面推行國語、全面提升臺灣民眾的國語水準的社會運動。

與臺灣國語運動同步、得臺灣國語運動的配合，臺灣文學在光復初期的幾年間實行和實現了「文學的國語、國語的文學」的目標。

由此觀之，光復初期（1945-1948）是臺灣現代文學畢其功於一役的時期，國語運動對文學的推動是此一時期最為重要的文學史實。從一九四五年到一九四八年，臺灣國語運動在臺灣現代文學史上劃出了一個「文學的國語、國語的文學」的時期。

臨末，我想談談文學的周邊文化關係同臺灣文學史研究的關係。

我在上文分別從邊緣文體與文學史料的收集、外部制度與文學史實的論述、圈外事件與文學歷史的分期三個方面來講述我在臺灣文學史研究工作中的得失，為同道諸君提供若干參考的資訊和思考的線索。

一九九九年，我有幸在福建拜會返鄉參訪的臺灣學者李亦園教授。席間，李亦園教授贈我一冊從臺灣攜帶而來的學術論文集《從周邊看漢人的社會與文化》（王崧興先生紀念論文集）。李亦園教授認為我的研究方法有從周邊看文學的傾向，囑我閱讀時留心王崧興教授的方法論點。

---

26 汪毅夫：《臺灣近代詩人在福建》，頁7。

李亦園教授在《從周邊看漢人的社會與文化》一書的〈代序〉指出：

> 崧興兄在海外任教做研究十八年之後，思想漸趨成熟，彙集融合他對少數民族以及漢人社會文化的心得，於是提出所謂「周邊文化關係」的理論，企圖以新的觀點來解釋華南以及臺灣等漢族邊緣的文化與周邊諸少數民族的關係。這是一項很有創意的文化接觸論點。放棄從前的漢族文化為中心的「漢化」觀念，而著眼於漢族與周邊少數民族互動以致相互影響及其歷程的理解。[27]

從王崧興教授「周邊文化關係」的論點受到啟發，我認為：文學邊緣的文體、文學外部的制度、文學圈外的事件等因素同文學發生關聯而構成的文學的周邊文化關係，不是文學的身外之物，也不是文學史研究可以忽略的部分。

二○○三年十月四日至十月六日

寫於福州寓所之涵悅齋

---

27 黃應貴、葉春榮主編：《從周邊看漢人的社會與文化》（臺北市：中央研究院民族學研究所，1997年3月），頁2。

參考文獻

黃仲昭　《八閩通志》　1-2冊　福州市　福建人民出版社　1990年5月

何喬遠　《閩書》　1-5冊　福州市　福建人民出版社　1994年6月

周之夔　《棄草集》　1-3冊　南京市　江蘇廣陵古籍刻印社　1993年3月

葉春及　《惠安政書》　福州市　福建人民出版社　1987年9月

《安溪縣志》嘉靖版、乾隆版

《清流縣志》嘉靖版、道光版

《龍岩州志》乾隆版、光緒版

《龍岩縣志》民國版

《歸化縣志》正德版、康熙版

《建陽縣志》道光版、民國版

《上杭縣志》民國版

《寧洋縣志》光緒版

《長樂縣志》民國版

《順昌縣志》正德版

《寧化縣志》康熙版

《臺灣府志》康熙版

《詔安縣志》康熙版

《廈門志》道光版

《廈門市志》民國版

《明史》　《二十五史》本　上海市　上海古籍出版社、上海書店　1986年12月

張本政主編　《《清實錄》臺灣史資料專輯》　福州市　福建人民出版社　1993年12月

林村梅　《嘯雲山人文鈔》　1840年刊本

蔡獻臣　《清白堂稿》　明崇禎間刊本

李光地　《榕村別集》　1829年刊本

藍鼎元　《東征集》　臺北市　文海出版社　《近代中國史料叢刊續輯》本

丁日健　《治臺必告錄》　新北市　大通書局　《臺灣文獻史料叢刊》本　1987年

施士洁　《後蘇龕合集》　新北市　大通書局　《臺灣文獻史料叢刊》本　1987年

《臺灣雜詠合刻》　新北市　大通書局　《臺灣文獻史料叢刊》本　1987年

洪棄生　《寄鶴齋選集》　新北市　大通書局　《臺灣文獻史料叢刊》本　1987年

《淡新檔案選錄行政初編》　新北市　大通書局　《臺灣文獻史料叢刊》本　1987年

《新竹縣志初稿》　新北市　大通書局　《臺灣文獻史料叢刊》本　1987年

《澎湖廳志》　新北市　大通書局　《臺灣文獻史料叢刊》本　1987年

劉家謀　《海音詩》　新北市　大通書局　《臺灣文獻史料叢刊》本　1987年

連　橫　《雅言》　新北市　大通書局　《臺灣文獻史料叢刊》本　1987年

《苑裡志》　新北市　大通書局　《臺灣文獻史料叢刊》本　1987年

《中國選舉史料清代編》　臺北市　鼎文書局　1997年

朱保炯、謝沛霖　《明清進士題名碑錄索引》　上海古籍出版社　1979年10月

《漳郡會館錄》 漳州圖書館藏本
《袁枚全集》 1-8冊 南京市 江蘇古籍出版社 1993年9月
《魯迅全集》 1-16卷 北京市 人民文學出版社 1981年
《魏建功文集》 1-5卷 南京市 江蘇教育出版社 2001年7月
林惠祥 《文化人類學》 北京市 商務印書館 1991年版
李亦園 《文化的圖像》 臺北市 允晨文化事業公司 1992年
林耀華 《從書齋到田野》 北京市 中央民族大學出版社 2000年9月
王連茂、葉恩典整理 《泉州、臺灣張士箱家族文件彙編》 福州市 福建人民出版社 1999年9月
《民事習慣調查報告錄》 北京市 中國政法大學出版社 2000年1月
《福建省志・大事記》 北京市 方志出版社 2000年7月
《清季中外使領年表》 北京市 中華書局 1997年重版本
羅德里克・斯科特（徐光榮） 《福建協和大學》 珠海市 珠海出版社 1999年8月
《閩臺關係檔案資料》 廈門市 鷺江出版社 1992年
梁啟超 《清代學術概論》 上海市 上海古籍出版社 1998年1月
梁啟超 《中國歷史研究法》 北京市 東方出版社 1996年3月
劉麟生 《中國駢文史》 北京市 東方出版社 1996年3月
《張我軍全集》 北京市 臺海出版社 2000年8月
吳毓琪 《南社研究》 臺南市 臺南市文化中心 1999年
黃應貴、葉春榮主編 《從周邊看漢人的社會與文化》 臺北市 中央研究院民族學研究所 1997年3月
陳泗東 《幸園筆耕錄》 廈門市 鷺江出版社 2003年1月
陳孔立 《清代臺灣移民社會研究》（增訂本） 北京市 九州出版社 2003年8月
林金水主編 《臺灣基督教史》 北京市 九州出版社 2003年7月

林金水主編　《福建對外文化交流史》　福州市　福建教育出版社　1997年12月

《中國師爺名著叢書》　北京市　九州出版社　1998年10月

白鋼主編　《中國政治制度通史》　1-10卷　北京市　人民出版社　1996年12月

鍾肇政、葉石濤主編　《光復前臺灣文學全集》　新北市　遠景出版社　1979年

陳鳴鐘、陳興唐主編　《臺灣光復和光復後五年省情》　南京市　南京出版社　1989年12月

張博宇編　《臺灣地區國語運動史料》　臺北市　臺灣商務印書館　1974年11月

倪海曙　《中國拼音文字運動史簡編》　上海市　上海時代出版社　1950年6月再版本

黎錦熙　《國語運動史綱》　上海市　上海商務印書館　1934年

葉國慶　《筆耕集》　廈門市　廈門大學出版社　1997年

陳萬里　《閩南遊記》　上海市　開明書店　1930年3月

《社會學概論》　天津市　天津人民出版社　1984年

《詩鐘集粹六種》　臺北市　中華詩苑　1957年10月

鷺江版後記

本書是我受聘為廈門大學臺灣研究中心兼職研究員以後提交的第二部學術專著。

廈門大學臺灣研究中心諸同人組成的學術團隊，具有很強的學術陣容、學術實力和學術影響。學術團隊裡的前輩陳孔立教授是我長期心儀和私淑的導師，我不斷得到他的鼓勵和指導；學術團隊裡的同輩朱雙一、何笑梅諸同志亦經常予我以熱忱的幫助。作為兼職研究員，我嚴格遵守各項規定，按時提交研究成果，準時參加學術活動。我願勉力追隨學術團隊齊整有力的前行步伐。

本書的寫作始於二○○○年十二月二十七日（本書所收《明清鄉約制度與閩臺鄉土社會》於二○○○年十二月二十七日動筆，二○○一年一月三日寫成），於今恰是三年。

同《閩臺歷史社會與民俗文化》一書（這是我向廈門大學臺灣研究中心提交的第一部學術專著）的寫作一樣，本書也是在繁忙的工作之餘利用點滴的時間完成的。

本書所收〈試論明清時期閩臺鄉約〉一文是在林金水、張先清學兄指導和協助下完成的，〈語言的轉換與文學的進程〉和〈文學的周邊文化關係〉是為指導博士研究生準備的講稿。本書所收各文曾分別在《中國史研究》、《海交史研究》、《中國現代文學研究叢刊》、《臺灣研究集刊》、《臺灣研究》、《魯迅研究》、《福建論壇》、《福建師大學報》、《東南學術》等學術刊物發表。

本書蒙陳孔立教授作序、著名書法家余險峰先生題寫書名、陳輝同志擔任責任編輯，謹此鳴謝！

二〇〇三年十二月二十七日

作者簡介

汪毅夫

男，臺灣臺南市人。歷任上山下鄉人員、郵遞員、學員、教員、研究員、公務員和退休人員。退休前有五十年工齡。學術著作有《閩臺區域社會研究》等十八部，三百餘萬字。退休後任全國臺灣研究會會長、集美大學校董會主席、廈門大學臺灣研究院講座教授。

本書簡介

本書大體上分為社會、文化和文學三個部分，從慣習和鄉約分析閩臺文化的同一性和差異性；從地域歷史人群透見閩臺區域社會的一體性；從學術傳布、語言推廣論述中華文化由中心向閩臺的滳動。具體包括：〈明清鄉約制度與閩臺鄉土社會〉、〈試論明清時期的閩臺鄉約〉、〈分爨析產與閩臺民間習慣法〉、〈從劉家謀詩看道咸年間臺灣社會之狀況〉、〈清季駐設福建的外國領館和外國領事〉、〈地域歷史人群研究：臺灣進士〉、〈清代臺灣的幕友〉、〈廈門大學國學研究院與泉州歷史文化研究〉、〈福建協和大學與福建文化研究的學術傳統〉、〈一九四五至一九四八：福建文人與臺灣文學〉、〈魏建功等「語文學術專家」與光復初期臺灣國語運動〉、〈語言的轉換與文學的進程〉、〈文學的周邊文化關係〉等十八篇。

福建師範大學文學院百年學術論叢·第六輯 1702F06

閩臺區域社會研究

作　　者　汪毅夫
總 策 畫　鄭家建　李建華

發 行 人　林慶彰
總 經 理　梁錦興
總 編 輯　張晏瑞
編 輯 所　萬卷樓圖書股份有限公司
臺北市羅斯福路二段 41 號 6 樓之 3
電話 (02)23216565
傳真 (02)23218698

發　　行　萬卷樓圖書股份有限公司
臺北市羅斯福路二段 41 號 6 樓之 3
電話 (02)23216565
傳真 (02)23218698
電郵 SERVICE@WANJUAN.COM.TW
香港經銷　香港聯合書刊物流有限公司
電話 (852)21502100
傳真 (852)23560735

ISBN 978-986-478-396-0
2020 年 6 月初版
定價：新臺幣 460 元

如何購買本書：
1. 劃撥購書，請透過以下郵政劃撥帳號：
帳號：15624015
戶名：萬卷樓圖書股份有限公司
2. 轉帳購書，請透過以下帳戶
合作金庫銀行　古亭分行
戶名：萬卷樓圖書股份有限公司
帳號：0877717092596
3. 網路購書，請透過萬卷樓網站
網址　WWW.WANJUAN.COM.TW
大量購書，請直接聯繫我們，將有專人為您服務。客服：(02)23216565　分機 610

國家圖書館出版品預行編目資料

閩臺區域社會研究 / 汪毅夫著. -- 初版. -- 臺北市：萬卷樓, 2020.06
面；　公分. -- (福建師範大學文學院百年學術論叢. 第六輯；1702F06)
ISBN 978-986-478-396-0(平裝). --

1.文化史 2.福建省 3.臺灣

733.409　　109015585